北京对外交流与外事管理研究基地丛书

跨文化交流论

陈雪飞◎著

时事出版社

“北京对外交流与外事管理研究基地丛书”
编委会名单

KUA WEN
HUA JIAO
LIU LUN

目录

前言 …………………………………………………………………… (1)

第一章 绪论 ……………………………………………………………… (1)
一、什么是跨文化交流 ……………………………………………… (1)
二、跨文化交流研究的历史与现状 ………………………………… (2)
三、跨文化交流的研究方法 ……………………………………… (13)
四、跨文化交流的伦理问题 ……………………………………… (20)

第二章 文化与交流 ……………………………………………………… (23)
一、什么是文化 ……………………………………………………… (23)
二、什么是交流 ……………………………………………………… (35)
三、跨文化交流的模式 ……………………………………………… (42)

第三章 文化影响感知与思维方式 ……………………………………… (45)
一、文化与感知 ……………………………………………………… (45)
二、文化与思维方式 ………………………………………………… (53)

第四章 文化模式（Ⅰ） ………………………………………………… (62)
一、如何界定文化模式 ……………………………………………… (62)

二、霍夫斯泰德的文化模式类型 …………………………… (66)

第五章　文化模式（Ⅱ） ……………………………………… (89)
一、霍尔的理论 ……………………………………………… (89)
二、特姆彭纳斯的理论 ……………………………………… (101)
三、汀—图梅的面子协商理论 ……………………………… (111)

第六章　影响跨文化交流的心理障碍 ……………………… (121)
一、焦虑 ……………………………………………………… (121)
二、同质文化圈的理解限制 ………………………………… (125)
三、民族中心主义 …………………………………………… (129)
四、刻板印象 ………………………………………………… (134)
五、偏见和歧视 ……………………………………………… (137)
六、独裁人格 ………………………………………………… (141)

第七章　跨文化语言交流之音词句分析 …………………… (143)
一、汉英语音比较 …………………………………………… (143)
二、汉英词汇意蕴比较 ……………………………………… (149)
三、汉英句法的文化差异 …………………………………… (159)

第八章　跨文化语言交流之语用分析 ……………………… (165)
一、中西语言的“言辩”观 ………………………………… (165)
二、表达方式的文化差异 …………………………………… (168)
三、礼貌规则的文化差异 …………………………………… (174)
四、性别与语言 ……………………………………………… (196)

第九章 跨文化交流中的非语言因素（Ⅰ） ……………………（206）

一、非语言交流的重要意义 ……………………………………………（207）

二、文化与非语言交流 …………………………………………………（211）

三、非语言交流的文化差异 ……………………………………………（215）

四、非语言交流的分类 …………………………………………………（221）

第十章 跨文化交流中的非语言因素（Ⅱ） ……………………（225）

一、体态语 ………………………………………………………………（225）

二、副语言 ………………………………………………………………（237）

三、客体语 ………………………………………………………………（239）

四、环境语 ………………………………………………………………（246）

五、性别与非语言交流 …………………………………………………（254）

第十一章 跨文化交流的适应 ……………………………………（261）

一、文化休克 ……………………………………………………………（261）

二、文化适应的模式 ……………………………………………………（264）

三、文化调适结果的类型 ………………………………………………（275）

四、影响文化适应的因素 ………………………………………………（279）

第十二章 跨文化交流的能力 ……………………………………（283）

一、如何理解跨文化交流的能力 ………………………………………（283）

二、跨文化交流的能力要素 ……………………………………………（286）

三、跨文化敏感 …………………………………………………………（299）

第十三章 跨文化交流中的谈判 …………………………………（309）

一、谈判及其类型 ………………………………………………………（309）

二、文化与谈判 …………………………………………………………（310）

三、如何在跨文化谈判中取得成功 …………………………………………(322)

第十四章　跨文化交流中的团队合作 …………………………………………(327)
一、如何界定团队 …………………………………………………………(327)
二、跨文化团队及其类型 …………………………………………………(328)
三、跨文化团队的冲突与管理 ……………………………………………(330)
四、如何打造优秀的跨文化团队 …………………………………………(337)

附录　《刮痧》的跨文化解读 ……………………………………………(340)

参考文献 ……………………………………………………………………(345)

前言

元大都城墙遗址公园宏伟的“大都鼎盛”雕像群，总是给人以很强的视觉冲击力，但真正吸引我的却是其多元文化共存的生态意象。这组雕像群，除元世祖忽必烈、元妃、著名天文学家郭守敬、意大利旅行家马可·波罗、尼泊尔建筑师及雕塑家阿尼哥等代表性人物之外，还有形形色色的文官、武将、指挥官、宗教人士、外国使节以及各国演奏歌舞的艺术家等，共十九尊雕像（参见“大都鼎盛”组雕一角图）。很多雕像的衣着、外貌、神态都透露着异域风情。《马可·波罗游记》记载了元大都经济的繁荣昌盛，“大都鼎盛”雕像群则展现了元大都文化的绚烂多姿。

“大都鼎盛”组雕一角图

七百年前，这幅东西文化交流的场景，也许只是展现天朝大国威仪的手段；七百年后的今天，我们却发现历史上一度区分国家和社群的边界越来越具有渗透性。现在，无论是个人还是群体，与异己文化的交流越来越频繁。跨文化交流在很大程度上已经成为我们生活的一部分，成为我们通过不同视角和经验探寻理解与合作之道的过程。没有人可以置身跨文化交流与理解之外。了解如何与不同文化、不同信仰、不同国家的人进行交流，几乎成了现代个人生活融入社会世界的必经之路。

赵启正先生有言：我们每个个体都是公共外交的“大使”。在纷繁复杂的跨文化交流中，我们如何才能扮演好自己的“大使”角色，如何在尊重他人文化的同时，在这个国际舞台上展现自己文化的风采？为了回答这些问题，本书致力于剖析跨文化交流中可能遇到的问题和障碍，增强人们在跨文化交流方面的道德认知，以及与来自不同文化背景的人进行交流时的敏感度，从而提高人们的文化适应力、文化自觉和文化自信。这无论对于个人交流能力的提高抑或对国家与国家之间的和谐共处都是有益的。

全书主要包括四部分内容。第一部分（1—5 章）为基础理论，概述跨文化交流学科的确立、研究方法及其发展现状、各种文化模式等基本知识。第二部分（6—10 章）处理跨文化交流中可能遇到的各种问题以及应对策略，包括心理上的、语言的和非语言的三个方面。第三部分（11—12 章）论述了跨文化的适应和跨文化的能力要素。了解和掌握这三部分知识，将为我们的跨文化交流提供有益的指导，尽管不能将之作为绝对标准，但相应的知识储备，加上实践中的灵活运用，可以在很大程度上减少我们在跨文化交流中“遭遇”的各种困窘与尴尬。最后一部分（13—14 章）是应用篇，专门阐述了跨文化交流在谈判和团队合作中的实际运用。

本书附录部分对《刮痧》的跨文化解读，为大家提供了一种分析跨文化交流的方法，即如何将跨文化交流知识付诸实践。赏析一些体现不同文化特色、文化冲突和文化差异的优秀影视作品，可以帮助我们更好地消化和吸收跨文化交流的知识，在一定程度上弥补实践中可能出现的缺憾。

除了为大家介绍跨文化交流的基本知识，本书还注重内容的实用性，结合具体实例探讨了跨文化理论的应用，力求内容丰富、系统。

《跨文化交流论》得以问世，首先要感谢吴建民大使。吴大使基于自己多年的外交经验，提出外交实践者应注意提高对外交流的能力，他不仅亲自以讲课、讲演、著书立说等方式填补交流学的空白，还于2005年在外交学院创立了交流学教研室（现更名为公共外交教研室）。作者任教外交学院两年多来，也一直在从事交流学方面的教学与科研工作，本书正是这个教学相长过程的初步总结，希望能够帮助学生更系统、更具体地了解跨文化交流中的关键问题。同时，作者也非常感谢外交学院“北京对外交流与外事管理研究基地”的慷慨惠助和研究支持。

“跨文化交流”并非一个全新的研究领域，国内外很多学者从不同的角度阐述过这一问题，本书唯望集众家之长，辅以大量详实案例，让这一论域更系统、更实用。因此，作者要特别感谢前辈学者在跨文化交流学领域中的学术贡献，我从中受益匪浅。最后，感谢我的学生，在教学过程中，他们的个体经验给了我颇多灵感。

希望这本书对有兴趣了解跨文化交流的人们有所帮助，不周之处，敬请批评指正。

陈雪飞

2010年9月

KUA WEN
HUA JIAO
LIU LUN

第一章

绪　论

一、什么是跨文化交流

在我们今天所处的经济全球化和信息网络化时代，不同文化间的交流和交往已越来越频繁。因此，我们开始越来越多地面对一个词——跨文化交流。其实，自人类形成家族和部落群体时，不同部落间的“跨文化交流”就随之产生了。而对跨文化交流的研究，则萌发于文化人类学家对不同文化交流过程的探讨。因此，跨文化交流主要是指不同文化背景（包括国家、民族、种族甚至性别）的主体相互交流的过程，既包括语言交流，也包括非语言交流（以后章节详述）。它不仅关注交流的发生，还关注控制交流的各种文化规约。至于跨文化交流的研究对象，则主要指的是以个人为载体的文化与交流之间的关系，特别是各式各样的文化是如何影响交流的。

那么，同文化交流与跨文化交流会有不同吗，跨文化交流有没有规律可循，我们在跨文化交流中会遇到哪些问题，我们应该具备哪些跨文化交流能力，等等，如果你对这些问题感兴趣，本书可能会对你有所助益。

二、跨文化交流研究的历史与现状

(一) 跨文化交流的概念基石

笔者认为，每一位研究跨文化交流的学者都应该感激芝加哥学派基于德国社会学家齐美尔（G. Simmel）所进行的开创性经验调查。由于涉猎广泛，齐美尔和他的追随者一起提出了许多概念和理论，其中最重要的概念包括陌生人、社会距离、边缘人、同质性和异质性、世界公民与当地人等，[①] 而这些均成为跨文化交流学得以出现和发展不可或缺的概念基石。

1. 陌生人（Stranger）

关于什么是“陌生人”，你是如何理解这个概念的呢？是不是认为陌生人就是你不认识的人抑或是迎面走来的陌路人？其实，“陌生人”所指远不尽于此，“陌生人”可能是你认识的人，甚至是与你有频繁互动的人，但你们的交流（包括你们对事物的认知、评价、理解等）却很少有交集。

齐美尔将“陌生人”界定为：存在于某一群体之中，却与该群体联系松散的个体成员，群体内的其他成员并不完全接受他，他在某些重要方面也与其他成员存在差异，如文化、认知等。而且，齐美尔强调陌生人与本地人最大的不同在于空间上的二重性：在物理空间上近在咫尺，在社会空间上远在天涯。

通常，当个体融入群体时，他们会放弃某些个性，以求与群体

---

① Rogers, E., & Steinfatt, T., *Intercultural Communication*, Waveland Press, 1999, p. 39.

的共性保持一致。在这个过程中，他们的立场变得不再客观，开始透过群体的棱镜看待彼此。由此，这种群体视角将成为他们意识的一部分。这些共同利益和经验则塑造着成员们的互动结构：一些人建立了与群体的明确关系，成为群体中的一员；也有一些人一直处在群体边缘，成为陌生人。在跨文化交流中，对于异文化来说，没有人不是陌生人，而作为陌生人也就没有了该异文化群体的棱镜视角，所以我们与他们看到了不一样的世界。

笔者在香港读书的时候就曾深刻地体会过“陌生人”的感受。尽管香港也深受中国传统文化的影响，但在很多方面与内地文化，特别是中国北方文化存在较大差异，比如语言、行为方式、对某些问题的认知等。当我与一群香港同学围坐在大排档吃饭、聊天时，他们所说的话，我有些听得懂，有些听不懂；引发他们哈哈大笑的玩笑，就算我听懂了每个字，也不一定知道他们所笑为何；吃完饭后所有人都开始掏钱包，其中一位用计算器计算着所有人平摊的份额……每当这时，我都觉得自己的脑门上刻着三个大大的字——“外地人”，也就是齐美尔所称的“陌生人。”

与陌生人的关系，是跨文化交流的核心。由于对陌生人不熟悉、不了解，他们的行为相对于我们来说就带有很强的不确定性，难以预期，所以人们常常警惕地看待陌生人，极端的情况还会出现陌生人恐惧症（xenophobia），继而引发仇视，甚至导致非理性排外。

陌生人除了会造成陌生人恐惧之外，当然也有自身的优势，这就如同社会科学研究方法中局外人（outsider）与局内人（insider）的区分一样。本地人对群体内的事物习以为常，一切都视为理所应当，从不思其为何如此。陌生人则不同，他们有自己独到的远距视角。比如，一个具有多元文化背景的个体，就不会囿于一种文化视角，他们往往对文化差异比较敏感，也就可以很好地从他人的视角理解互动中的行为，而不至于把某一文化中的行为意义简单放大，盲目普适化。因此，当我们有机会身为“陌生人”时，大可充分利用自己的这一优势。

2. 社会距离（Social distance）

社会距离是指社会存在体之间在时间、空间和心理上的距离，此处则主要强调人与人之间心理上存在的距离感。社会距离的概念，是齐美尔的学生、芝加哥学派的代表人物帕克（Park）提出的。帕克受齐美尔“陌生人”概念的启发，把社会距离界定为个体所感知到的，自身与不同民族、种族、信仰、职业等因素影响下的个体的亲疏程度。至于这段距离是远是近？我们看不到、摸不着，也不可能用尺子丈量，但却可以用量表测量。

于是，帕克的学生博加德斯（E. S. Bogardus）建立了一套测量社会距离的量表，采用了我们所熟知的问卷形式，用一些问答题目将个体对与他人之间亲疏远近关系的感知进行了量化。[①] 比如询问美国民众：（1）“你愿意和中国人做邻居吗?”（2）“你会与中国人建立长期友谊吗?”（3）“你会与中国人结婚吗?”等等，再根据对方的回答测量其对于中国人或中国文化的社会距离。显而易见，相比做出任一或者全部否定回答的人，对上面三个问题都做出肯定回答的人，与中国人的社会距离自然更近。另外，博加德斯的社会距离量表在项目强度上也有明显差异，如上例中的后一个问题都比前一个问题强烈，如果调查对象接受了一定强度的项目（又被称为困难项目），例如肯定了第三问题，那么他们就应该愿意接受之前的所有项目（又被称为简单项目），即就会肯定第一和第二个问题，因为之前的那些项目强度较弱。这是因为很多人都可以接受简单项

① Bogardus, E. S., A social distance scale. *Sociology and Social Research*, 1933, 17, pp. 265－271.

目，而不愿意接受困难项目。博加德斯量表的逻辑便是，如果研究对象否定了某个项目，那么他们也倾向于否定该项目之后的所有项目。

当然，不同文化的人们对社会距离的测量或者感知各不相同，比如人名称谓。在中国文化中，不加姓氏，直呼其名，显示两人关系较为随意、亲密，或者体现长辈对晚辈的慈爱。但在英语国家，人们之间往往不计亲疏远近，通常都倾向于直呼其名，晚辈对长辈有时也会如此，这并非不尊重，而是在表示友好。这就说明了跨文化研究要考虑到文化主位（emic）与文化客位（etic）的因素（详见本章第三节：跨文化交流的研究方法）。

3. 边缘人（Marginal man）

看到“边缘人”这个词，你首先会联想到谁？正如各种媒体所渲染的，“农民工”是我们这个社会的“边缘人”。农民工是我国城乡二元结构的产物，他们在农村成长，却在城市谋生。他们不愿像自己的父辈一般只在土地上耕耘自己的明天，但又很难在城市中找到自己的身份认同。帕克正是这样界定“边缘人”的：身处两种不同甚至对立的文化之间，不能为任一文化所接受，也无法在主观上完全认同于任一文化。[①] 帕克还以美国欧裔移民的第一代孩子为例：他们拒绝欧洲文化，同时又说着一口父母的“方言”，还不认为自己是真正的北美人。而与两个体系规范的松散关系，造成了这代人相对较高的犯罪率。帕克说，边缘人“是一种文化杂糅的产物，他们是生活在两种文化边缘的人，而这两种文化永远不会融合”。[②]

---

① Levin, D. N., Carter, E. B., & Gorman, E. M., Simmel's influence on American sociology. *American Journal of Sociology*, 1976, 84（4）, pp. 813－845, and 84（5）, pp. 1112－1132.

② Park, R. E., Human migration and the marginal man, *American Journal of Sociology*, 1928, 33（6）: pp. 881－893.

帕克后来将边缘人的概念扩展为旅居者（sojourner），是指对另一文化访问一段时间，但却一直保有自己原初文化的个体。旅居者也是跨文化交流的重要主体之一。在“跨文化交流的适应”一章，我们会详细探讨旅居者在异文化环境中的经历。

4. 同质性和异质性（heterophily vs. homophily）

与陌生人相关的第三个或者第三对概念是帕克与博加德斯共同创建的所谓的同质性与异质性。同质性是指两个或几个相互交流的个体的相似性，异质性是指两个或几个相互交流的个体的差异性，这些相似或者差异表现在语言、文化背景、价值观、所拥有的信息等多个方面。各种组织、小群体、社区等体系的交流研究中都采用了同质性与异质性这一对概念。

同质性与异质性有主观和客观两个水平：一个是交流者自己觉察到的与其他交流对象之间相同或相异的程度；一个是第三人观察到的交流者之间相同或相异的程度。通常而言，二者之间有较高的相关性。

罗杰斯与（E. M. Rogers）与伯米克（D. Bhowmik）从各种交流研究中总结了下述5项与同质/异质有关的论点：[①]

（1）大多数交流发生在两个同质个体之间（留学生上课的时候喜欢扎堆坐就是这个道理）；

（2）同质交流比异质交流更有效（同质交流的双方通常共享同一语言和文化背景等，他们的交流就会少有歧义和误解）；

（3）个体间的有效交流可以导向知识、态度、外在行为等各方面更大的同质性（有效的交流通常可以推进交流双方的共识）；

（4）当两个个体在某些方面同质，在与交流情境相关的一些变

---

① Rogers, E., & Bhowmik, D., Homophily-heterophily: relational concepts for communication research. *Public Opinion Quarterly*, 1970, 34 (4), pp. 523—538.

量上异质的时候，可以达致最有效的交流（两个个体在语言和文化背景方面相同，可以减少交流时的误解；而双方就所交流的议题拥有互补的信息，则可进行有效的信息沟通）；

（5）在交流过程中，只有当与自己观点不同的信息，即异质信息来源于技术专家时，我们才认为其具有可信性，这是一种理性认知；而我们通常都很信赖与我们观点相同的信息，即同质信息的来源或者渠道，这是一种感性认知。

可以说，罗杰斯与伯米克的这一总结为跨文化交流提供了有力的指导。

5. 世界公民与当地人（Cosmopolites vs. Localites）

“全球化”、“地球村”则让“世界公民”这个概念也变得时髦起来。世界公民，顾名思义，是指眼光放之四海之外，不仅关注自己的国家和地区，也关心世界上其他国家和地区事物的人；更有甚者，不仅关注人类的命运，也关注其他生物的命运。比如“红十字协会”、“世界和平组织”、“海洋守护者协会”的成员。“当地人”又被称为“本土人”，是指长期生活在某一地区的居民，其特征往往是“两耳不闻天下事，一心只读自家书”。

“世界公民”与“当地人”这一相对的概念是美国社会学家默顿（R. K. Merton）首先提出来的。[①] 默顿在研究美国新泽西州多佛的权势人物时指出，世界公民会与本体系以外的人进行广泛交流，比较开放，对新兴事物有很强的容纳力［比如莱恩（Ryan）与克罗斯（Cross）发现，在爱荷华州的农民中，选用新型杂交玉米种的人往往有出外游历的丰富经验］。他们流动性大、教育程度较高、

① Merton, R. K., Patterns of influence: Local and cosmopolitan influentials. In Paul F. Lazarsfeld and Frank N. Stanton (Eds.), *Communication Research, 1948－49*, New York, Duell, Sloan and Pearce, and New York, Harper, 1949.

游历地方很多，而且有许多社区以外的朋友。当地人则相反，他们只对本社区有很强的认同，而且为本社区的居民所熟知，通常只阅读地方性的报纸。

世界公民与当地人体现了跨文化交流过程中个体的适应性差异。

以上这些概念都是跨文化交流中的基础概念，涉及跨文化交流的主体特性、心理特质、个体差异、交流背景的特性、跨文化的适应等问题，是本书多个章节的分析线索。

（二）跨文化交流学科的确立及发展

跨文化交流研究始于第二次世界大战后的美国。第二次世界大战后，美国成为超级大国，称霸世界，但当时其大国强势地位与外交弱势形成鲜明对比。当时的一本畅销书《丑陋的美国人》（*Ugly American*）就是对美国失败外交的讽刺。当时分驻各国的很多美国大使既不懂当地的语言，也不懂当地的文化。相比之下，当时的苏联就胜过一筹，90％的苏联外交官员都懂得他们所在国的语言。

为了弥补这一弱势，1946 年美国成立了对外事务学院（Foreign Service Institute），专门针对驻外官员进行职前和职中培训，主持培训的人主要是语言学家和人类学家。语言培训问题不大，文化培训却并不顺利。当然问题并不在于开展培训的人类学家，因为他们也是在秉承自己的职责，向官员们教授各国人文风俗。但是官员们反映，这些知识太宏观，无益于他们与当地人的微观互动，他们希望学习与当地人交流的具体文化。有鉴于此，主导文化培训的人类学家爱德华·霍尔（Edward Hall）率先做出了巨大变革，他把培训焦点放在地方音、手势、时间、空间等具体方面，教授官员们如何与不同文化的人进行实用的交流，并把自己的授课主题称为“跨文化交流（文化间交流，Cross-Culture or Inter-culture Communication)”，这是这个名词首次出现。1959 年，霍尔的名著《无声的语言》（*The Silent Language*）得以出版，该书被美国大学教授、跨文化交流学博士米奇·哈默（Mitch Hamer）奉为经典。此书的出版也标志着跨文化交流学的诞生。

20 世纪 60 年代，美国国内以黑人为先锋掀起的少数族裔争取民权的斗争，进一步促进了跨文化交流学的发展。同时，从 60 年代到 70 年代，中美洲国家、加勒比海地区和墨西哥的大批移民进入美国，也增加了美国学者研究跨文化交流问题的迫切性。正是在多元文化的推动下，美国跨文化交流研究又向前迈进了一大步。奥利弗（Robert T. Oliver）1962 年出版的《文化与交流》（*Culture and Communication*），以及史密斯（Alfred Smith）1966 年出版的《交流与文化》（*Communication and Culture*）就成为当时研究跨文化交流的代表作。

到了 20 世纪 70 年代，跨文化交流学逐渐成为传播学中一门独立的学科。但就其学科特性而言，它已不单单是传播学的一个分支，而成为一门综合了传播学、社会学、心理学、文化人类学、语言学、民俗学、历史学、国际关系学等学科理论的交叉学科，并且具有很强的实用性。

针对该学科的独立研究协会也陆续创立。比如 1970 年，“国际交流协会”（International Communication Association——ICA）建立了“跨文化交流部”（Intercultural Communication Division)，后来更名为“跨文化与发展交流部”；1975 年，“美国交流协会”（National Communication Association——NCA）创立了“跨文化部（Inter-cultural Division)”。现在 ICA 与 NCA 的年会已经成为跨文化交流学学者们集会的重要场合。

专门的学术刊物也开始出现。比如1974年创立的《国际跨文化交流年刊》（*International and Intercultural Communication Annual*），1977年创立的《跨文化关系国际期刊》（*International Journal of Intercultural Relations*）。从1983年开始，《国际跨文化交流年刊》每年都就某个跨文化交流专题出版一本专集，如构筑跨文化交流的理论与研究方法、文化与交流、民族间的交流、跨文化适应、交流的语言和文化，以及跨文化间的外交和谈判等，为各学科人士提供交流平台。

与此同时，学术著作也大量出版，包括教科书。比如1972年，萨莫瓦尔（L. Samovar）和波特（R. Porter）编写出版了《跨文化交流读本》（*Intercultural Communication: A Reader*），这本书很好地界定了跨文化交流的研究领域；1979年，阿桑特（M. Asante）等人编辑出版了《跨文化交流学指南》（*Handbook of Interfultural Communication*）；1984年，古德孔斯特（W. B. Gudyknst）和金（Y. Y. Kim）出版了《与陌生人的交流：一种跨文化交流的方法》（*Communcating with Strangers: An Approach to Intercultural Communication*）。还有专门出版跨文化交流领域书籍的出版机构，如SAGE出版社（Sage publications）和跨文化出版社（Inter-cultural Press）等。

此外，许多院校还开设了跨文化交流的课程。据统计，1977年美国有450多个教育机构设有“跨文化交流”的课程，有的大学还颁发跨文化交流学的硕士和博士学位。[①]

很快，跨文化交流就不再是美国的专利，越来越多的国家开始重视这一领域。20世纪70—80年代，美国、苏联、南非等国家民族矛盾凸显，各国学者积极介入解决这些矛盾的工作，促进了跨文

① 参考Rogers, E., & Steinfatt, T., *Intercultural Communication*, Waveland Press, 1999, p. 39；以及关世杰：《跨文化交流学》，北京大学出版社，1995年版，第10—12页。

化交流研究的长足发展。另外，继 1974 年美国创立“跨文化教育、培训和研究协会（The Society for Intercultural Education，Training and Research——SIETAR）”以来，1991 年欧洲又成立了 SIETAR（SIETAR Europa），1994 年德国也成立了 SIETAR（SIETAR Deutschland）。① SIETAR 的主要目标是，鼓励那些有助于在个体、团体、组织和社会等各层面，建立稳固跨文化关系的价值、知识、技能的发展和应用。同时，跨文化交流学科的实用性也令其受到一些跨国组织的青睐，许多国际机构和跨国企业都非常强调对职员进行跨文化交流培训，这一切都极大地促进了该学科的成长。

（三）跨文化研究在中国

我国台湾地区是最先引进跨文化交流学的，即 1982 年汪琪的《文化与传播：“世界村”里的沟通问题》（*Intercultural Communication：Communication in Global Village*）里对此便有所涉及。大陆对该学科的介绍则始于 20 世纪 80 年代后期，主要著作包括胡文仲主编的《跨文化交际与英语学习》（1991）、段连城的《对外传播学初探》（1988）和《怎样介绍中国》（1993），另外霍尔的《无声的语言》和《超越文化》、萨莫瓦尔等人的《跨文化传播》、刘易斯的《文化的冲突与共融》等著作也相继被译成中文。此后，关世杰的《跨文化交流——提高涉外交流能力的学问》（1995）、贾玉新的《跨文化交际学》（1997）等都非常系统地介绍了跨文化交流的知识体系。

进入 21 世纪后，有关跨文化交流的研究开始遍地开花。关于跨

---

① 关世杰：“谈传播学的分支——跨文化交流学”，《新闻与传播研究》1996 年第 1 期，第 64—69 页。

文化哲学的研究，如李天纲的《跨文化的诠释：经学与神学的相遇》（2007）；关于跨文化商务管理的研究，如陈晓萍的《跨文化管理》（2005）、窦卫霖的《跨文化商务交流案例分析》（2007）、曾仕强的《中国式团队》（2007），以及译自珍妮·布雷特的《全球谈判——跨文化交易谈判、争端解决与决策制定》（2005）等；关于跨文化语言交流的研究，如李学爱的《跨文化交流：中西方交往的习俗和语言》（2007）、史兴松的《跨文化语言社会化进程中跨文化交际能力的培养》（2007）、闫文培的《全球化语境下的中西文化及语言对比》（2007）等；还有关于跨文化非语言交流的研究，如毕继万的《跨文化非语言交际》（1998）、云贵彬的《非语言交际与文化》（2006）、译著阿伦·皮斯的《身体语言》（2002）等。

尽管世纪之交时我国学者在跨文化交流领域的研究成就不菲，但我们对跨文化交流的研究依然落后于一些国家，特别是在跨文化交流学的学科设立上，我国目前开设这个课程的高校屈指可数，只有北京大学、北京外国语大学、外交学院、首都师范大学等有限的几所院校，这似乎与我国在国际社会互动中的重要地位不太相称。

因此，当麦克卢汉对互联网时代地球村的预言已经来临；当《纽约时报》记者托马斯·弗里德曼（Thomas Friedman）79 岁高龄的母亲抱怨，在网络上与几个法国人打桥牌却听不懂他们用法语交流；[①] 当新一轮的经济危机再次席卷全球时，我们似乎越来越无法逃避跨文化交流这个命题，也越来越有必要去系统地了解它是什么了。那么，我们又该如何去做呢？

---

① Martin，J.，& Nakayama，T.，*Intercultural Communication in Contexts*，The McGraw-Hill Companies，Inc.，2004，p. 5.

三、跨文化交流的研究方法

一般而言，跨文化的研究方法包括实证研究法、解释法和批判法。[①]

（一）实证研究方法

法国哲学家孔德（Auguste Comte，1798—1857）创立的“实证主义”，倡导将自然科学的实证精神贯彻于对社会现象的研究之中，主张从经验入手，采用程序化、操作化和定量分析的手段，使对社会现象的研究达到自然科学那样精细化和准确化的水平。基于此，实证研究法是指通过直接观察、实验或者调查获取有关研究对象的客观数据后，藉由对这些数据的分析，从个别到一般，归纳事物本质及其发展规律的研究方法。该方法推崇研究结论的客观性、普遍性以及该结论在同一条件下的可重复性。

在跨文化研究中，实证方法更为强调文化对人类交流产生的影响。比如认为不同的文化模式（参见本书第四章）会产生不同的人际交流方式：个人主义的文化推崇直接的交流方式；集体主义的文化则推崇间接的交流方式。要验证这一结论，可以通过问卷调查的方式，分别获得文化模式变量（包括个人主义与集体主义）和交流方式变量（直接交流与间接交流）的数据，再通过对这些数据的分析验证二者之间是否存在相关关系或因果关系。基于此，便可对人类的行为进行描述或者预测。

---

① Martin, J., & Nakayama, T., *Intercultural Communication in Contexts*, The McGraw-Hill Companies, Inc., 2004, pp. 48—64.

实证研究的优势在于，可以通过鉴别不同的文化变量，识别交流中的各种文化差异；不足则在于，过于强调外在的文化结构，忽略了人在文化中的能动性，而且有些方法往往没有考虑到文化发生的背景，对文化不敏感（关于文化敏感性，参见本书第十二章）。因此，有学者提出了在跨文化研究中，特别是在使用同一份问卷、同一访谈提纲或者同一实验设计进行跨文化测量时，应该注意等值问题，简而言之，就是保证问卷中用到的概念或术语在不同文化中表达的意思相同，其包括概念等值、功能等值、语言等值和测验等值。①

概念等值是指不同文化的人对特定概念的理解应当是一致的。比如中西方文化都看重“面子”，但在中国文化中，面子是为了谋求“群体包容”，即需要得到对方的肯定；在西方文化中，面子是为了谋求“个体自治”，即不希望别人干涉自己（具体分析参见第五章）。在这种情况下，两种文化对“面子”这一概念的理解就有出入，便不能简单地用同一问题进行比较，而需要对相关概念进行说明。因此说，跨文化比较研究的第一步是验证核心概念是否等值。

功能等值是指所提出的问题应该让不同文化背景的人产生相似的反应。比如在对未来感到失望的时候，信教者求助于上帝、真主或者佛陀，而不信教者诉诸于家人、朋友、老师的心理安慰与实质支持，这两种反应在功能上就是相同或曰等值的。

语言等值是指研究中所使用的不同语言的语义必须一致。常用的检测方式是“回译法（back-translatin）”，即先由一人将问卷题目从A语言译为B语言，再由另一人从B语言译回A语言，如果二者意义相同，即可认定为语言等值。但当一些词语在一类语言中带

① 严文华：《跨文化心理学》，上海社会科学院出版社，2008年版，第13页。

有浓厚的文化色彩时，比如汉语中的“关系”和“人情”等，尽管可以直译为英文中的“relationship”以及“human relationship”，但其在内涵和外延上仍与中文相差很大，所以现在国际上通译为“guanxi（关系）”，“renqing（人情）”，以保持语言等值。

测验等值是指在不同文化中施测过程的标准化，以及测验数据的可比较性。其中标准化指的是测验的编制、实施、记分以及对所得分值的解释必须遵循严格统一的科学程序，以保证对所有的被测者来说施测的内容、条件、记分过程、解释系统都相同。举例来说，通过问卷收集资料时，问卷中每个项目或者问题都有对应的回答方式，比如李克特（Likert）五点应答方式：

> 您是否同意上述观点，请在下列选择最代表您态度的一项
>
> 非常同意（5）同意（4）中立（3）不同意（2）非常不同意（1）

再比如李克特七点应答方式：

> 您是否同意上述观点，请在下列横线上标出最代表您态度的一点
>
> 3　2　1　0　−1　−2　−3
>
> 非常同意|___|___|___|___|___|___|非常不同意

只有都采用同一应答方式，得出的结果才能在不同文化之间比较，而且可以进行重复检验。

由上可知，考虑到了概念等值、功能等值、语言等值和测验等值的问题，我们便可有效地减少实证研究中缺少文化敏感性的问题，从而更有效地进行文化差异比较。

(二)解释法

反实证主义的解释/阐释法(Interpretive Approach)认为,社会由人的行为构成,具有很强的主观性,所以人类的行为不可能是事先决定好的,也不容易预测。他们认为文化是通过人的交流得以创造的,而且是通过交流得以维系的。该方法特别强调交流、文化以及文化差异都应该放置到它原有的背景中去进行解释和理解。

具体而言,解释的方法主要包括参与观察和田野调查。参与观察还分为作为参与者的参与观察和作为观察者的参与观察。前者是指成为你要了解的文化中的一员,与当地的成员一起生活,但当地人并不知道你作为观察者的身份。比如到国外读书的学生,经常会选择住在当地人家中,其便可借机观察他们的生活习惯和交流方式,而他们对此毫无觉察。后者也需要与当地成员一起生活,不过当地人都知道你作为观察者的身份。比如下乡体验生活的作家,他会到各家各户找人聊天,寻找素材和灵感,而在他面前时当地人大多会以不同于往常的行为表现自己,因为他们意识到自己正在被眼前的这个人观察。田野调查也包括上述两种形式,但通常需要较长的时间。如有的人类学家可能终生都与异文化的人生活在一起,了解他们的语言、人文等。

而且,解释法更强调主位研究法。主位(emic)与客位(etic)是相对应的一对概念,这两个术语是肯尼思·派克(Kenneth Pike)1954年从语言学的术语“音位的(phonemic)”和“语音的(phonetic)”推演而来的。

主位研究是指研究者不以自己的主观认识为凭据,而尽可能以当地人的视角去理解文化,听取当地提供情况的人(即报告人)所反映的当地人对事物的认识和观点，进而对资料进行整理和分析的研究方法。主位研究将报告人放在更为重要的位置，把他们的描述和分析作为最终判断。同时，主位研究要求研究者深入了解研究对象，熟悉他们的知识体系、分类系统，明了他们的概念、话语及意义，再通过深入的参与观察，尽量像本地人那样去思考和行动。

客位研究是指研究者从外来观察者的角度来理解文化，以科学家的标准来解释该文化中人们行为的原因和结果，用比较和历史的视角来看待民族志提供的材料。这就要求研究者在研究理论和方法上具有较为系统的知识，并能够联系与研究对象相关的实际材料进行分析。①

主位研究在现代文化人类学中得到日益广泛的重视，人类学家在田野工作和民族志写作过程中都注意应用主位术语和观念。这种方法的优点是能够详尽描述文化的各个环节，并克服观察者的文化差异可能会造成的理解偏差。但是这种研究角度也有一些缺点，即由于研究对象身处当地文化之中，当他们作为报告人提供信息时，可能对许多习以为常的行为和思想视而不见从而忽略不计，这或许会导致研究者丧失获取重要研究资料的机会。另外，由于研究人员是外来者，所以他们常常面临理解术语以及走进中心圈子的难题。很多时候，短时间的介入无法获取当地人的信任，也无法深入了解当地文化。而在客位研究中，研究者通过对所搜集材料的解释，可以认识和理解那些为本土文化中的人视而不见的行为和思想；缺点则是不能详尽描述文化的各个环节，观察者可能会因为文化差异、文化假设上的偏差产生错误认知。所以，在跨文化研究中，只有把主位法与客位法结合起来，才能较好地解决这个困境。

当然，主位—客位法不仅用于指导阐释的方法，一些量化研究

① 黄平、罗红光、许宝强：《当代西方社会学人类学新词典》，吉林人民出版社，2003年版。

的方法也越来越强调主位—客位的结合。比如张妙清等人发展的用于测量华人心理特征的"中国人人格测量表（Chinese Personality Assessment Inventory）"（CPAI）。[①]

最初，香港、台湾等地的心理学界在测量华人心理特质的时候多借鉴西方做法，比如采用大五人格量表（Big Five）的中文译本。所谓大五人格量表就是采用神经质（Neuroticism）、外向性（Extroversion vs. Introversion）、对经验的开放性（Openness）、宜人性（Agreeableness）和责任感（Conscientiousness）五大维度对个体的人格特质进行测量的一套量表，[②] 其在西方发展比较完善，利用率也比较高。但该量表是西方学者根据西方人的经验、特点发展起来，且针对西方人性格特征设计的，直接照搬过来测量华人的人格特质效度并不高，最大的问题就是无法包括文化相关性或者主位的建构。张妙清等人针对这一问题发展出了适合测量中国人特质的量表，即 CPAI。这套量表既包括了与西人共有的人格特质，即客位因素，如外向性、责任感等；也包括专门体现华人特质的维度，即主位因素，如人情、面子、阿 Q 精神等。

（三）批判法

批判法（Critical Approach）与阐释法共享了很多前提假设，其同样强调人类行为的主观意义，强调研究交流所发生背景的重要性，只不过批判的方法更关注宏观背景，比如研究政治和社会结构

---

① Cheung，F. M.，Leung，K.，Fan，R. M.，Song，W. Z.，Zhang，J. X.，& Zhang，J. P.，Development of the Chinese personality assessment inventory. *Journal of Cross-Cultural Psychology*，1996，27，pp. 181—199.

② Costa，P. T.，& McCrae，R. R.，*Revised NEO personality inventory*（*NEO PI-R*）*and NEO five-factor inventory*（*NEO-FFI*）：*Professional Manual*，Odessa，FL：Psychological Assessment Resources，1991.

是如何影响人们交流的。批判理论家对交流中的权力关系甚感兴趣。对他们而言，只有在与权力差别相关的时候，鉴别交流中的文化影响才是有意义的。所以，他们把文化视作一个战场，不同的阐释难免狭路相逢，但总有一个会占据上风，成为主导力量。批判研究者的目标不仅仅是理解人的行为，还要改变日常生活中的交流，因为他们认为通过检验和报告权力是如何在文化背景中发挥功能的，可以帮助普通人获得如何抵抗权力和压迫的力量。

批判法的主要工具是对媒体进行文本分析。比如托马斯・中山（Thomas Nakayama，1994）针对电影《杀戮都市》（*Showdown in Little Tokyo*）进行的批判分析。[①] 该片主要描述了两个洛杉矶警官调查一起凶杀案，其中一个警官是欧裔美国人，另一个是亚裔美国人。正如中山所言，整个电影元素都展现了欧裔美国人优于亚裔美国人，比如前者更具吸引人的体貌特征、更勇敢等。中山指出，反映这种多数族裔与少数族裔之间关系类型的电影充斥在美国的日常文化之中，但人们很少质问白人的优等地位。类似的情况再如：红灯区的性工作者往往是哪些人？芝加哥街头的毒贩又是哪些人？种族与性别如何搭配？等等。

批判法的优点在于，强调了跨文化互动中的权力关系，以及历史和社会的背景；不足则在于，它关注的是更为宏观的因素，强调交流中的大众传媒，较少能为面对面的交流提供直接而有效的指导。

总体而言，在跨文化交流中，实证研究法可以有效预测交流行为，从而令我们在对待其他文化中的人时更具针对性；解释法可以使我们更加深入地了解彼此的文化到底为何；批判法则通过改变不公正的观念而让我们获得更多公平。

---

① Nakayama，T. K.，Show/ down time："Race，" gender，sexuality，and popular culture. *Critical Studies in Mass Communication*，1994，11，pp. 162－179.

采用这些不同的方法就好像从不同的角度拍照。单一的角度无法让我们获取充分的真理，而从各种各样的角度获取的照片则可以让我们的观点更加全面。照片的内容在某种程度上依赖于摄影师的兴趣，且在不同时间拍摄的照片可能会彼此矛盾，但我们从“这些角度”获取的知识却可以通过从“那些角度”获取的知识得到印证和强化。当然，不管怎样，最重要的还是在主位法与客位法之间找到平衡点。

四、跨文化交流的伦理问题

通俗点来说，跨文化交流的伦理问题就是我们评价自己所遇到的现象“是好是坏”、“是对是错”的问题。比如：某一种现象在我们的文化中被视为“错误的”，那么它在其他文化中是否也是错误的？抑或还有另一套评判标准？

（一）文化相对主义与文化普遍主义

文化相对主义（Cultural Relativism）是指个体依靠另一文化自有的前提，如该文化关于社会、环境、技术、宗教和科学等的假设，来评估这一文化中展现的行为。换句话说，就是行动者而非观察者的思想和目的指导着人们的理解。文化相对主义认为文化的内部要素都倾向于前后一致，即一个文化的某一元素在另一文化的观察者看来可能是很奇怪的，但当结合了这一文化的其他要素综合来看时，它就具有自身的意义。比如：美国人可能无法理解中国人对堕胎的“轻率”态度，但这必须结合中国大的社会背景去解释。所以，我们在面对其他文化的时候应该避免民族中心主义，尽量采用对话的方法。

文化普遍主义（Cultural Universalism）是指意图用普适的标准衡量所有文化的观点。我们承认，关于每个人最基本的权利，如生命权、财产权等，的确存在一些普适的标准，所以基本上所有的国家和地区都不允许任意杀人、任意抢夺他人的财产。所以印度历史上源远流长的寡妇殉葬已经在官方层面被废除，而非洲对少女施行的割礼也越来越受到国际社会的谴责。但必须指出的是，在更多时候，我们应该遵循文化相对主义的立场，从一个文化的上下文中去理解它、尊重它，而不是用本文化中的标准任意评判其他文化中的现象。

（二）如何发展跨文化的伦理观

1. 反思自我

发展跨文化的伦理观首先就要了解：你自身所处的位置，你所隶属的社会范畴，以及如何应用这些范畴，这样才可以更好地帮助你实现成功的交流。在面对一些异文化的伦理问题时，我们要反观自身，在我们自己的文化中理解：它是如何展现的，它所展现的样貌又和哪些文化要素相关，而在异文化中这些伦理问题又可能与哪些要素相关。只有这样才有利于我们采用文化相对主义的视角，换句话说就是“知己利于知彼”。

2. 学习他人

正如鲍尔斯（Detine L. Bowers）所言：在异文化中，如果人们感到你是本着一种学习和赏识的态度来看待他们文化的，他们就会对你很宽容；对于他们而言，你该是一个懵懂的孩子，而不是站在一边批判他们的生活方式、自以为是的老师。津克（Ronald M. Zink）也说：（对于其他文化来说）你必须做一名学生，只要我活着，我永远都是这样的一名学生。[①]

思考题

1. 跨文化交流学产生的历史背景？
2. 跨文化交流学有哪些基石性的概念。
3. 实证研究的测量方法在跨文化的环境中应该注意什么问题？
4. 如何看待主位研究法与客位研究法？
5. 如何看待实证法、解释法和批判法三者之间的关系？
6. 如何评价文化相对主义与文化普遍主义？
7. 培养跨文化伦理观的关键是什么？

---

① Electronic resource, *Cross cultural communication*, (written by Marcus Gunn), Promedion Productions, 2002.

KUA WEN HUA JIAO LIU LUN

第二章 文化与交流

在这一章里，我们要着重了解跨文化交流的一些基本概念：文化与交流、交流的模式以及跨文化交流的模式。

一、什么是文化

文化这个词大家常挂在嘴边，我们称知识分子是文化人，说东方文化、西方文化、印加文化，以及餐桌文化、家居文化，甚至有了厕所文化（比如世界厕所组织 WTO：World Toilet Organization）。那么，我们所说的这些文化是否具有相同的意义？到底什么才是文化呢？

（一）文化的界定

从词源上来看，“文化”的拉丁文是 cultura，英文是 culture，有耕种、耕作之意，最基本的意思是对自然界的开拓。中文的“文化”与英文中的“culture”有着微妙的区别：中文注重精神领域，而英文注重物质生产领域，[①] 所以英文中许多与物质生产有关的词都以 culture 作为后缀，如农业（agriculture）、园艺（horticulture）、水产业（aquaculture）、养蜂业（apiculture）等。

我们开篇已经提到文化一词的应用范围非常广，但如何给文化下个通用的定义，却不是件易事。人类学家克罗伯（Alfred L. Kroeber）和克拉克洪（Clyde Kluckhohn）曾专门撰写过“关于文化的概念与定义之评述”一文，论及了文化的 164 种定义。

跨文化交流学之父爱德华·霍尔认为：文化是那些深层的、共有的、未被言说的经验，这些经验是特定文化中的成员共享的，是他们进行交流时不言自明的，是他们据以评判所有其他事物的背景。[②]

目前广泛为人所用的是人类学家吉尔茨对文化的界定：文化……是人们从前人那里继承来的以符号的形式表达的观念体系，借助这一体系，人们传播、延续并发展着他们关于生活的知识以及对待生活的态度。[③]

心理学界将文化定义为：人们习得的有关群体的观念，包括语言和非语言的态度、价值、信仰体系及行为等。[④]

民族学家认为：文化是一种社会结构化了的，经历史传承下来的符号、意义、假设和规范模式……[⑤]

还有许多其他学科给“文化”下过定义，而社会学、心理学和民族学是跨文化交流学发展的基础学科。综合上述四项界定，可以发现它们几乎都强调了：历史传承、意义共享和符号体系。

---

① 严文华：《跨文化心理学》，上海社会科学院出版社，2008 年版，第 7 页。

② Hall, E. T., The Hidden Dimension, *New York*: *Doubleday*, *1966*.

③ *Greertz*, *L.*, The Interpretation of Culture. *New York*: *Basci Books*, 1973, *p*. 89.

④ Singer, M. R., *Intercultural Communication*: *A Perceptual Approach*, Englewood Cliffs, NJ: Prentice-Hall, 1987, p. 34.

⑤ Philipsen, G., *Speaking Culturally*: *Explorations in Social Communication*, Albany: State University of New York Press, 1992, pp. 7—8.

基于此，我们认为：文化是一个特定的群体（community or population）经过悠久的历史传承所共享的符号和意义体系，这些体系指导和规范着（rituals）人们相互之间的交流（behavior），以及对待生活和事物的态度（value and belief）。由上可知，理解一种文化，需要先理解指导该文化中个体成员一生的所有经验。其包括：语言和姿势；个人的外表及社会关系；宗教、哲学和价值观；求爱、婚姻和家庭习俗；食物和娱乐；工作和政府；交流和教育体系；健康、交通、经济系统等。所有这些文化因素都必须在相互交流中方能学到。

（二）洋葱与冰山——对文化的两种解读

除了对文化的抽象界定外，学者们还从更为具体的层面对文化进行了解读，将文化划分为不同的层次或者不同的特性，洋葱与冰山的比喻就形象地说明了这一点。[①]

1. 洋葱：文化层次论

洋葱有什么特点呢？洋葱具有层次性，我们剥开表层还有中层，剥开中层还有核心层。文化层次论就将文化比作洋葱，认为文化就像洋葱一样分为表层、中层、核心层，亦被相应地称为末文化、基文化、质文化。

表层文化是我们日常可以直接观察到的事物。比如：一些外在的物品，包括人们的外貌、衣着、建筑物、艺术品等，像西方人吃饭用的刀叉，中国人吃饭用的筷子；还包括我们可以听到的语言。语言虽然不可见、不可触，但可以听得到，所以也是客观存在的。

① 陈晓萍：《跨文化管理》，清华大学出版社，2005 年版。

表层文化是很容易为人们所领会的。

中层文化是一个社会的规范、伦理和价值观等。它决定了一个群体中的多数人在某一情形下的共同行为模式，比如各个国家见面问候的礼节，日本人鞠躬、美国人握手、印度人行合十礼、意大利人亲吻拥抱等；还决定了这个社会对“好和坏”、“对与错”的界定，比如偷窃撒谎是坏的、助人为乐是好的、不讲信誉是错的、以诚待人是对的等。

“核心层的文化是一个社会共有的关于人为什么存在的假设，它涉及到该社会中人们最根深蒂固和不容置疑的东西”，如人的权利、人存在的价值、自我与他人之间的关系。像美国人强调人生而平等，印度人则认为人生而不平等；美国人强调个人的自由和独立，中国人强调个人与集体的关系。通常，生活在一种文化中的人很少关注该社会的核心文化，因为它们会被视之为理所当然的事情，但这却很难被生活在另一文化中的人所完全理解。当来自另一文化的个体向你追问“为什么”，你却三言两语讲不清楚，甚至要追溯久远的历史才能进行解释的时候，就说明这将是一个触及核心层文化的理念。这就像要问中国人为什么强调集体主义，西方人为什么强调个人主义一样。核心层的文化是不同民族对事物的认知和判断存在差异的根源。

文化洋葱的三个层次之间有着不可分割的联系。核心层文化驱动并影响中层文化，中层文化驱动并影响表层文化。在跨文化交流的环境中，了解中层及核心层文化才是最关键的。

2. 冰山：文化特性论

那冰山又有什么特点？冰山的绝大部分藏于水面以下，露出水面的部分只占整个冰山的十分之一。有人用冰山比喻文化，把露出水面的部分称为显性文化，而把深藏在水下的部分称为隐性文化。

显性文化是可视的那一部分，包含了文学艺术、典章制度等，主要表现为历史和传统思想的物质化形式。而隐性文化是不可见的部分，包含一个国家、种族或民族所共有的思想、习惯、思维方式和行为模式等，这些方面渗透在我们的日常生活之中，甚至是我们人格不可分割的一部分。我们平时所观察到的显性文化或者说表象文化只是冰山一角，而真正造成表象不同的是隐藏在水下的部分。

如果把洋葱和冰山做一比较，就可发现其实文化洋葱的表层基本对应了文化冰山的显性部分，而文化洋葱的中层与核心层则对应了文化冰山的隐性部分。

与文化洋葱的各层关系一样，显性文化和隐性文化之间也是互为关联的，隐性文化驱动并影响着显性文化，同时隐性文化又是通过显性文化来体现它的存在的。不过也有学者指出，两者并非一种完全对应的关系，因为显性文化具有为社会提供理想和价值标准的功能，它更受意识形态的制约；而隐性文化可以看作是人们真实的文化生态，它更直接地反映人们实际的精神状况。

除了上文的层次说和特性说，还有文化要素说，即把文化分为认知体系（包括伦理道德、宗教信仰、价值观等）、规范体系（包括行为准则、规章制度等）、社会关系和社会组织（家庭、生产组织、宗教组织等）、物质产品以及语言和非语言符号体系。

其实，基本上所有分类都有把文化分为可见和不可见的倾向，而跨文化交流要求我们拨开纷繁复杂的表象，探知表象之下的核心本质。

（三）文化的特点

文化作为一个抽象的概念，一般具有下述五个特点。[①]

① 郑杭生：《社会学概论新修》，中国人民大学出版社，1994年版。

1. 文化的习得性与非个人性。习得性是指文化都是后天习得，而非先天遗传的。非个人性是指，虽然个体具有接受文化和创造文化的能力，但形成文化的力量却不在个人，个人只有在与他人的互动中才需要文化，才能接受文化、影响文化。

2. 文化具有复合性。任何一种文化现象都不是孤立存在的，而是由多种文化要素复合在一起的，如音乐、服饰等。构成文化现象的有物质文化，也有精神文化，二者又可以细分为不同的要素。

3. 文化的象征性。文化的意义总是远远超出文化现象所直接表现的那个狭小范围的，一般都具有更为广泛的意义。比如：表示颜色的黑白，本来只是自然现象，可一旦人们将其作为文化因素之后，我们就可能赋予它们更广泛的含义，如将它们用于表示人性的忠奸，最具代表性的是中国京剧中的脸谱。

由于文化具有象征性，所以人们无时无处不生活在象征性的社会中。人的一生在很大程度上就是学习文化象征性的过程，人类社会的发展也体现为文化象征性的发展。

4. 文化的传递性。传递性指文化一经产生就要被他人模仿、效法和利用。传递包含两个方向：纵向与横向。纵向传递指的是文化的代代相承；横向传递指的是文化在不同民族之间的传播。纵向传递保证了一种文化的延续；横向传递则保证了不同民族之间的交流和发展。

5. 文化的变迁性与文化失调（Cultural lag）。文化并非静止不动的，而是时刻处于变化之中的。一般认为，自然条件的变化、不同文化间的接触和发明与发现会促动大规模的文化变迁。

在研究文化变迁的特性时，美国社会学家威廉·奥格本（W. Ogburn）提出了“文化失调”概念。奥格本认为，由相互依赖的各部分所组成的文化在发生变迁时，各部分变迁的速度是不一致的，有快有慢，结果就会造成各部分之间的不平衡、差距、错位等，由此可能引发一些问题，这便是文化失调现象。该理论认为，一般总是“物质文化”先于“非物质文化”发生变迁，物质文化的变迁速度快于非物质文化，两者不同步就会产生差距。就非物质文化而言，通常也是制度文化先发生变迁，随后是民风民俗，最后是价值观念的变迁。针对于此，一个社会在发生变迁的时候，应该注意各部分之间的协调。

在跨文化交流过程中，需要特别关注不同文化中的象征意义，以及处理好文化传播与文化变迁的关系。

（四）文化的几个相关概念①

1. 迷信

我们此处讲的迷信并不是指鲁迅小说中祥林嫂捐门槛那种“吃人”的迷信，而是指人们日常文化中对某些数字、颜色、动物等的崇尚或者禁忌。比如：一些文化忌讳数字 13，甚至在楼层或门牌中略去 13；中国的文化则忌讳数字 4，崇尚数字 6、8、9；还有些文化忌讳遇到黑猫等。对于此，我们当然不一定遵从，但要认识到这些文化中的迷信禁忌，从而在与其他文化中的人交流时避免“触人霉头”。

2. 文化定势

世界上大多数社会中都可能存在若干群体，这些群体通过共享地域、历史、生活方式、世界观以及价值观等，其成员形成并发展、强化了自己独特的文化和与之相关的交流文化。而这些群体的

---

① Jandt, F. E., *An Introduction to Intercultural Communication*, Sage Publications, 2007, pp. 9—21.

划定可以根据民族、种族、地域、职业、性别、政治、社会关系、代际、某种利益等，一旦一个群体的边界形成，相应的文化及交流文化就应运而生了。

每个群体的文化又有整体性和具体性的区分。以全民族或全种族共享的、世代相承的历史及传统文化为标准进行划分的是整体文化；以某种职业、社会活动、兴趣爱好等共同特征为标准进行划分的是具体文化。前者是一种民族的文化；后者是具体的个性文化，是按个人的社会情况或个人所属的文化群体为基础的文化，有学者把这种文化称为群体文化或副文化。整体文化与个性文化是相互依存的。

以整体文化的标准进行划分的，如东方文化、西方文化等，这种整齐划一的标准倾向于把某一文化群体中的每个成员都当作该文化特征的代表，这种整体式的文化取向就被称为文化定势。文化定势虽然是进行文化比较研究的便易工具，但却忽视了个性，容易在交流中产生误解和冲突。我们在与不同文化的人交流时，不要单纯地依靠先入为主的文化定势，还要考虑到具体的情境。关于定势这个概念，我们还会在后文详细论述。

3. 亚文化与共生文化

亚文化（subculture）是指存在于某一主流文化中的非主流文化，它往往是基于经济或社会阶级、民族、种族、地域及性取向等形成的。比如：唐人街文化就是美国的一种亚文化，以及我国婚姻家庭研究学者李银河曾专门著书研究《同性恋亚文化》等。亚文化群体共享着不同于主流文化的信仰、价值观念、交往准则和行为模式等。

不过，有些学者并不赞同亚文化的提法，他们认为亚文化中的“亚”或者说“sub”这个前缀表明的是整体中的一部分，带有二等或次等的意思，而文化本没有高低贵贱主次之分，所以建议使用共生文化（co-culture）作为替代选项。但并没有更多的文化研究者认为这是更合适的提法。因为如果是两种并存的、可等量齐观的文化的话，各自都应该具有自己的、作为重要文化因素的法律制度，但这在一个国家之内是不可能的。因此，这同样是值得商榷的。

不过亚文化的存在提醒我们，在跨文化交流的时候，不能单纯考虑整体文化、主流文化，还需要考虑个性文化、非主流文化。

4. 文化规范

文化规范是群体为其成员设定的行为模式、行为标准。我们从小就要遵从各种规范，一旦一个人违犯了文化规范，他/她就会因没有履行社会体系的期望而受到惩罚。对于外群体的人而言，这一标准同样适用。

比如，一个法国女性拜访一位沙特阿拉伯的朋友，并在朋友家进餐，当她在餐桌上用左手大快朵颐的时候，所有人都失去了胃口。

究其原因，也很简单，只是因为当事人不了解所处群体的文化规范，从而引发了群体内成员的不快。在某些中东和亚洲国家，左手是不洁的，所以文化规范禁止用左手传递物品给别人，更不宜用左手用餐。

再比如：泰国人非常尊重他们的国王，所以他们几乎不会谈论国王，文化上也禁止触碰国王。一个美国教授到曼谷教课的第一个月里，因一次意外在课堂上把一枚泰国的硬币掉到了地上，为了防止硬币滚开很远，他赶快用脚踩住了那枚硬币。对此，泰国学生表现得非常震惊。

而学生们的震惊导源于硬币上有泰国国王的头像，这位美国教授用脚去踩踏硬币，让学生们感到该行为是对国王的大不敬。

最后，我们来看一段错位的对话，大家可以一起思考一下它是如何呈现文化规范的差异与碰撞的。

艾丽丝（美国人）：听说你儿子要结婚了，恭喜恭喜。

爱莎拉（印度人）：谢谢。婚礼就定在明年春天。

艾丽丝：那真好。孩子们是怎么认识的？

爱莎拉：哦，这个嘛，他们其实还没有见面。

在艾丽丝和爱莎拉看来，各是什么样的文化规范在决定着年轻人的婚姻呢？这个疑问先留给读者。大家可以参考下图2—1。图中左侧摘录的是印度报纸上的征婚广告，右侧摘录的是美国报纸上的征婚广告，从中我们可以发现明显的文化差异。印度的征婚广告通常是父母为儿子征婚，一般是单方面列出对女孩的要求，要求的条件多为年轻、高学历、好家室。而所谓的好家室主要与印度的种姓制度相关。印度的四大种姓由高向低排列为婆罗门、刹帝利、首陀罗和吠舍。其中Arora和Kayastha都属于第二级种姓——刹帝利。我们从中可以了解，印度人的婚姻强调的是门当户对。而美国的征婚广告多是自己推销自己，每则广告都有一个标题以彰显个性。打广告的有男性也有女性，通常先介绍一下自己的情况，再相应地列出自己对所征对象的要求。所要求的条件多集中在两点：外貌和个性（包括爱好）。我们从中可以了解，美国人的择偶标准是外表相配、情投意合。

虽然是一则小小的广告，看来也是“别有洞天”的。由此，我们也就不难理解艾丽丝与爱莎拉对话的错位了。

LET'S GET TOGETHER
WF, 37, 5'4", green-eyed blond, fun, honest, adventurous, likes skiing, boating. ISO WM, 32-43, N/S. fun-loving, handsome, affectionate, financially stable…

HANDSOME well placed match for post-graduate, beautiful girl, 23, respectable Arora family. Full details please. Box ….

BREAKING THE ICE
WF, 19, brown hair/eyes, quiet. ISO SWM, 19-23, humorous, good-looking, good personality…

WELL settled match for beautiful slim smart 26, Arora girl, B.A. ….

PUNJABI match for Arora girl, M.A., 23 yrs., 150 cms, smart, homely. Father's own business…

BEGIN WITH A CALL
WF, 29, likes animals, movies, music. ISO BM, 30-40, tall, well-built, outgoing, fun, athletic,

SUITABLE match for Kayastha, Fair complexioned, post-graduate girl, 23…

图 **2—1**：美国与印度的征婚广告①

(五) 文化的正态分布

上文我们提到应避免文化定势，这似乎是一种比较抽象和笼统的说法，而借助于文化的正态分布图，我们可以清晰具体地了解这一观念。

正态分布（normal distribution），简单来说就是以平均值为中轴，左右对称的钟形曲线，如图 2—2。图中展示的是 A 文化（总体的平均水平为 μ_A）与 B（总体的平均水平为 μ_B）文化的正态分布图。

---

① Rogers，E.，& Steinfatt，T.，*Intercultural Communication*，Waveland Press，1999，pp. 86—87.

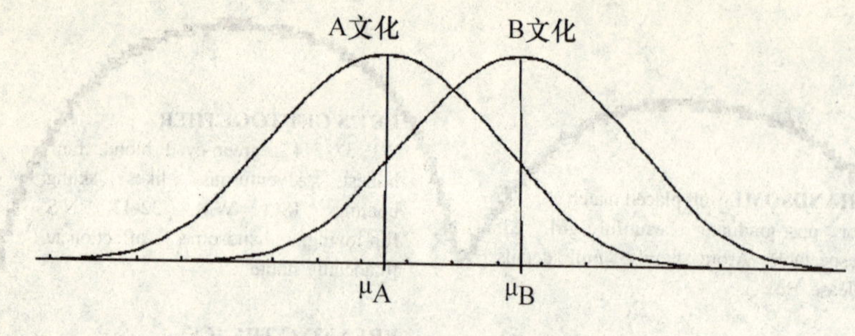

图 **2—2**：文化的正态分布图

举例来说，上图横轴左侧是个人主义，右侧是集体主义，该图表明 A 文化比 B 文化更强调个人主义，而 B 文化比 A 文化更强调集体主义。图 2—2 除了表明作为 A、B 两类整体文化的特质外，还体现了每种文化中的个体差异。比如在 A 类文化中，集中于左侧的人表明有着极端的个人主义倾向，而集中在右侧的人则比 B 类文化中的大多数都更强调集体主义，这就体现了同一文化中个体的多样性。B 类文化的情况亦然。而且，无论是 A 类文化还是 B 类文化，其文化中的大多数都集中在中轴线 μ_A 或 μ_B（即平均值）左右两侧。因此，我们通常所说的两国文化的差异，都是指整体层面的差异，而非个体层面的差异。这样一来，所谓的避免文化定势就是避免认为：A 文化中的所有人都是 μ_A 的典型代表；B 文化中的所有人都是 μ_B 的典型代表。

另外，文化正态分布图中峰值的高低还可以解释某一文化理念为社会成员认同的程度。峰值越高，即弧度越陡峭，则表明社会成员对某一文化理念的认同程度越高，那么这一文化就具有很强的代表性，而且能充分发挥凝聚力的作用。而峰值越低，即弧度越平缓，表明社会成员的认同度越低，那么这一文化的代表性和凝聚力都会比较差。特兰狄斯（Harry C. Triandis，1994）曾用文化的“紧密—宽松”来表达这一关系。紧密的文化有两个主要特征：一是大多数人拥有和共享同一种价值观；二是社会对意见分歧者的容忍程度很低。而在宽松的文化中，大家的价值观比较多元，人们的同质性比较低，人们对新事物的容忍度比较高。[①]

二、什么是交流

交流的英文 communication 一词来源于拉丁文 communicare，意思是与别人共享或者达致共通。正如史密斯（Alfred G. Smith，1966）在他的著作《交流与文化》（*Communication and Culture*）的前言中所说，文化是一种我们可以学习和分享的编码，而学习和分享需要交流。[②] 交流则是一个过程，当参与者想达致相互理解时，他们通过这个过程创造并彼此分享信息。从我们出生到寿终，可以说交流包括了日常生活的所有方面，它是如此的无孔不入，以至于我们甚至觉察不到它的存在。

（一）交流的定义

交流的定义与文化一样纷繁复杂，细数也有百余种之多，但基本上可以分为两大派：[③]

一是“说服”派，如传播学的奠基人之一卡尔·霍夫兰（Carl Hovland）认为，交流是信息发送者通过一定的渠道把信息传给信息接收者，以达到某种效果的过程，即传递者传递刺激，以影响接收者行为的过程。这与拉斯维尔（H. Lasswell）的 5W 传播模式相对应（详见下文）。另一个是“共享”派，是指交流者相互传递信

---

① Triandis，H. C.，*Culture and Social Behavior*. New York：McGraw-Hill，1994.

② Smith，Alfred G.，*Communication and Culture：Readings in the Codes of Human Interaction*. New York：Holt，Rinehart & Winston，1966.

③ 关世杰：《跨文化交流学》，北京大学出版社，1995 年版，第 24—25 页。

息、分享信息的过程。

目前采用共享派观点的人居多。二者的差异在于，前者非常强调发送者的意图，而事实上，虽然有意向的交流通常占多数，但仍存在无意向的交流。而且说服派只看到交流的单向性，没看到交流的双向性。可以说，说服派更适合解释宏观上大众传播的形式，而共享派则更符合微观上人际传播的形式（参见下文交流的层次）。因为本书所讨论的交流都着落在人和人之间的互动形式上，所以我们倾向于采用共享派的观点，认为交流是信息发送者与信息接收者共享信息，并共同创造意义（现实）的符号过程。

符号是人们共同约定来指称某一对象的标志物，如我们所使用的语言、文字。这个词说明我们所说的话、所使用的姿势，其意义并非与生俱来，而是协商一致的结果。在交流过程中，我们总是假设对方与我们共享一套符号体系，能够理解我们要表达的意思，但对于来自于不同文化背景和经验的人而言，这个假设可能是错误的。

过程这个词表明了我们对意义的协商是动态变化的。交流并非一个单独的事件，它只有依靠其他交流事件才具有意义。当我们与其他人进行交流时，我们同时利用所有感官接收信息，而这些信息并非都是清晰可辨的，它们的边界可能模糊不清，所以我们在协商意义的时候需要创造、修复甚至改造现实。这就要求人们积极地投入交流过程。

（二）交流的层次

交流通常可以分为大众传播、组织交流和人际交流三个层次。

大众传播是以书报、刊物、影视等技术手段向大众进行的信息传递。

组织交流是指维系一个组织、单位、部门、企业正常运转的交流，通常包括上级给下级下达指示、同事之间的信息交流以及下级向上级汇报工作等。

人际交流又区分为面对面的交流和不见面的交流。前者是指人与人日常生活中面对面的信息沟通，如谈话、聊天；后者是指两个人之间不见面的信息交流，如通信、电话、电报等。

本书主要关注的是第三个层次——人际交流，特别是面对面的人际交流。

（三）交流的模式

交流是以什么方式来运作的，这就是交流模式的问题。最早对交流模式进行阐述的是美国政治学家拉斯韦尔，他提出了五 W 模式，如图 2—3。

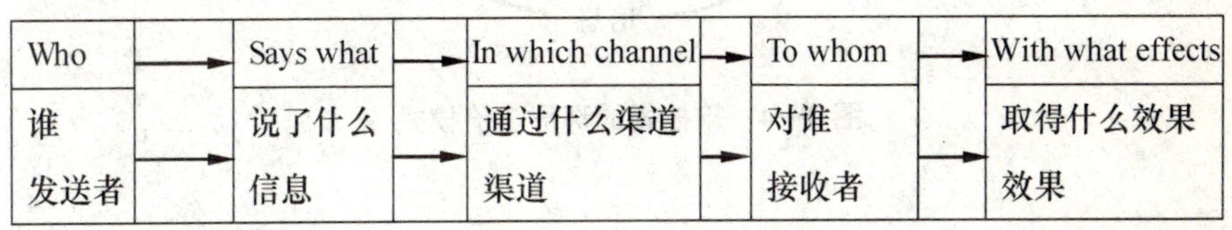

图 **2—3**：拉斯韦尔 **5W** 交流模式

这是与说服派相对应的一种模式：由信息发出者向信息接收者单向传递信息，并意图在接收者那里产生影响，不强调接收者的反馈，是适合大众传播的一类运作模式。

较为流行的人际交流模式是威尔伯·施拉姆（Wilbur Schramm）的环式模式，如图 2—4。施拉姆的环形模式将交流视为一个相互的过程，有信息的发出，还有信息的反馈，而信息的发送者同时又是信息的接收者，信息接收者同时又是信息发送者。该模式注重的是交流的过程，而非交流的效果，它更适合人际交流。但这种交流模式是一种非常纯粹的交流模式。其实，在现实生活中，信息发出者传达的信息并不一定会原原本本地传输给信息接收者，而信息接收者反馈的信息也不一定会原模原样地传给发送者，在这些过程中都会存在干扰因素，传播学上称之为噪音（noise）。由此可见，上述施拉姆的环形模式更趋合理的形式应如图 2—5。

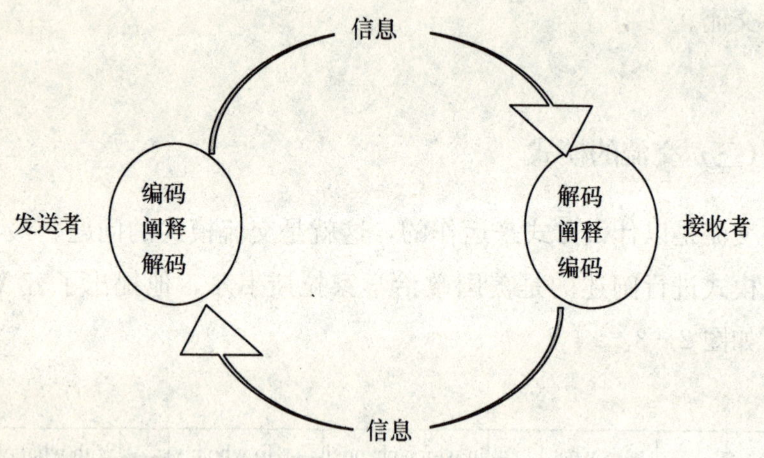

图 **2—4**：施拉姆的环形交流模式 **A**

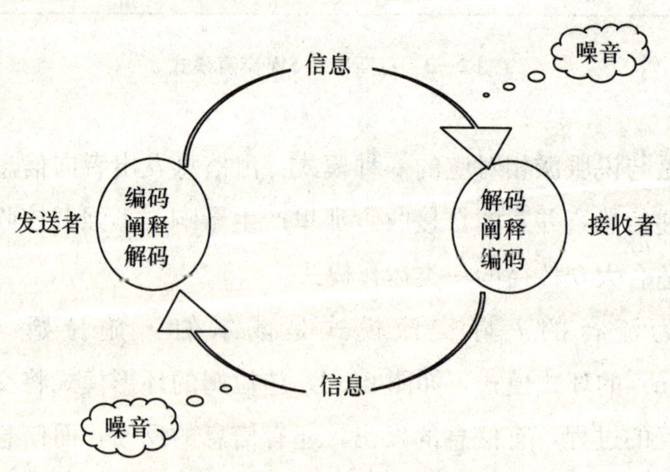

图 **2—5**：施拉姆的环形交流模式 **B**

在施拉姆的环形交流模式 B 中，各个标识的意义为何？这正是交流的组成元素要回答的问题。

（四）交流的组成元素

一般而言，交流由以下十一项元素组成。[①]

1. 发送者，即信息发送的主体，可以是个人、群体、组织和国家，而在人际交流模式中主要指个人。发送者发出的信息有时是有意识的、有时是无意识的，有时是有目的、有时是无目的。

2. 编码。一般来说，我们总是很难与别人直接分享自己的思想。比如，你家的狗总是喜欢跟你们一起挤在沙发上看电视。当你要和朋友分享这幅景象的时候，你可以让朋友到你家去看；而其他情况下，你不可能总是拉着家里的狗，拖着沙发，抱着电视，然后见到朋友便把这个场景摆给他们看，所以你需要以符号的形式来展现这个场景。即：把那个四脚行走、喜欢汪汪叫的家伙称为狗；把那个软绵绵的、可以躺可以坐的东西称为沙发；把那个四四方方、有画面有声音的家伙称为电视，这样你便可以与其他人交流了。编码正是这一把思想转化成符号的过程。你可以把思想转换成语言，也可以转换成非语言的符号。借助于此，你便可以实现与他人的交流。

3. 信息，即被编码的思想——可以用语言、文字或者姿势表述的思想。

4. 渠道，指用什么样的方式将自己编码的思想传递出去，比如面对面说话、视频聊天、打电话、写信、发短信，或者像“非常6＋1”的电视节目那样，用肢体语言表现一个事物等等。

---

① 关世杰：《跨文化交流学》，北京大学出版社，1995 年版，第 46—47 页。

5. 噪音，指任何不属于发送者发出信息的原意而加注在信息上的附加物，或者说干扰因素，包括外在噪音、内在噪音和“语义噪音。外在噪音是那些可视、可听的，可以把接收者的注意力从发送者发送的信息上转移开的刺激物，比如一边看电视一边打电话，电视节目传递的信息就构成了个体接收电话信息的噪音。内在噪音指那些可以干扰信息接受者的思想和情感的因素，比如你非常劳累或者非常愤怒的时候都会影响你放在信息上的注意力，由此可能错失或误解对方传递的信息。“语义噪音”是指信息符号的其他可选择的意义导致的注意力分散，比如下面这段经历：

有一次朋友来家里玩，进门后她问我，为什么让她等那么久才来应门。我说：“我在厨房‘xǐ zǎo（洗枣）’，没听见。”她一脸诧异地说：“你在厨房 xǐ zǎo（洗澡）?”我纳闷地反问：“在厨房‘xǐ zǎo（洗枣）’怎么啦?”结果她竟然说：“没什么，只是觉得应该在厕所洗。”此时我才意识到我们两个说拧了，等我把洗好的枣拿到她面前时，她笑得前仰后合。

这就是语义噪音，这个词如果是书面语应该不会有歧义，但是口语就很可能造成误会。

6. 接收者，即收到信息的主体，同样可以是个人、群体、组织和国家。

7. 解码。解码是与编码相对应的过程，同样是积极主动的过程，是接收者给接收到的信息配以意义的过程。比如：我们前面讲到的小狗跟家人一起坐在沙发上看电视，当我们接收到这样一条信息的时候，我们的脑海中就会浮现出这样的场景，因为在我们的知识库中同样有与狗、沙发、电视这些符号相对应的实物。但如果是对一个不懂英文的人说“my dog always sits with my family on

sofa to watch TV"，尽管这都传达了一个意思，但对方的知识库中若没有与 dog，sofa，TV 相对应的实物，他便无法解码，交流也基本只能终止。

8. 阐释，这是指接收者对解码后的信息进行的解释，或者说接收者对发送者发出信息意图的理解。比如：在校园里，女生 A 邀请男生 B 一起去喝杯咖啡。对于男生 B 而言，对这个邀请的编码是一同到校外的咖啡馆，大家坐下来，要两杯咖啡，接着他还要考虑一下女生 A 发出邀请的意图，即对这个邀请进行阐释。他可以理解为"还人情"，因为上次自己帮女生 A 搬家了；也可以理解为女生 A 对他有意思，正在向他示好。当然还有其他解释，男生 B 可以依据他对女生 A 意图的阐释做出进一步的反应。

9. 接收者的反应，是接收者有意无意对信息采取的行动。比如：上例中的男生 B 也许会开心地微笑、疑惑地皱眉或者为难地撇嘴。在成功的交流中，接收者的反应与发送者的期望基本相符。

10. 反馈。由接收者发出的信息便是反馈。还是上例中的男生 B，他可以说"干嘛请我"，这是要求信息发出者进一步明确信息；如果他认为对方要还人情，他可能说："区区小事，不用那么客气"；又或者他以为女生在示好，但因为他对女生没好感，便会借口说："噢，不好意思，我还有事"等等。如果你不太清楚对方的意图，最好发出一些问题来明确信息，否则就可能弄巧成拙。比如男生 B 面对女生 A 的邀请，如果他认为对方有意于自己，便欣然前往，结果喝完咖啡后女生 A 说："哎，听说你考试笔记整理得特别详细，马上考试了，借我看一下吧?"那男生 B 一定会觉得非常尴尬。

反馈是信息发送者对其交流是否有效做出评价和判断的依据。通过反馈，交流者可针对具体的情境要求及时调整自己的行为。这样一来，一轮新的解码、编码的循环又开始了。

11. 背景（context），即交流所发生的环境，而且可以帮助交流者限定环境。也就是说，在一个熟悉或者了解的环境中，你可以有效地预测交流。因为通常跟环境相联的都有一套交流的规则，了解环境，自然了解在这个环境中进行交流的规则，这可以帮你有效地预测交流行为。比如：在课堂上、餐厅里，你都比较好预测在此中发生的交流行为；但如果你并非信徒，却让你去教堂，你可能就会不知所措，而不得不多问、多看、多听了。

三、跨文化交流的模式

以上我们所讲述的有关交流的内容都是处在同一文化的框架中的，如果是在跨文化的框架中，其交流模式又会有哪些不同呢？

（一）同文化交流与跨文化交流的分界

文化通常是通过象征符号编码得以实现的。在交流过程中，双方信息编码完全一致的交流被称作典型的同文化交流；交流双方的信息编码完全不同的交流被称作典型的跨文化交流。[①] 如下图 2—6 和图 2—7。

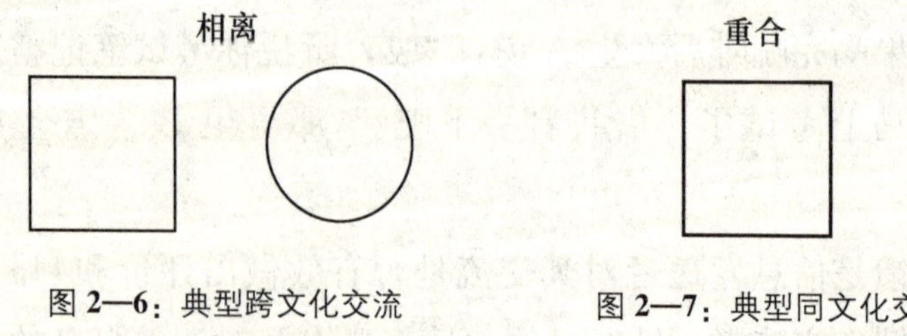

图 2—6：典型跨文化交流　　图 2—7：典型同文化交流

① 关世杰：《跨文化交流学》，北京大学出版社，1995 年版，第 30—31 页。

不过，在现实生活中，不存在两个人的编码完全相同或两个人的编码完全不同的情况，即使语言完全不通的两个人，他们还有几乎全世界所共享的哭和笑等表情。而即使是同一文化中的两个人，也总会因为以往经历的差别在解读问题时存在不同程度的差异。所以，现实生活中的同文化交流与跨文化交流如下，参见图 2—8 和图 2—9：

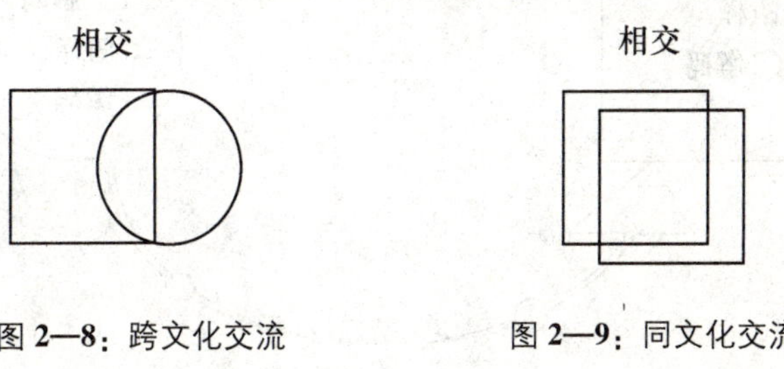

图 **2—8**：跨文化交流　　图 **2—9**：同文化交流

（二）跨文化交流的模式

学者们对跨文化交流的过程、性质、效果提出了种种模式，但尚未有被人们所普遍接受的。本书借鉴施拉姆的环形交流模式并结合图 2—8，将跨文化交流模式界定如下，参见图 2—10：①

图 2—10 与施拉姆的环形模式最大的差别是，在图 2—10 中两个交流者来自于不同的文化，他们的编码体系不再相同。甲文化的信息发送者依照方形文化体系进行编码，而乙文化的信息接收者依照圆形文化体系进行编码。该跨文化交流模式的问题在于：乙文化的信息接收者如何解码甲发出的方形文化，而甲文化的信息发送者又如何解码乙反馈回的圆形文化？当然这里的解码、编码绝不仅仅涉及语言的翻译问题，即使两种文化中的个体采用一种协商语言，

① 关世杰：《跨文化交流学》，北京大学出版社，1995 年版，第 48 页。

他们在解码对方的语言和非语言符号时，同样会有困窘、迷惑和误解。这似乎不是单纯靠语言可以解决的问题。那么文化到底是如何影响交流者，并进一步影响交流的呢？我们将在下一章详细论述。

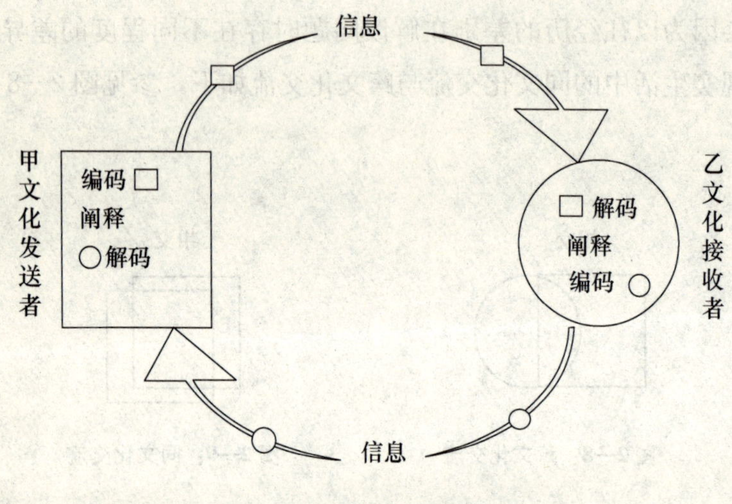

图 2—10：跨文化交流模式图

思考题

1. 文化是什么？如何对文化进行解读？
2. 跨文化交流中应关注文化的哪些特性？
3. 如何利用文化的正态分布解释文化定势？
4. 拉斯维尔的 5W 模式与施拉姆的环形模式各有什么特点？
5. 什么是交流过程中的噪音？包括哪些类型？举例说明。
6. 跨文化交流模式与一般交流模式的异同。

KUA WEN HUA JIAO LIU LUN

第三章

文化影响感知与思维方式

一、文化与感知

我们知道，人类跟许多其他生物感知到的世界是不相同的。比如：蝙蝠通过超声波、蛇通过红外线感受世界，有些鱼能通过它们身体表面的感应器感受到电场的扭曲等等。那么我们人与人之间呢？我们也常说人们看到的这个世界是各不相同的，这表达的是什么意思呢？是说不同文化的人们在心理上经历着不同的世界，还是说他们在以不同的方式诠释着自己的经历呢？下文我们就将揭开这些疑问。

（一）影响人们感知的因素

感知是人们通过自己的感觉器官对外界刺激（信息）进行选择、组织和评价的过程。眼、耳、鼻、舌、身是人所共知的感觉器官。关世杰先生总结了影响人们感知的生理、环境和文化三大因素。①

1. 生理因素。感知外部世界的器官有缺陷而造成的感知差异。

① 关世杰：《跨文化交流学》，北京大学出版社，1995年版，第84—89页。

色盲者看到的世界与视觉正常者差异很大，味觉障碍者无法从美食中享受乐趣，耳力失聪者往往认为别人说话声音太小，口不能言者易处事急躁，而很多正常人却常常因为无法体会他们对外界事物的感知差异而无法真正理解他们。

2. 环境因素。生活环境的差异造成我们对外界感知的差异。

比如：对于生活在北方的中国人而言，如果提到雪，他们可能最先想到的形容词是寒冷；但是对于香港人而言，提到雪，他们可能最先想到的形容词是快乐。香港的地理位置决定了香港人与雪无缘，但由于特殊的历史背景，加上西方文化的浸染，香港人是一定要过圣诞节的。西方的圣诞节总是呈现在大雪夜，所以香港人的圣诞节也总是用些人造的雪花来制造气氛。因此对于香港人而言，这样的雪是没有任何寒冷可言的，有的只是“Merry Christmas”的欢乐。

3. 文化因素。文化习俗等的差异导致我们对外在世界感知的差异。

首先文化规定着人们的饮食，汝之美酒，却为彼之毒药。比如：印度教徒不准吃牛肉，但可以吃猪肉；而伊斯兰教徒可以吃牛肉，但不许吃猪肉，许多学校设立清真餐厅便是考虑到这种文化禁忌。即使不从尊重宗教的角度出发，一个国家或民族的文化环境照样能够塑造我们的味觉。我们认为是佳肴的食品，别人也可能“敬而远之”。某次，有位中国的英文教师与外国同事一起吃饭，席间有一道菜是燕窝。这位外国友人觉得好奇便问燕窝的原料，这个老师说就是燕子的唾沫。这位外国友人立刻面露难色，将那名贵的燕窝让给了这位老师，并说：“I am allergic to it。”他之前都不知道这是什么，怎么会过敏呢，只不过是想想就觉得难以下咽罢了。可能的解释是：在这位外国友人的文化中，唾沫是肮脏而绝不能食用的；但在我们的文化中，燕窝可是名贵的滋补品。

文化同样会影响人们的视觉。比如著名的 Müller-Lyer 错觉和横竖错觉。如图 3—1 与图 3—2：

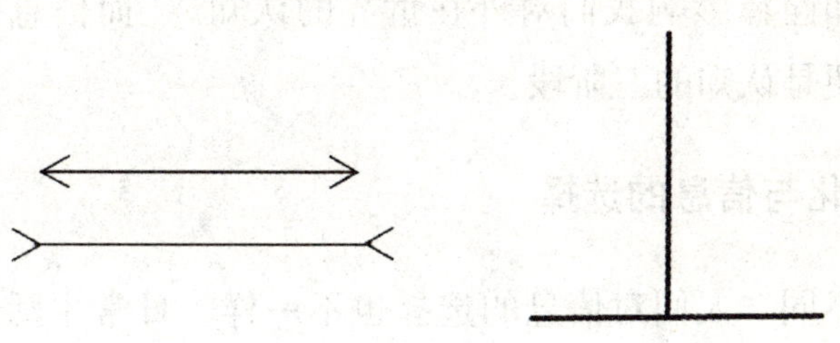

图 3—1：Müller-Lyer 错觉　　　图 3—2：横竖错觉

图 3—1 中上下两根线段哪一根更长？图 3—2 中横竖两根线段哪一根更长？直观的视觉偏差会让我们感觉图 3—1 中箭头朝外的线段更长，而图 3—2 中的竖线更长。其实两种情况下的线段是一样长的，因此前者被称为 Müller-Lyer 错觉，后者被称为横竖错觉。这两种错觉都可能因文化而有所差异。

20 世纪 60 年代，M. 西格尔等人开展了一次历时 6 年的大型跨文化研究，结果发现，生活在方形环境中、具有理解三维图形的二维表现能力的美国人，比生活在圆形环境中较少接触二维平面的布须曼人和祖鲁人更易产生“Müller-Lyer 错觉”；生活在平原上的塞纳加尔人，比生活在丛林中的达荷美人更易产生“横竖错觉”（当然这里也有环境影响的成分）。

文化还影响着我们对通过感官所接收的信息的感受。比如：佛教中的万字符号“卍”，包括右旋“卐”（反万）都是用来表征佛的智慧与慈悲无限的，意为“吉祥万德之所集”、“万德圆满”，但在犹太人看来就可能产生强烈的排斥情绪，因为它与纳粹标志（“卐”字右旋 45 度呈菱形）极为相似。

（二）文化对认知三阶段的影响

简特（Fred E. Jandt）认为，文化可以通过我们对信息的选择、组织和诠释影响我们对外在世界的认知。[①] 而信息的选择、组织和诠释便是认知的三阶段。

1. 文化与信息的选择

文化不同，人们对信息的选择也不一样。日常生活中，展现在我们面前的信息是无穷无尽的，但人们能接受的信息却是非常有限的。为什么面对同样的信息，不同的人会做出迥异的反应，这首先涉及信息选择的问题。而选择正是理解的前提。那么，这个过程是如何发生的？换句话说，是什么因素决定了人们对信息的选择呢？我们可以先看两则试验。

心理学家西蒙斯（D. Simons）和查布利斯（C. Chabris）开展了一项有趣的研究：他们让被试者看一场篮球比赛的录像，并要求被试者为其中一队的进球计数。在录像带中，有一个人扮的大猩猩走入赛场，并将脸转向摄像头，还用双拳击打自己的胸口。当录像带播放完之后，有一半的被试者说自己没看到大猩猩。[②]

通过这个试验我们发现，落在我们视网膜上的刺激信息，并不一定会被我们全部记录，我们所选择的是直接注意的目标，比如一项需要完成的任务。当我们有需要或者有兴趣的时候，那些目标才会吸引我们的眼球。就像我们饥饿的时候，就会对食品广告牌特别敏感一样。

---

① Jandt，F.，*An Introduction to Intercultural Communication*，SAGE Publications，2007，pp. 54-62.

② Simons，D. J.，& Chabris，C. F.. Gorillas in our midst：sustained inattentional blindness for dynamic events. *Perception*，1999，28（9），pp. 1059－1074.

而对于不同文化背景的人来说，由于他们成长的文化所强调的事物不同，他们在选择信息的时候便会因文化而异，即使刺激物是同一个。比如巴格比（James W. Bagby）所做的双目对抗（binocular rivalry）实验。

巴格比设计了一种类似双筒视镜的仪器，使两个镜筒里可以同时闪过两个不同的画面。而根据视觉规律，这种情况下，人眼只能先看一个，再看另一个。他选择了 12 名墨西哥人（男女各半）和 12 名美国人（男女各半）作为被试者，并事先准备了 10 套画片，每套画片都各有一张反映墨西哥文化和美国文化。例如一张是斗牛表演（墨西哥文化），另一张是棒球比赛（美国文化）。巴格比让被试者通过那台双筒视镜依次观看闪过的 10 套画片，限时 60 秒，每套画片出现在被试者左右眼的机会均等，随机播放。然后，研究者询问被试者最先看到什么画面，看到最多的画面是什么等问题。结果如表 3—1，美国人看到更多与美国文化有关的图片，墨西哥人看到更多与墨西哥文化有关的图片，性别之间没有明显差异。①

表 3—1：巴格比双筒视镜实验结果

	看到与美国文化有关的图片数	看到与墨西哥文化有关的图片数	测验所用画片总数
美国女性（6 人）	48	12	60
美国男性（6 人）	53	7	60
墨西哥女性（6 人）	15	45	60
墨西哥男性（6 人）	16	44	60

实验结果表明：大体上，人们是根据自己的文化背景说出他们所

① Bagby，J. W.，A cross-cultural study of perceptual predominance in binocular rivalry. *Journal of Abnormal and Social Psychology*，1957，54，pp. 331—334.

见的内容的，即人们对过目的信息是有选择地接收的。比如同样的画面，墨西哥人通常报告看到了斗牛，美国人则报告看到了棒球。

以上两则实验说明，人们在进行交流的时候，选择接收的信息会受到个人的交流目的、文化背景等因素的影响。

2. 文化与信息的组织

从外在环境中选取刺激因素之后，我们必须按照一些有意义的方式把它们组织起来，也就是要把我们选择的信息归入一定类别，从而令信息不再是孤立的片段。那我们的知觉是如何将信息归类的呢？我们往往会通过特定的方式抓取事物共有的特性，正是这些共性可以将它们归入语言所提供的一个类别，且这种归类将会影响说话者的认知如何被编码和被储存。

以颜色为例。据估计，人类的心理可以感受到750万种不同的颜色。要把这些颜色的信息组织起来，就需要你的语言和文化提供给你分类体系。人类学家已经发现语言中用到的最基本的颜色术语从2到11不等。英语中基本的颜色术语有11个（黑、白、红、黄、绿、蓝、褐、紫、粉红、橙、灰），还有些语言中只有两个基本的颜色术语，如巴布亚新几内亚的达尼（Dani）人的语言就只在黑白（或者说明暗）之间做出区分。参阅下述分类图3—3：

英语

Red	Orange	Yellow	Green	Blue	Purple

绍纳语（Shona），津巴布韦

Cipsuka	Cicena	Citema	Cipsuka

巴萨（Bassa），利比里亚

Ziza	Hui

图3—3：色彩命名分类表

上表显示，英语国家的人会将自己看到的颜色以红、橙、黄、绿、蓝、紫的符号加以标识；但利比里亚说巴萨语的人则会将英语国家的红、橙、黄统一标识为“Ziza”，把绿、蓝和紫统一标识为“Hui”。

再比如“雪”这个词。对美国夏威夷的人们来讲，“雪（snow）”一个词已经足够代表雪的概念了，没有必要使用更多词汇来描述各种不同状态的雪；但对于爱斯基摩人来说，具备区别各种不同状态的雪的能力极端重要，因此他们有各种不同的词汇来描写不同状态的雪。而对传统的斐济群岛社会的人来讲，他们连雪是什么东西都不知道，更谈不上有相应的词汇了，但他们必须掌握能够区分不同状态的椰子树的词汇，而这一点爱斯基摩人便望尘莫及了。另有统计显示，阿拉伯语中的骆驼以及与骆驼有关的事物名称远超过5000种。可对于我们来说，除了“骆驼”或者文学一点的“沙漠之舟”外，恐怕再难想出另外一个词进行指代了。类似的还有面包（bread）这个概念，其在西方有很多不同的词汇来表示。比如：croissant，羊角面包；cottage loaf，圆锥形面包；toast，烤面包；rusk，面包干；zwieback烤干面包；hot cross bun，十字面包等等。但在中国文化中，一个词似乎足矣。

这正是对我们所选择的信息进行组织的过程，同样带有显见的文化烙印。

3. 文化与信息的诠释

信息诠释是指给我们感官所获得的信息赋予意义，即进行阐释的过程。可以说，相同的情境可以被不同的人诠释得迥乎不同。如：将狗作为宠物的人，与经营狗肉店的人看到一只狗所激发的情感，以及对这条信息进行的诠释可以说差之千里。前者会想：多可爱的小狗啊，忠实又机灵，而且善解人意。后者可能琢磨：这条狗有点瘦，不过狗肉还是瘦点更能招揽顾客。

再比如，我们国家的人与印度人看到老鼠后的情感经历，也有着巨大的差别。老鼠在我们国家可不是受欢迎的动物，古人就以硕鼠表达他们对这种动物的厌恶之情。建国之初，老鼠可是四害之一，我们还有一句有名的谚语叫作“过街老鼠，人人喊打”。但在印度，老鼠被封为圣物，很多神殿都是老鼠的云集之所，人们会拿食物去喂养它们，且任由老鼠在自己衣服和发间穿梭，而这幅场景真的让我们不寒而栗。

20 世纪 80 年代一则“风向标与基督十字架”的案例，则更能说明文化对信息诠释的影响。

> 美国约翰逊水泵公司已与沙特阿拉伯有 70 年的生意往来，双方一直进展顺利，这应归功于约翰逊所有员工在入职前的文化训练，他们都非常尊重沙特的宗教文化。1986 年，为了进一步拓展约翰逊水泵的影响，他们推出了“50 年让沙漠繁花似锦”的广告活动，两份广告海报也将于同一年分别以英文和阿拉伯文出版。但当这份海报要在沙特发行的时候却遭到了海关检查员的禁止。
>
> 海报的画面非常简洁。一个男子蹲在水泵旁边进行操作，水哗哗地从水泵中流出，而他身后一位典型阿拉伯装束的男性正举目展望远方。纵深的远处有一座木棚，棚顶有一个十字形的风向标。

设置风向标可能出于广告设计者想将广告内容生活化的用意，但正是这个风向标引发了沙特海关检查员的不满。

沙特阿拉伯信仰的是伊斯兰教，他们绝对不允许公众崇尚任何其他宗教，任何其他宗教的教堂、寺庙、符号都是不允许的。宣传海报中的风向标看上去很像基督教的十字架，这被沙特的官员视为一种信仰侵犯，所以禁止其在沙特境内发布。

上述案例都可以让我们直观地感受到，文化是如何影响人们对所选择信息的诠释的。

正是因为不同文化的人在选取、组织和诠释信息时存在差异，跨文化交流模式便无法像同文化交流模式那样顺畅，就算使用的是同一种语言。

二、文化与思维方式

我们对信息的诠释，即通过对从外部感知到的信息进行分析、推理、加工，从而赋予其意义的过程。因文化的影响，我们赋予同一事物的意义不仅是有差异的，而且对信息的加工过程也会存在不同，这便涉及文化如何影响思维方式的论题。

（一）文化对思维方式的影响

1. 思维与思维方式

思维是人脑间接和概括地反映客观世界的过程，通常包括逻辑思维和形象思维。人们在思维的时候之所以能反映事物的本质、解决问题，正是由于思维能对进入大脑的各种信息进行深入加工。所谓思维方式是指一个民族或一个区域在长期实践活动基础上形成的，认识和把握事物本质的途径或思路，并以较为固定的、习惯的形式表现出来，也就是人们的思维习惯。不同的地理环境、生产方式、历史背景、文化传统、语言文字等因素，都会使不同民族或地域人们的思维方式带上不同的特征。

2. 文化影响思维方式

思维方式会因人因文化而异。文化的潜移默化、耳濡目染，会赋予特定文化内的人群不同的思维与表达方式。中国人的书信地址是从大到小，从国家到省市县区再到乡镇村落门牌；英语人群却正好相反，从小到大，先是门牌楼宇街道，再是村镇郡县，最后才是省州国。这体现了两种不同的思维方式，中国人思考问题是由整体到局部，英美人则是由局部到整体。

中西这两种思维方式的差异被威特金（H. A. Witkin）称为“场依存型”（field-dependence）与“场独立型”（field-independence）的差异。[①]

“场独立型（以西方文化为代表）”的人对客观事物作判断时，倾向于以自己内部的线索作为参照，不易受外来因素的影响和干扰；在认知方面独立于周围的具体背景，倾向于在更加抽象的水平上对信息进行加工，对事物做出独立判断。他们善于运用从具体或局部到整体的解析式思维方式，偏爱抽象思维，通常也叫作逻辑思维，且以概念、判断、推理作为思维的主要形式。

“场依存型（以中国文化为代表）”的人则相反，他们对客观事物作判断时，倾向于把外部线索作为信息加工的依据，容易受到环境因素的影响。他们往往很难把某个事件的组成部分从整体中分离出来单独进行分析，一定要结合当时的背景并对问题有一个整体把握之后，才可能考虑具体问题。所以他们强调的是整体思维，凡事习惯从整体到局部，从大到小，先全面考虑，之后缩小思路，再考虑具体细节。中国的谚语“顾全大局”就是整体思维的一种体现。

一般场依存型文化中的人对社会环境更加敏感，更容易对环境

---

① 贾玉新：《跨文化交际学》，上海外语教育出版社，1997 年版，第 97 页。

提示产生反应，也更容易屈服于社会压力。正是因为强调整体思维，场依存型文化中的人更偏爱形象思维，以感性经验为基础，强调事物之间由此及彼的类别联系。而形象思维惯用类比、比喻、象征等思维方式，比如中国文化中把岳父称为“泰山”，形容年轻人后来居上为“长江后浪推前浪”、“青出于蓝而胜于蓝”。

相对而言，东方文化的思维方式更倾向于场依存型，西方文化的思维方式更倾向于场独立型，当然这种划分只是笼统为之，因为东方文化内部、西方文化内部不同民族皆有自己更偏爱的思维方式。

日本学者中村元通过研究就指出，汉族人偏重形象思维，印度人则偏重抽象思维；西方国家多偏向逻辑思维，但又呈现出各具特色的思维方式。这四种思维方式是普瑞布莱姆（Karl Pribram）在《冲突的思维模式》（*Conflicting Patterns of Thoughts*）一书中提出的，关世杰先生总结如下：①

1. 归纳推理法，即由特殊到一般的推理方式，有唯名论的倾向，认为没有离开人的思想意识和个别事物而独立存在的“共性”或说“一般性”，只有个别事物才是真实存在的，且“共性”不是先于个别事物而存在的，仅仅是用来表示个别事物的名词或概念。比如英美人的思维方式，常从具体事实出发，归纳概括，继而得出结论，侧重归纳和综合，恰如英美法系的“判例法”。

2. 演绎推理法，即由一般到特殊的推理方式，也就是由已知的普遍概念，经三段论式的推演得出结论。法国、地中海国家、拉丁语系大多数国家的人民，包括拉美城市的多数居民都有这种倾向。他们认为思想理论具有真实性和重要性，对自己信仰的思想理论体系比英美人更具信心。他们认为没必要像英美人那样搜集大量事实

① Pribram, K., Confliting Patterns of Thought, Washington: Public Affairs Press, 1949. 转引自关世杰：《跨文化交流学》，北京大学出版社，1995年版，第95—96页。

和数字，倾向于通过逻辑推理从一个概念推导出另一个概念，就像大陆法系的“成文法”。

3. 直觉推理法，指直接、下意识、不经严密推理的思维方式，往往是对经验的归纳，强调整体与部分之间的有机联系，重视权威。这种思想方式在德国和讲斯拉夫语系的中欧盛行。

4. 辩证逻辑法，这是由黑格尔创立的唯心主义、由马克思发展的唯物主义相结合的方法，认为对立统一规律不仅是唯物辩证法最基本的规律，而且是辩证逻辑最根本的规律。它要求分析和综合相结合，归纳和演绎相结合，逻辑的方法和历史的方法相结合。这种方法在信仰马克思主义的人们之间流行。

美国学者斯图亚特也指出：一般的美国人由于实用主义的特点，其思维方式倾向于归纳法，由特殊到一般；西欧人，特别是法国人则倾向于演绎法，由一般到特殊。

美国的语言学学者卡普兰（Robert S. Kaplan）曾对600名留美学生用英语写的小论文进行过系列分析。他指出，不同的思维方式会影响人们的修辞技法。卡普兰发现，掌握了英文句法的外国学生常会写些表达含混的文章，除非他们掌握了英国人的思维逻辑。①

卡普兰认为，英语语系的人喜欢直来直去，论据直接指向论点。论述问题开篇先摆上主题句，紧跟着呈现一系列分主题，而且每一分主题都伴有相应的案例和图示进行论证，所有观点紧密相连。而拉丁语系（法语和西班牙语）的学生喜欢在论述过程中穿插与主题毫无关联的句子；以俄语为母语的学生所写的论文往往包括一系列猜想式的平行语言结构和一些从属结构，且其中至少有一半内容与中心思想无关；以闪米特语（阿拉伯语和希伯来语）为母语的学生写论文时，特别偏爱平行结构。阿拉伯文就惯用排比句。

① Kaplan, R. B., Cultural thought patterns in intercultural education. *Language Learning*, 1966, Vol. XVI, nos. 1 and 2, pp. 1—20.

《古兰经》（马坚译）中便可找到一些范例。

"真主是天地的光明，他的光明象一座灯台，那座灯台上有一盏明灯，那盏明灯在一个玻璃罩里，那个玻璃罩仿佛一颗灿烂的明星，用吉祥的橄榄油燃着那盏明灯……"（《古兰经》第24章35节）

"然后，我把精液造成血块，然后，我把血块造成肉团，然后，我把肉团造成骨骼，然后，我使肌肉附着在骨骼上，然后，我把他造成别的生物。愿真主降福，他是最善于创造的。"（《古兰经》第23章14节）

"我抛弃了用欺骗手段成为我丈夫的男人，离开了命中注定作我主宰的父亲，扔掉了神父用以编织凤冠的花朵，摒弃了陈规铸成的法律的枷锁。"（引自《新婚的床》）

这些范例较为典型地体现了阿拉伯语喜欢排比、铺陈的特点。而以阿拉伯语为母语的学生写出的论文同样带有这一特征，论文中满是各种平行结构，包括同义平行（多用 and 作连词）、相反平行（多用 but 作连词）、递进平行等。卡普兰曾分析某学生的论文发现，一个 11 句话的段落，其中 65％是平等结构，210 个单词竟包括了 13 个连词；几乎没有从属结构的句了。

卡普兰还指出，东方人的思维方式是螺旋式的，也有称涡轮型的，喜欢围着主题绕圈了，或者说喜欢间接思维，总是从不同的不切主题的观点来说明主题，却从不直截了当地论述主题。相比于论述问题"是什么"，东方人更喜欢"剑走偏锋"地论述"不是什么"。卡普兰曾以韩国学生的英文论证自己的这一观点。

我们亦可以子贡向孔子问事为例进行说明。[①]

① 取自台湾的国学大师傅培荣"向子贡借口才"的一段讲解。

孔子（鲁国人）周游列国，到达卫国，学生冉有想知道老师愿不愿意在卫国做官，因为孔子在鲁国做官做得最后不欢而散。但冉有自己不敢问，因为他一直很内向，总怕万一问了，老师不高兴。他就问子贡。子贡说：“我来请教老师。”于是他上前问孔子：“（老师），伯夷、叔齐何人也？（伯夷和叔齐是商朝末年孤竹国国王的两个公子，这两个人都不愿意当国君，便逃到原来周朝的地方。正好周武王伐纣，伯夷、叔齐就反对，说商朝六百多年来，源远流长，怎么可以推翻它呢？但周武王坚持自己的使命。武王灭纣立周之后，伯夷、叔齐‘义不食周粟’，最后逃到山上饿死了。）”孔子回答说：“古之贤人。”子贡再问：“怨乎（他们两个会不会抱怨呢）？”孔子说：“求仁而得仁，又何怨？”

问完这个典故，听到老师的回答，子贡没再说话，作揖离开了。见到冉有后，子贡说：“我们老师不会替卫国国君做事。”

子贡问孔子的话没有一句提到了“是否愿意在卫国做官”。依卡普兰看来，就是没有一句证明主题的论据，但我们最后却可以得出说明主题的结论。换句话说，我们要证明A与B之间的关系，一般只会证明A与C之间有关系，并由B和C之间隐含的联系间接地证明A与B之间的关系。这当然不单纯地导源于螺旋式的思维模式，还因为中国人注重含蓄的表达方式。

尽管卡普兰的研究仅限于美国院校中留学生所写的短文或段落，由此推论全体可能有失偏颇，也有人论证其观点的局限性，但还是有不少学者认为，他的研究结论很具有启发性。

（二）思维方式对跨文化交流的影响

我们在人际交流的过程中，总是倾向于认为，对方与我们采用同样的思维方式，而不会过多地考虑文化差异。其实思维方式很像我们交流过程中进行编码和解码的程序，如果是在跨文化交流过程中，甲乙两种不同的文化进行编码和解码的程序也会不尽相同，所以当甲文化用甲的程序解码乙文化用乙的程序编码的信息时，就难免会出现相悖的情况。

关世杰谈到，“阿拉伯的平行式写作方式在现代英国人读来，就显得陈旧和粗俗。而且更重要的是这成为相互间进行清晰、明确交流的障碍。在英语中，文体的成熟是以从属的程度，而不是以并列的程度来衡量的”，[①] 而阿拉伯文体最大的特点便是并列结构（参见上文卡普兰的研究）。

同时，日本人也发现与美国人交流总是矛盾重重的。一方面，我们常听到美国人抱怨说，“日本人讲话含糊不清，没有传统的逻辑，从而使美国人感到糊涂和懊丧”；另一方面，日本人又发现美国人总是那么直来直去、咄咄逼人。而这些来自双方的抱怨，其实绝大多数是由于不同的思维方式，以及修辞方式和潜在价值观的不同引发的。

分析下述案例，思考一下思维方式是如何对跨文化交流产生影响的。[②]

来自西班牙马丁内斯建筑公司的胡安·桑切斯要与德国THA公司洽谈收购THA一家分公司的事宜。

从踏上德国开始，桑切斯就感到和德国人打交道有些困难。THA公司的代表总让他感觉到压力。德国人只讲生意，他们根本不花时间来私下了解一下桑切斯，他们做生意的主要方式就

---

① 关世杰：《跨文化交流学》，北京大学出版社，1995年版，第121页。

② 案例参考窦卫霖：《跨文化商务交流案例分析》，对外经济贸易大学出版社，2007年版，第117—121页。

是速战速决。

第一次会谈，德国人把建议书交给桑切斯时就令他大吃一惊，合同中已经包括了所有的细节，但 THA 甚至连他们公司的财务情况和在莱比锡（德国城市）的地位都还没有进行调查确认。桑切斯希望先签署一些灵活的协议，因为现在还不能确定以后合作中的一些问题。难道德国人不明白这些吗？如果 THA 值得信任，还要这种合同做什么？他把自己关于这个问题的想法明确地告诉给了德国人。

桑切斯的情绪波动显然让 THA 的项目负责人海尔格·施密特不太舒服。但是，她明白他的想法，也决定让步，先签一个阶段性的合同。桑切斯对此感到比较满意。但因最初的合同缺失详细的技术细节，德国人还是颇感不适。

桑切斯在与德国公司打交道的时候遇到了什么问题？问题的根源是什么？

分析：虽然西班牙和德国都属于西欧国家，但西班牙人和德国人的思维方式还是有些差异的。根据普瑞布莱姆在《冲突的思维模式》中的分类，德国人的思维方式属于直觉推理法，而西班牙人的思维方式属于演绎推理法。直觉推理法建基于对经验的归纳，自然也更看重具体事实，所以在商务谈判中，德国人更关心合同中的具体细节，而且在对马丁内斯建筑公司的情况尚不了解之前（直觉推理法的一大特点：不经严密推理）就在合同中写入了所有细节，而且一日面对缺失技术细节的合同时就会感到很不适应。比较而言，西班牙人的综合思维方式则决定了他们首先关心的是，双方能否就基本原则大概达成一致，至于具体的细节应该以后慢慢再谈，不谈都无所谓，所以桑切斯会想，“难道德国人不明白这些吗？如果 THA 值得信任，还要这种（事无巨细的）合同做什么？”所以他只希望签署一份灵活的协议。

上述案例从不同程度体现了分析思维与综合思维、直觉思维与逻辑思维、归纳思维与演绎思维之间的矛盾，而这些这都会影响跨文化交流的顺利进行。

总之，在跨文化交流中，无论是对外在事物的认知，还是认识事物的思维方式，都应该引起我们的注意。

本章主要通过介绍文化对感知和思维方式的影响，解释了上一章留下的疑问：文化是如何影响交流者，并进一步影响交流过程的。接下来的一章将向读者展现文化学者们对不同文化模式的分类。

思考题

1. 哪些因素会影响人们的感知？
2. 举例说明文化如何影响认知的三个阶段。
3. 用“场依存型”和“场独立型”解释东西方思维方式的差异。
4. 思维方式如何影响跨文化交流？

KUA WEN
HUA JIAO
LIU LUN

第四章

文化模式（Ⅰ）

上一章里我们讲到了文化对感知和思维模式的影响，明白了不同的文化令我们感知到的这个世界也大不相同。这一章我们将探讨通常存在哪些不同的文化模式。当然这些文化模式的区分也只是相对而言的，并且不能包揽所有文化形式，但了解这些文化模式，可以帮助我们在跨文化交流中更好地抓住问题的关键，而不要形成定型观念。首先，我们来看一下对文化模式的界定。

一、如何界定文化模式[①]

要想界定文化模式，首先需要了解一下什么是文化特质？什么是文化丛？

（一）文化特质

文化特质是文化的基本要素，各种物质文化与非物质文化特质的总和即文化。文房四宝、琴棋书画、亭台楼阁是中国的传统物质

① 参见郑航生主编：《社会学概论新修》，人民大学出版社，1994年版，第96—97页。

文化特质，四书五经、礼义廉耻是中国的非物质文化特征。

文化特质的特点是，每种特质都可以独自成一个单位，有它的特殊历史和特殊形式，不会与其他特质相混淆，而且往往可以从一个小的特质窥见到一种文化的多个面向。

以建筑为例，法国哥特式的尖顶建筑、拜占庭式的圆顶建筑以及中国建筑的飞檐斗拱、雕梁画栋，都属于承载历史特殊形式的文化特质。西方古代建筑以神庙和教堂为主，宗教引导着世俗；中国古代建筑则以家居和皇宫为主，世俗改变着宗教。这种建筑功用上的差别，在很大程度上影响了对建筑材料的选择。在西方，石制的哥特式建筑有利于高耸而不利于采光的特点，可以满足宗教建筑神秘、幽暗而又指向上苍的要求，你一眼便可以把教堂与普通居民的住宅区分开来。那些建造过程历时上百年甚至几百年的教堂并不罕见。比如著名的巴黎圣母院始建于1163年，竣工于1345年，历时182年；位于西班牙巴塞罗那的圣家族大教堂，从1884年开始建造，至今仍未完工，预计可能在2050年告竣；而德国的科隆大教堂，建造时间从1248年到1880年，竟横跨了5个多世纪。许多教堂都是屹立几百甚至近千年不倒。这种石制建筑不利于建造而有利于保存的特点，正迎合了宗教建筑不求急用、唯求永恒的理念。相反，在中国，木制建筑不利于高耸而有利于采光的特点，正可以满足世俗建筑宽敞、明亮而又安居大地的要求，且道观与寺庙的建筑风格几乎与居家建筑无二。而木制建筑有利于建造却不利于保存的特点又迎合了世俗建筑不求永恒、唯愿速成的需要。[①] 至于拜占庭式的建筑，如君士坦丁堡的圣索非亚大教堂，那是拜占庭帝国（即分裂后的东罗马帝国）极盛时代的纪念碑。拜占庭建筑以古罗马建筑文化为基础，同时受到波斯、

① 陈炎："东西方建筑的古代、现代、后现代特征"，《天津社会科学》2003年第3期，第111—116页。

两河流域、叙利亚等东方文化的影响，从而形成了自己的建筑风格，最大的特点是穹顶、整体构造中心突出、强调色彩的运用等等，这对后来的俄罗斯的教堂建筑、伊斯兰教的清真寺建筑都产生了积极的影响。从拜占庭这种建筑风格的形成，我们便可略知拜占庭帝国的历史渊源。

（二）文化丛

文化丛亦称文化特质丛，指因功能上相互联系而组成的一组文化特质。它往往与人们的某种特定活动有关，而且往往是物质文化与非物质文化的特殊组合。议会议事、法院开庭、外交迎宾均可视为一个文化丛，整个活动过程由多个文化特质组成。还有我国春节的庆祝活动和西方圣诞节的庆祝活动都是一串文化特质的集合，都可以称为一个文化丛。比如提到春节，我们自然会想到贴春联、倒福字、放鞭炮、吃水饺，这一系列元素或者说这一系列文化特质便构成了春节这个文化丛。

文化特质和文化丛构成了文化的基本内容，但它们还不等于社会文化的全貌，要了解社会文化的全貌就必须研究第三个层次的文化，即文化模式。

（三）文化模式

文化模式是一个社会中所有文化内容（包括文化特质与文化丛）组合在一起的特殊形式和结构，是一个社会为人们提供接纳和安全感的、反复出现的系统行为模式。这种形式往往表现了一种社会文化的特殊性，有助于我们从整体上了解一个社会的文化，也有助于我们比较不同文化。

文化模式有特殊和普遍之分。普遍文化模式指的是各种各具特色的文化模式在基本结构上所具有的共同特征。美国人类学家维斯勒（Clark Wissler）曾在《人与文化》（1923）一书中提出了普遍文化模式的九大方面：

➢ 语言，包括话语、文字和符号等；

➢ 物质特征，如饮食习惯、住所、运输用具、服装、器皿工具、武器等；

➢ 艺术形式，如雕刻、绘画、音乐；

➢ 科学，如自然科学知识，包括数学、物理、化学；再如社会学科学知识，包括经济学、政治学、社会学等；

➢ 宗教、习俗，如各种礼仪、礼节等；

➢ 家庭与社会制度，如婚姻形式、继承制度、社会控制、教育制度等；

➢ 财产的占有方式与交易方式；

➢ 政府，如政体、司法、法律程序等；

➢ 战争。

当然，维斯勒的归纳并不周延，不过以上表述可以帮我们认识到，各种文化的确有很多共同之处。

特殊的文化模式是指不同国家、不同民族，甚至不同地区、不同社会群体的多样文化结构与文化内容。各种特殊文化模式会受到各国、各民族、各地区、各阶层等多种因素的影响。其中既有物质环境的影响，如气候、地理条件、资源、人口的影响等；又有社会环境的影响，如科学技术的发展、社会制度的特点、意识形态以及外来文化等等。

在跨文化交流中，对这些特殊的文化模式进行研究，可以排除随意性和散漫性，从而获得系统和可重复的知识，这将有助于通过比较了解不同文化的异同。不过在介绍各种不同的文化模式之前，需要先阐明以下三个问题：

1. 异质性影响文化模式。研究一个国家的文化模式要注意异质性对研究的干扰。如果一个国家或地区拥有某种共同的文化模式，只能认为这是该国家或地区的主导或主流文化模式。所以，因文化异质性的存在，在主流文化模式之外还有许多亚文化模式。

2. 每种文化都有众多文化模式。文化模式是文化的组成单位，每种文化都会有众多文化模式，但它的数量少于文化特质或文化丛，便于我们分类和比较。

3. 文化模式是变化的。随着全球化的发展以及技术的日新月异，文化之间的相互影响不断升级，而文化模式也相应地不可能一成不变，它会因与外来文化的碰撞和科技的推动而处于持续变化之中。[①]

了解这三点将有助于我们灵活地看待文化模式，提醒我们不要形成定型观念。

下面我们将以不同的文化维度具体区分几种主要的文化模式。这些分类方法将有利于我们比较分析不同的文化。

二、霍夫斯泰德的文化模式类型

20 世纪 70 年代，荷兰管理学者霍夫斯泰德（Geert Hofstede）对 40 多个国家和地区的 l 万多名 IBM 公司员工进行了文化价值调

① 阿里·萨默瓦：《跨文化传播》，中国人民大学出版社，2004 年版。

查。[①] 其逻辑为，在IBM工作的员工大都有相似的教育背景和智力水平，个性特征也较为相似，因此他们对同一问题给出的不同答案，正可以反映出文化对他们产生的巨大影响。[②]

霍夫斯泰德通过对这些调查结果进行分析，最后界定了四种文化维度：

个人主义/集体主义（individualism-collectivism）——着眼于社会对个体成就或人际关系的认同程度；

阳刚性/阴柔性（masculinity-femininity）——着眼于社会对传统角色分工或性别平等的认同程度；

权力距离（power distance）——着眼于人们对社会或组织中权力分配不平等的接受程度；

不确定性规避（uncertainty avoidance）——着眼于人们对事物的不确定性及含糊性的容忍程度。

每种文化维度都可以划分出两种完全相异的文化模式，处在每一文化维度的左右两端，作为理想类型，以便照此对不同的文化进行比较和分析。通常，不同国家、不同民族的文化列在两种理想类型的中间，形成一种分布续谱，有些文化更靠近左端，有些则更靠近右端，但不可能与理想类型完全一致。

20世纪80年代，霍夫斯泰德又重复了十年前的研究，但这次包括了更多的国家和地区，总数超过60个，而且研究不仅证实了上述四个维度，同时又发现了一个新维度：

长期/短期导向（Long term-short term）——着眼于个人或组

---

① Hofstede，G.，*Culture's Consequense*，Beverly Hills，CA：Sage，1980. And，Dimensions of national culture in fifty countries and three regions. In J. B. Deregowski，S. Dziurawiec，and R. C. Annis（Eds.），*Expectations in Cross-Cultural Psychology*，Lisse，the Netherlands：Swets & Zeitlinger，1983，pp. 335－355. And，*Cultures and Organizations：Software of the Mind*（Rev. ed.），New York：McGraw-Hill，1997.

② Jandt，F.，*An Introduction to Intercultural Communication*，SAGE Publications，2007，pp. 159－182.

织尊重传统、忠于传统的程度。

（一）个人主义/集体主义

如果让你描述中国文化与英美文化的最大差异是什么，你十有八九会说英美人强调个人主义，而大多数东亚文化，如中国、日本等重视集体主义。而你了解个人主义和集体主义的典型特征是什么吗？除了英美/中日外，还有哪些国家是个人主义/集体主义的典型代表呢？

我们可以从思考一个案例开始对这些问题的解答。

［案例］①

琼斯先生（美国经理）当众表扬苏奇木柘（日本员工）工作做得很好，本以为他会高兴地接受，结果……

琼斯先生：苏奇木柘先生，你的工作很出色，能否告诉大家你是怎么做到的？

苏奇木柘：表扬就不必了，我只是做了自己分内的事儿。

琼斯先生：你是我们公司最优秀、最杰出、最勤奋的员工。

苏奇木柘（脸红，不语，不住点头，但仍埋头工作）

琼斯先生：苏奇木柘先生，你是该说谢谢呢，还是只保持沉默？

苏奇木柘：很抱歉，我可以离开五分钟吗？

琼斯先生：当然可以……（苏启木拓离开）真不明白有些日本人怎么这么没礼貌，你表扬他们，他们好像会很不安，也不回答你，只是静静地听着。（原出处：徐宪光：《商务沟通》，

① 窦卫霖：《跨文化商务交流案例分析》，对外经济贸易大学出版社，2007年版，第6—9页。

外语教学与研究出版社，2001 年版。）

你认为案例中琼斯先生与苏奇木拓有什么冲突？冲突又由何而生？在回答这些问题之前，我们先梳理一下个人主义与集体主义的差异。

个人主义/集体主义是描述文化从松散到紧密整合的一个维度。松散的结构通常表现为个人主义的文化模式；紧密整合的结构表现为集体主义的文化模式。人们用这个维度界定自身和他人或者群体的关系。

在个人主义文化中，个体更多地关注与己有关的信息，自我被认为是独立于周围人际环境、自给自足的统一体，个人目标优先于群体目标，因此个人主义也往往意味着更高的竞争取向。依据霍夫斯泰德的研究，在 53 个国家和地区中，欧美的一些国家，如美国、澳大利亚、英国、加拿大等国的文化都属于典型的个人主义文化模式。

集体主义以紧密的社会框架为特征，人们习惯于做出内外群体的划分，自己所在的群体即内群体，与己无关的群体为外群体。个体被看作是群体中的一分子，群体规范优先于个人目标，个体的主要目标是保持与他人的和谐关系。集体主义文化中的个体更关注他人，强调家庭观念、情感依赖以及成员对组织中其他成员的责任感。霍夫斯泰德等人研究指出，在 50 几个国家和地区中，南美洲的一些国家，如危地马拉、厄瓜多尔、哥伦比亚等属于典型的集体主义文化模式。

亚洲的一些国家和地区，如香港、新加坡、韩国与台湾等在霍夫斯泰德等人的个人主义文化排名中，位列 30—50 的区间内，其文化模式都是偏集体主义的。严文华曾将个人主义和集体主义的主要

差异总结如下：[①]

表 4—1：个人主义与集体主义的差异

集体主义	个人主义
在社会中，家庭或家族保护人们，人们需要对其忠诚	在社会中，每个人应照顾自己和直系家庭
“我们”的意识居于主导地位	“我”的意识居于主导地位
人格以社会体系为基础	人格以个人为基础
个人对组织有情感依赖	个人对组织不存在情感依赖
加入组织出于道德考虑	加入组织出于计算得失考虑
强调属于某个组织，理想是成为其成员	强调个人的首创和成就，理想是获得领导者的地位
隐私受到组织和家族的参与和介入	每个人都有隐私权
由组织或家庭提供专门知识、秩序、义务和安全	在社会体系中追求自主、多样性、快乐和个人经济上的安全
友谊由稳定的社会关系决定，但需要在这些关系内的威望	需要的是一种特殊的友谊
信仰由群体来决定和安排	信仰由个人来决定
价值标准在群体内和群体外有区别（特殊性）	价值标准适用于所有人（普遍性）
推崇间接交流形式，希望或者需要说话者在表达观点时不要那么明确[②]	推崇直接交流形式，人们希望或者需要说话者将所说的信息具体化*

① 严文华：《跨文化心理学》，上海社会科学院出版社，2008 年版，第 29—30 页。

② 比如：在泰国文化中，当人们表示消极情感的时候，他们不会指出具体的人名，而且喜欢用表达可能性的语词，如“可能”、“或许”、“有时”等；泰国人通常也不会表露他们的情感，因为这样做会令其他人感觉不好。

* 最后一行内容为笔者所加。

上述表格中呈现的内容主要体现了在个人主义和集体主义两种文化模式中，人们处理个人与组织之间关系的差异。结合这些信息我们便可以较容易地对上文的案例进行分析。

［案例分析］

琼斯先生与苏奇木拓的矛盾集中在：在琼斯先生看来，职员表现突出应给予当众表扬，这是对员工工作的肯定，也是对员工个人的认可。但苏奇木柘似乎并不领情，不是低头不语就是借故走开，这让琼斯先生误认为苏奇木柘没有礼貌。问题在于琼斯先生并不熟悉日本人和美国人对待个人与集体关系的差异，不了解当众表扬和赞赏日本员工并不合时宜。二者交流失败的原因主要在于双方对彼此文化的不了解，特别是对文化中个人与集体之关系的不了解。

霍夫斯泰德在53个国家和地区的“个人主义”排列表中，将美国排在第一位，日本排在第22位。这意味着美国非常强调个人主义，相比较而言，日本则更倾向于集体主义。个人主义文化的美国鼓励个人的创新精神，提倡个体和团体间的竞争，个人因成绩优异受到当众表扬是美国文化的典型方式。受到表扬会让人感觉个人能力得到肯定，个人价值得到实现，被表扬者将会倍感自豪，往往以向对方致谢作为回应。琼斯先生秉承美国文化的理念，当众表扬苏奇木柘，而且连用几个最高级，本也顺理成章，因为这符合琼斯自己的文化规约。但这番表扬招致的是苏奇木柘的尴尬。因为苏奇木柘来自日本这个比较强调集体主义文化的国度。在日本，个人要忠于集体，集体中的成员要团结一致，一般不突出个人成就，而是强调集体成员之间的协作。在集体主义文化的代表国家中，日本人在这一方面表现得尤为突出，因此有俗语讲日本人“单人为虫，三人成龙”。所以在同事面前受到表扬时，苏奇木柘先生非常局促不安，甚至要借故离开，没有正面给琼斯先生任何答复，因为他觉得这样做把他和他所属的集体分离开了，使他在同事面前失了面子。

另外，在交流过程中，琼斯先生倾向于让苏奇木柘直接对他的表扬做出回应，苏奇木柘则总是沉默不语，最后竟致使琼斯先生逼着他说“谢谢”。结果却是苏奇木柘要求离开一下，以缓解当时针锋相对的尴尬。这一点也体现了集体主义文化推崇间接交流，而个人主义文化推崇直接交流的差异。关于此，我们将在下一章“语境依赖”的部分详细叙述。

那么，如何解决二者的矛盾呢？双方自然是应该通过多种方式、多种渠道进行文化交流，避免总是从自己的出发点看问题。交流加深彼此的了解，从而让双方认识到两种文化对个人的不同看法，以及对不同交流方式的推崇。琼斯先生应认识到当众表扬日本人不合适，如果有必要，可以私下单独表扬或者公开表扬该个体所属的集体或团队。而苏奇木柘先生也应该了解美国文化对个人的重视，公开表扬个人是对其能力的认可，而非有意令其丢脸。

（二）阳刚性/阴柔性

阳刚性/阴柔性的维度主要用于表现性别平等程度的差异。前者尊崇传统的男女角色分工，后者则强调男女角色都具有可塑性。我们同样以案例开篇，大家来思考一下案例中展现的文化差异。

［案例］①

莎拉（Sara）从美国加州大学洛杉矶分校获得 MBA 学位后即在美洲安全银行找到一份称心的工作，其主要任务是处理与拉美各银行间的关系。莎拉表现优异，连年晋升，每年的绩效考核总能得到很高评价。工作伊始，莎拉曾几次出差墨西哥，

---

① 窦卫霖：《跨文化商务交流案例分析》，对外经济贸易大学出版社，2007 年版，第 62—67 页。

但每次都有男同事相伴，可在美国国内同样的工作她一人就可完成。在出差时，她发现墨西哥同行很在乎她是个女的，对她比较客气，但并没有什么大的问题。

在银行业，成功的外派经历是能获得快速晋升的重要一步，于是莎拉申请外派到中美或南美工作。当得知将被外派到墨西哥市时，她很高兴，对于很多年轻的主管而言，那是个很好的机会。银行在墨西哥市的办事处大约有 20 名员工，维塔姆（Vitam）是那里的负责人。

但仅在墨西哥市工作一个月，莎拉就遇到了麻烦，她发现墨西哥客户在处理一些重要业务时总是设法绕过她。而维塔姆对他们的这种做却法视而不见。莎拉认为这些客户在工作中应该尊重她，维塔姆却说："那是不切实际的。"更过分的是，在墨西哥客户面前，维塔姆居然叫莎拉"我可爱的助手"和"我们银行家女士"，而当只有美国人在场时，维塔姆就表现得完全不一样了。莎拉向维塔姆抱怨说他这样做否定了她的重要性并有损她的工作效能，要求维塔姆以一种积极的态度来配合她的工作。维塔姆认真听完莎拉的苦衷后，向她解释说：莎拉的能力有目共睹，那些客户也很清楚，"但他们不能理解一个女人怎么能在工作中担当如此重要的角色，而我们不可能在一夜之间改变他们的这种偏见。只有让他们认为你只是我的助手并服从我的领导，他们才会进行业务往来，我非常愿意让你承担更多的业务，我也知道你完全有能力，但我们需要谨慎从事，你我都知道我在墨西哥客户面前说的那些话并不代表什么，那只是为了尊重拉丁式传统而玩的一种游戏。我知道你不喜欢这样，但在他们面前我确实需要你的配合，这并不会影响你以后的晋升，实际上你要做的工作还是很多，你只需要表现得好像那些都是我的事情而已。"听完维塔姆的解释之后，莎拉表示会尽力配合。可时间一长，莎拉越来越受不了维塔姆在客户面前对她的态度。所以几个月后，她找机会向银行副总裁私下讲了自己的烦恼，担心这样的工作环境会影响她的工作效能，恐怕会对她以后的晋升产生不利影响。副总裁的回答也非常谨慎，他说有一些情况是公司必须要接受的，比如在拉美国家女性的社会地位和在美国是不一样的，他尽管能够理解莎拉的心情，但还是希望她想开点儿。

最后莎拉彻底失望了，她不知道该如何解决这个问题。此后，她对维塔姆和银行客户的态度也变得强硬起来，有些客户甚至要求其他银行职员来处理他们的业务，结果在绩效评估时，她成绩平平，只得了“中等”，其中还特别指出她“对本行及其政策开始持有否定态度”。（原出处：Thomas Dunfee and Diana Robertson，2003. Foreign Assignment. In Al Gini（ed.）*Case Studies in Business Ethics*，5th edition. New Jersey：Prentice Hall.）

案例中莎拉面对的主要问题是什么？你如何评价维塔姆的行为？带着对这两个问题的思考，我们来详细了解一下阳刚性与阴柔性文化的特征。

阳刚的文化模式期望最大化男女角色的差别，而且更看重男性的特质，强调物质上的成功，关注数量型的生活，比如薪水有多高、房子有多大。一般阳刚性的文化以男性为中心。以工作为例，在一些极端的情况中，比如在阿拉伯国家，女性很难有外出工作的机会，即使谋取工作，在薪酬和晋升方面也很难取得与男性平等的权利。在霍夫斯泰德的53个国家和地区的阳刚性排名中，日本、瑞士、奥地利、委内瑞拉、意大利、墨西哥等排在头几名，是典型的阳刚文化模式。

阴柔的文化模式允许两性角色有更多的重合，而且更看重女性的特质，强调生活质量、人际关系，关注质量型的生活，比如这份工作是否适合我、居住的地方是否令我愉快。在阴柔文化中，强调男女平等，在工作环境中男女几乎拥有同样的机会。在霍夫斯泰德的阳刚性排名中，瑞典、挪威、荷兰、丹麦、芬兰等北欧国家排在末几位，属于比较典型的阴柔性文化。

受儒家文化影响的香港、新加坡、台湾分别排在该列表的 18、28 和 32 位。严文华也总结了阳刚性和阴柔性文化模式的差异，参见表 4—2：[①]

表 4—2：阳刚性文化与阴柔性文化的差异

阳刚性	阴柔性
男性必须表现为权威和自信，女性应承担教养孩子的角色	男性不必表现为权威和自信，而且也承担教养孩子的角色
社会中的性别角色明显不同	社会中性别角色不是一成不变的
男性应主导社会	性别之间应该平等
表现出权威和自信是价值所在	生活质量最重要
生活是为了工作	工作是为了生活
金钱和物质是重要的	人和环境是重要的
独立是理想	相互依靠是理想的
羡慕成功者	同情弱者
大的、快的是美的	小的、慢的是美的

上表体现了阳刚文化与阴柔文化的主要差异在于：男女角色划分是否具有刚性、社会文化强调个人成功还是人际关系、人们关注生活的数量还是质量。

根据以上信息，我们分析上文案例如下：

［案例分析］

案例中的矛盾集中于，深受男女平权观念影响的莎拉在墨西哥

① 严文华：《跨文化心理学》，上海社会科学院出版社，2008 年版，第 33 页。

这个强调阳刚性文化的国度坚持主张女性权益，不肯做出丝毫让步，结果却处处碰壁，待发现自己“申冤”无门时，就消极怠工或积极抵抗，终令自己丧失了大好的晋升前景。

莎拉生长的美国在男女平等方面尽管不能堪比北欧几国，但从19世纪20年代以来的美国女权运动一直深深地鼓舞着之后的几代女性，所以美国是个在官方口径上十分强调女性权益的国家，至少在工作场所受到性别歧视或性骚扰的女性完全可以援引美国法律进行起诉。因此，如果换作在美国银行工作，维塔姆万不会称呼莎拉为“我可爱的助手”或者“我们的银行家女士”，因为莎拉如果觉得“不舒服”，前一句可以以性骚扰起诉维塔姆，后一句可以以性别歧视起诉他。所以维塔姆在美国客户面前都是很尊重莎拉的（这一点提醒我们，特别是我国的男性，在与美国女性合作时一定要注意自己的言行，不要认为与其稔熟，便可以不顾忌言行的分寸）。但墨西哥却极为不同，其在强调阳刚性方面远胜于美国。在霍夫斯泰德对53个国家和地区的阳刚性排名中，墨西哥居于第6位，美国被排在第15位。墨西哥的女性在工作场所很难获得信任和重用。所以，莎拉当初几次出差到墨西哥，每次都由男同事相伴，尽管在美国国内同样的工作她一个人就可以完成，而且墨西哥客户在处理一些重要的业务时总是设法绕过她。对于墨西哥客户而言，让女性接手重大业务，反而是对他们这些客户的不重视。因此，维塔姆选择了入乡随俗，给墨西哥客户留下一种莎拉只不过是助理的印象，但私底下他可以让莎拉承担更多业务。正如维塔姆所言：客户都知道你很能干，“但他们不能理解一个女人怎么能在工作中担当如此重要的角色，我们不可能在一夜之间改变他们的这种偏见……你我都知道，我在墨西哥客户面前说的那些话并不代表什么，那只是为了尊重拉丁式传统而玩的一种游戏”。维塔姆很知道如何在两种文化之间进行融通。但莎拉不同，她无法容忍这种得不到尊重和重视的礼遇，这与她一度生活的文化环境不相容。更令她无法忍受的是，她居然投诉无门，这在美国是不可能的。而莎拉这种无法在两种文化之间进行融通的表现，断送了她晋升的大好机会。

问题的关键是，莎拉在前往墨西哥之前，应该好好研读一下那里的文化。在美国和墨西哥，女性有着不同的社会角色，这是由两国不同的历史和文化传统造成的，单凭一人的力量无法改变。维塔姆说过："我们不可能在一夜之间改变他们的这种偏见。"如果莎拉事前对此有所了解，那么到了墨西哥后即使遇到困难，觉得没有受到应有的重视，她也不会一意孤行，从而与维塔姆和银行客户搞僵关系，致使评估结果不理想。如果莎拉能够尽量"尊重拉丁传统"，用平和的心态去理解银行客户和维塔姆的想法，好好协助维塔姆把工作搞好，这样做才会有利于她的发展。这个案例对于我们的现实意义是：如果有机会外派到其他国家工作，除了具备过硬的专业能力外，还应该好好了解一下当地的文化。

（三）高权力距离/低权力距离

霍夫斯泰德将权力距离界定为"在一个国家中，缺少权力的组织或者机构成员期望和接受权力不平等分配的程度"。

高权力距离的文化认为权力差距是社会生活中固有的部分，上级和下级的地位是不同的。上级制定决策，下达命令，监督下级的执行。在商务领域，高权力距离往往表现为集权取向，是自上而下的决策体系。马来西亚、巴拿马、菲律宾、墨西哥、阿拉伯国家、印度等列在霍夫斯泰德的53个国家和地区权力距离排名的前十位以内，是比较典型的高权力距离文化的国家。

低权力距离的文化则认为权力只是为了提高社会效率而设立的不同社会角色，上下级之间是平等的。人们以争取获得每个人的平等而自豪，在社会机构或组织，甚至家庭之中都体现出较高的民主。在商务领域，低权力距离往往表现为分权取向，是自下而上的决策体系，鼓励员工的参与管理。奥地利、丹麦、新西兰、瑞典、挪威、芬兰列在霍夫斯泰德的权力距离排名的后十位，是比较典型的低权力距离文化的国家。

香港和台湾地区分别排在该表的 15 和 29 位。美国排在第 38 位，属于比较偏向低权力距离文化的国家。严文华所总结的高权力距离文化和低权力距离文化的主要差异如下表 4—3：①

表 4—3：高权力距离文化和低权力距离文化的差异

低权力距离	高权力距离
社会上的不平等应缩小	世上应存在不平等的秩序
所有人都应当相互依赖	一些人应当独立，大多数人应依靠他人
等级制意味着角色不相同（笔者修订），建立它是为了方便	等级制意味着存在不平等
上级认为下级是“和我一样的人”	上级认为下级是“和我不一样的人”
下级认为上级是“和我一样的人”	下级认为上级是“和我不一样的人”
上级是可以接近的人	上级是不可以接近的人
权力的运用应当合法，并服从于权力运用好坏与否的判断	权力是不分好坏的社会基本事实，与其正当合法性不相关
一切人都拥有平等的权力	掌权者是被赋予了特权的人
掌权者应试图使自己的权力看上去比实际掌握的权力要小	掌权者应试图使自己尽可能表现出有权力的样子
改变社会体系的方法是重新分配权力	改变社会体系的方法是废黜掌权者
有权者和无权者之间存在潜在和谐	有权者和无权者存在着冲突

① 严文华：《跨文化心理学》，上海社会科学院出版社，2008 年版，第 30—31 页。

以上高权力距离文化和低权力距离文化的主要差异体现在，两种文化中的人们是否可以接受人与人之间的权力不平等。下文同样辅以案例说明。[①]

［案例］

一位加拿大银行职员将他的菲律宾上司描述为一个疑心重、让人无法忍受的经理。“他好像完全不信任他的下级，他时刻不停地在监视我们，检查我们的工作、态度和迟到情况……他认为严格对待员工是正确的。但我们认为作为一个团队，员工应该得到信任。既然我们的上级不尊重我们，我们也准备以相同的态度对待他……后来老板发现问题出面解决，经过漫长的讨论，我们才发现双方对情形的看法不一。菲律宾经理解释道，如果不这样对待菲律宾员工，他们会觉得被忽视了。不幸的是，我们并不是菲律宾人，加拿大人的反应和菲律宾人不一样。”

［案例解析］

在本案例中，加拿大职员与菲律宾经理的矛盾就在于，前者希望获得一个更多平等、更多信任的环境，后者则倾向于采用较为严格的、自上而下的监管模式。在霍夫斯泰德等人的调查中，针对 53 个国家和地区进行的高权力距离排名显示，菲律宾位列第 4，而加拿大则排在第 39 位。这说明菲律宾是一个权力等级观念非常突出的国家，上下级有着明显的角色和职能的区分。上级是负责制定政策、下达命令、监督下属的人；而下级则是配合上级、服从管理的人。所以菲律宾经理对自己行为的解释是：“如果不这样对待菲律宾员工，他们会觉得被忽视了。”相比较而言，加拿大却是一个明显的低权力距离的文化，认为上下级之间只有职能不同，而无高低

① 窦卫霖：《跨文化商务交流案例分析》，对外经济贸易大学出版社，2007 年版，第 40 页。

之分，人们都是平等的，企业也往往鼓励员工的参与和管理。所以当加拿大的职员感到自己无法获得一个平等参与的外部环境时，他们就开始与菲律宾经理进行对抗。正如该员工所言：“不幸的是，我们并不是菲律宾人，加拿大人的反应和菲律宾人不一样。”

庆幸的是，银行的老板采取了积极的态度应对这场人事“危机”，沟通和交流为大家提供了一次了解彼此的机会，至少大家已经意识到“双方对情形的看法不一”，而且也开始理解这是文化使然。无论如何这是解决问题的第一步，双方都不会再把“矛盾”视为“个人恩怨”，如果彼此还能就银行的管理模式达成某些可以兼顾到两种文化的协议，将会更有益于该银行的发展。

（四）高不确定性规避/低不确定性规避

不确定性规避指的是人们对模糊性或者不确定性的容忍程度。霍夫斯泰德解释说，这种情感可以表现为紧张的情绪压力、对预言的需要或者对成文或不成文规则的需要。下述案例就很好地展现了不同文化的人在这一维度上的差异。[①]

［案例］

宜家家居1943年创建于瑞典，目前在瑞典占有20%的市场份额。德国是宜家最大的市场之一，拥有20多家店面，销售额占到整个集团总销售额的30%。自从1974年在慕尼黑开了第一家店面以来，宜家进入德国市场已经有10多年了，但德国的宜家员工仍然难以接受瑞典式的管理。

德国人做事情喜欢遵照章程、按部就班，只要事先有约定

---

① 窦卫霖：《跨文化商务交流案例分析》，对外经济贸易大学出版社，2007年版，第70—74页。

或者书面规定，他们都会认真去做。相反，宜家的企业文化核心却是“对自己负责”，员工不必严格照章办事。瑞典语版本的“宜家手册”中留有一些模糊用语，是希望员工在工作过程中能灵活变通；但为了适应德国人的文化，在把“宜家手册”译成德语时，就需要把那些模糊术语清晰化。某次，宜家创始人的继任者安德斯·莫伯格（Anders Moberg）建议有些地方可以设立促销橱窗，德国的宜家经理们就把这个建议当成了一道命令，于是促销橱窗在德国的宜家商店随处可见。

总体而言，德国员工认为：瑞典人更看重结果，会认真处理每一个问题，但他们在行动之前对风险不会进行充分的评估；“为了提高工作效率，他们宁愿把办公桌都扔到后院去”；他们甚至“可以在香烟盒背面做笔记”。而德国人更喜欢正式的规章制度，“需要办事程序和形式，因为严格的管理模式使德国人感到安全”。

大家思考一下是什么导致了德国人与瑞典人在企业管理上的差异？带着这个问题我们来进一步了解一下高/低不确定性规避文化模式的具体内容。

在高不确定性规避的文化中，人们会尽量避免不确定的和模棱两可的东西，制定更多的正式规则，不喜欢非同寻常的想法和做法，寻求一致。人们认为生活中充满了可能发生的危险，对于书面的规定、计划、规则、仪式有着强烈的要求，并依此来使生活有秩序。霍夫斯泰德认为希腊、葡萄牙、日本、秘鲁等国属于高不确定性规避文化的典型国家。

相反，在不确定性规避度较低的国家，如较为典型的美国、瑞典、丹麦、芬兰等国，人们更容易接受生活中的不稳定性，接受非同寻常的想法和做法。他们喜欢创新、冒险，不喜欢循规蹈矩，也不喜欢等级分明的社会制度。

严文华将高不确定规避文化与低不确定规避文化的主要差异总结如下（部分内容作了删减），参见表 4—4：[1]

表 4—4：高不确定规避文化与低不确定规避文化的主要差异

低不确定性规避	高不确定性规避
容易接受生活中固有的不确定性	把生活中的不确定性看作威胁
较少表露情感	较多表露情感
可以把冲突和竞争维持在合理的水平，并可以建设性地利用	冲突和竞争会引起攻击性行为，因而应加以避免
可以接纳更多的不同意见	强烈要求全体意见一致
对离经叛道有更多的宽容	离经叛道是危险的，不能容忍其处于主导地位
对年轻人持积极态度	对年轻人持怀疑态度
在生活中更愿意去冒险	在生活中最主要考虑的是安全
强调相对主义、经验主义	追求终极的绝对真理和价值
尽可能少些规范	规范和规章应书写成文
如果不能坚持规范，就应改变规范	如果不能坚持规范，就会感到内疚
权威的存在就是为了服务于公民	一般的公民没资格和权威相比

上表两种文化的差异，主要体现在对规范和对不确定状况的态度上。结合这些信息我们对上文案例分析如下。

[案例分析]

本案例的矛盾在于，瑞典和德国在不确定规避维度上的文化差异造成的冲突。在瑞典文化中，人们不喜欢照章办事，而喜欢随时应变；但德国人恰恰相反，他们喜欢按着成文的规定按部就班。

根据霍夫斯泰德对53个国家和地区就（高）不确定规避的排列

① 严文华：《跨文化心理学》，上海社会科学院出版社，2008 年版，第 31—32 页。

表来看，德国名列第 29 位，而瑞典则名列第 50 位，这说明德国文化中不确定规避的程度远远高于瑞典。所以瑞典人在工作中缺少严格的一定之规，管理模式比较松散，在员工手册上采用模棱两可的术语，以及随手在香烟盒上做笔记等等并不鲜见。这在德国人看来是很危险的，德国人会认为这种不确定性的工作方式风险极高，所以尽管宜家进入德国市场已经十多年，但宜家的德国员工还是难以接受瑞典式的管理。因为德国人习惯在工作中有严格的规章制度，他们会严格按照上司的命令，有章可循地完成任务。于是安德斯·莫伯格一句有些地方可以设立促销橱窗的建议，就被德国的宜家经理们当成了一道命令，德国的宜家商店便设满了促销橱窗。这的确显示了德国人缺少灵活性的一面。

如此一来，宜家要想在德国保住其销售额占总销售额 30%的势头，必然要处理好对德国员工的管理问题。无论是德国员工还是宜家的管理层，都需要深入了解彼此的传统文化。

具体到这个案例，就宜家来说，可根据德国的本土文化对管理模式进行适当调整，比如制定具体的条例、明确规定每位职员的权责、严格奖惩制度，这会让德国员工感到有章可循、有安全感；也可以实行管理人员本土化的策略，雇用德国经理来进行管理，这可以缓解因文化差异带来的紧张感。就德国员工而言，应该在他们到宜家工作伊始，就对他们进行瑞典文化和宜家企业文化的培训，让他们有充分的思想准备面对一种不同的管理模式，这样才能最大限度地避免出现因文化冲突引发的误解，从而促进员工的适应力。

（五）长期导向/短期导向

长/短期导向的维度是指，在某一文化中，人们是否崇尚节俭、是否追求生活的稳定性以及是否遵循传统等两种截然不同的价值观，即长期导向和短期导向。

长期导向的文化鼓励节俭、储蓄、忍耐力，追求稳定，遵循传统。在商务领域，注重长期取向的企业更愿意培养员工的道德理念以及归属感，以此取得长期的经济利益。短期导向的文化则支持花费、较少储蓄、偏爱速效。在商务领域，注重短期取向的企业看重员工的能力，而不是资历，注重取得短期的、一锤子买卖的经济利益。

中美老太购房的笑谈虽有些过时，但用于说明两种时间取向却极为贴切。中国老太倾其一生积蓄，终于买到一套房子，但也油尽灯枯，临终遗言："我辛苦一辈子，临了终于住上了自己的房子。"美国老太从年轻时就贷款买了房子，临终时，她的遗言是："我终于还清了买房子的贷款。"尽管现在中国人贷款买房也已成了时尚，但相比较而言，中国人更追求稳定，提倡节俭和储蓄。特别是在中国广大的农村地区，还普遍存在攒钱为儿子盖房娶妻的传统观念。

邦德（Micheal Bond）等人曾就 23 个国家和地区的长期导向和短期导向做过调查，结果发现中国、香港、台湾、日本、韩国是强调长期导向的典型代表，排名在头五位，这些国家和地区都深受儒家文化影响，所以邦德又将该维度称为"儒家工作动力观"。而德国、美国、英国、加拿大分别排在第 14、17、18 和 20 位，更倾向于短期导向的文化。

下文辅以案例说明。[①]

［案例］

戴维是美国威斯康星州一家超市的经理，很急切地想跟中国建立贸易关系。通过中国员工吴新，戴维从中国浙江一家进

① 窦卫霖：《跨文化商务交流案例分析》，对外经济贸易大学出版社，2007 年版，第 79—82 页。

出口公司进口了2400包茶叶，到货时正值感恩节的购物高峰期。戴维自己就喜欢喝茶，他对茶叶的质量及包装都很满意，所以对这批茶叶的销售十分看好。他还准备了中英双语广告，投放到了电台和电视台。这都在无形中增加了销售成本。财务部建议戴维将茶叶的价格提高，略高于一般的国产和进口茶叶。浙江进出口公司的代表盛先生却不同意，他建议戴维先降价出售，等到该中国品牌打开销路后，双方便可以薄利多销的方式，收获更多的利润。可戴维却不想亏本出售，于是他决定按照财务部的建议来做。

三周后，盛先生从中国打电话给戴维，得知那批茶叶因销售不景气，都已被下架收回仓库了。盛先生再次建议戴维降价出售，但戴维似乎已经对这个项目失去了兴趣。几个月过去了，盛先生也没能再引起戴维的合作兴趣，这件事情也就此告一段落。（原出处：Wang，M.，2000，*Turing Bricks into Jade：Critical Incidents for Mutual Understanding among Chinese and Americans*. Yarmouth：Intercultural Press.）

[案例分析]

本案例的问题在于：美国超市的经理戴维意图在较短的时间内实现经济利益，敲定这一锤子的买卖，还不惜花大成本做宣传广告，所以坚持以高价出售茶叶；而中方进出口公司的代表盛先生则希望能够放长线钓大鱼，采用薄利多销的方式打响品牌，以求长期效益。但美方超市经理戴维坚持自己的策略，一意孤行，结果导致这些茶叶滞销，最终又丧失了与盛先生长期合作的机会。

这个案例典型地体现了在中美两种文化中，长期导向和短期导向的冲突。在邦德等人就23个国家和地区所做的长期导向排名表中，中国高居第1位，美国则处在第17位，这说明中国是长期导向的文化，而美国是短期导向的文化。中国商人倾向于着眼长远利益。他们愿意牺牲眼前利益或花很多精力来开拓新市场。而这对于美国人来说是很难接受的。这一根本分歧也导致了中美双方在商业合作中的不信任甚至合作失败。中国人认为生意上的合作关系也是一种友谊，信任的建立和互利互惠在合作中都是必须的。但美国人却认为生意上的合作主要是为了获取利润，如果在一定时间内达不到获取利润的目的，这种关系的存在也就没有了意义。对于戴维而言，这一单茶叶生意没能盈利，与中方的合作关系也就很难维系。可见，这两种文化对于在多长时间内获取利润的理解是不同的。如果短期内看不到盈利，美国人就不会像中国人那样有耐心等下去，而是会去寻找新的商业机会。所以茶叶被束之高阁之后，戴维也很快失去了对这个项目的兴趣。对于戴维来说，获取短期利润的压力更为紧迫，中国人所强调的放长线钓大鱼，无法让他看到眼前利益。而戴维要面对董事、面对股东，每个季度都要申报利润，因此他没有那么多时间等着追求长远利润。

中国商人更愿意投入大量人力、物力开发潜在市场，因为他们相信等时机成熟了，他们就一定能收获更丰厚的利润。中国还有句俗语：买卖不成仁义在。他们把合作关系看作是个人情谊。因此，在合作中他们更看重相互信任和长期关系，而不是眼前的金钱利益，他们相信这最终会给双方带来更多的经济利益。中方代表想劝说戴维采取他们的销售策略，希望双方能建立长期合作关系，共同从中获利。但是戴维与大多数美国人一样，对于不能在短期内带来利润的机会不感兴趣。开始他认为这桩生意肯定是能带来很多利润的，而且也花了大量精力去做广告宣传，但收效并不理想，于是他便想放弃以寻求新的机会。中方却认为这只是合作的开端，他们应该做一些必要的牺牲，以获取更多的市场和利润。

要解决这种文化冲突的关键在于，中方要考虑到美国人想获取短期利润的心理，不能单纯用长远利润来吸引戴维，毕竟那是难以预期的。戴维对产品本身很满意，就是在销售价格上不肯妥协。如何改变戴维这种做一锤子买卖的心态应该是中方考虑的重点。多给戴维展示一些在美国以薄利多销方式盈利的案例，介绍一下中国人与客户建立长期关系所赢得的利益，远比一味地单纯让戴维降价可行得多。而且，如果中方能了解戴维的文化，以及他获取短期利润的压力，也完全可以先行承担一部分成本损失，让戴维看到中方的诚意，这样才有可能维持长久的关系。

以上便是根据霍夫斯泰德设定的五种文化维度区分的十种文化模式。霍夫斯泰德的理论可以说是跨文化研究的一项突破。他的研究，样本量之巨，涉及国家和地区范围之广，史无前例。而且他在每一个维度上都为自己所研究的国家进行了排名，便于进行比较理解。

当然，对霍夫斯泰德该项研究的批评之声也不绝于耳。有人认为，霍夫斯泰德等人采用的问卷都是由英文翻译成其他国家语言的，然后再对这些国家的人进行测量，没有预先在各个国家进行概念本土化的研究，所以是一种强加的客位研究法，没有很好地将主位—客位结合起来，因此在测量非英语国家的对象时，其效度令人质疑，很多问题可能无法体现当地人的文化和观念。于是，霍夫斯泰德在每一维度上对各个国家或地区进行的排名就有失准确性，因此需待进一步验证。还有一种观点认为，霍夫斯泰德的研究以国家作为文化区分的单位，没有考虑到国家之内的民族、种族、地区等各种亚文化群体……尽管如此，霍夫斯泰德的理论还是为跨文化研究提供了非常有效的参考资料，为我们对不同国家进行比较提供了有益的指导。

思考题

1. 举例说明文化特质、文化丛与文化模式之间的关系。

2. 如何理解个人主义与集体主义的差异。
3. 如何理解阳刚性与阴柔性的主要差异。
4. 举例分析以权力距离区分的两种文化模式。
5. 举例分析以不确定性规避区分的两种文化模式。
6. 解释长期导向与短期导向的主要差异。

KUA WEN HUA JIAO LIU LUN

第五章

文化模式（Ⅱ）

上一章主要介绍了根据霍夫斯泰德的文化维度区分的文化模式，本章将继续介绍其他学者的几种主要的文化模式理论。

一、霍尔的理论

被誉为跨文化交流学之父的霍尔也曾界定过两个文化维度，分别是高/低语境文化与单/多向计时制。

（一）高语境文化/低语境文化

何谓高语境与低语境呢？用最形象、最简洁的语言来概括，即“话里有话”与“有话直说”。下文的案例正体现了这一差异。

［案例］①

一位来自北京的女医生到多伦多的一家医院做研究项目。她和一位加拿大小伙子共用一间办公室，这个小伙子喜欢吃花

① 窦卫霖：《跨文化商务交流案例分析》，对外经济贸易大学出版社，2007年版，第309—312页。

生酱，还在办公室里放了一小坛。一天，小伙子走进办公室后大声地说："谁拿了我的花生酱?"这位中国女医生立刻觉得是在指责她。毕竟，办公室里只有他们两个人。她觉得非常郁闷，但是强调和为贵的中国文化令她没有公开表示自己的不满，所以也就没说什么。

当天晚些时候，她在一间诊室里工作，同一间屋子里一个理疗医生正在给一个因摩托车事故而四肢麻痹的病人做治疗。理疗医生挪动了病人的一条腿，而这一下弄痛了病人。

"唉呀"，病人叫了出来。"哦，不是我弄的。"理疗医生说，"是那位医生弄的。"她指着中国女医生说。

"她在屋子的那一边怎么会弄疼我呢?"病人问。

"噢，那是因为她有第三只手啊（she has three hands）。"理疗医生回答。

这些话使中国医生非常难受，她为此非常烦恼，以至于做出了一件与她的文化相悖的事。等到病人走了之后，她对理疗医生说："你的话让我很难过。"理疗医生非常吃惊，不知所措。"你说我有三只手。"中国医生有点哽咽，"你觉得是我拿了花生酱。"（原出处：Beamet，L.，& Vorner，Z.，2003，《全球环境下的跨文化沟通》，清华大学出版社。）

那么，是什么造成了这位女医生的困惑？简言之，即高/低语境文化的差异。

霍尔曾在1976年出版的《超越文化》（*Beyond Culture*）一书中指出，文化具有语境性。语境即语言环境，包括交流的上下文、时空、对象、前提等与语言使用有关的因素。霍尔根据信息是由语境传达的还是由言语编码传达的将文化区分为高语境文化（High-context culture）和低语境文化（Low-context culture）。

不同文化对交流环境有着不同的依赖程度。在高语境文化中，绝大部分信息或存在于有形的语境中或内化在个人身上，极少存在于传递给他人的被编码的、清晰的语言讯息中。即单凭语言的字面很难把握其内涵，你需要领悟“话里的话”。在这种情况下，人们通常对微妙的环境提示较为敏感，或者说是在让环境自己说话。这种文化模式比较注重非语言交流。这正如詹姆斯·罗宾逊对朝鲜半岛上人们善用“眼术”的描写。“眼术”就是指“用眼睛打量”，旨在“读解人的心灵，探究人的动机，看懂人的表情，洞察环境，看准风向”。[①] 这就类似于我们的“察言观色”。

一般高语境文化历经世代，变化较少，而且人们在信仰、价值和态度方面的同质性较高，如亚洲的中国、日本、韩国以及阿拉伯国家等。

而在低语境文化中则恰恰相反。交流过程中产生的信息量大部分由显性的语码负载，相对而言，只有少量信息蕴含在隐性环境中。这也就意味着在低语境文化中，人们侧重用言语本身的力量进行交流，“有话直说”。一般低语境文化中的人在个人信仰、态度和生活经验方面的差异都比较大，所以在交流的时候需要更多的、以明确的语言提供的信息，如一些欧美国家英国、法国、德国、美国等。

勒斯蒂格和凯斯特（M. W. Lustig and J. Koester）曾把高低语境文化的交流特点概括如表 5—1：[②]

---

① 詹姆斯·鲁宾逊：“朝鲜半岛人的传播：用眼睛做戏”，《文化传播与传播方式》（拉里 A. 萨默瓦，理查德 E. 波特主编），北京广播学院出版社，2003 年版，第 96 页。

② Lustig, M. W., & Koester, K. J., Intercultural Competence: Interpersonal Communication Across Cultures, Harper Collins College Publishers, 1996, pp. 125－126.

表 5—1：高语境文化与低语境文化的差异

高语境文化	低语境文化
内隐、含蓄	外显、明了
暗码信息	明码信息
较多非语言编码	较多语言编码
反应很少外露	反应外露
（圈）内（圈）外有别	（圈）内（圈）外灵活
人际关系紧密	人际关系不密切
高承诺	低承诺
时间处理高度灵活	时间高度组织化

依据这一划分我们分析上文案例如下：

[案例分析]

案例中的矛盾在于：当加拿大的小伙子问“谁拿了我的花生酱”时，与其共用一间办公室的北京女神经学家就感觉对方是在指责自己；而当一位理疗医生说“她有第三只手”时，这位女医生又感觉对方在以花生酱一事为由头，暗讽自己是小偷。

中国是比较典型的高语境文化，很多时候语言要结合具体的语境才能彻底理解，或者说高语境文化中的人倾向于结合语境理解语言，即我们常说的“听话听音”。加拿大等欧美国家则多属于比较典型的低语境文化，要表达的意思几乎全在说出来的语言中，较少涉及前后语境，人们较少考虑可能牵涉其中的人际关系，而是就事论事。所以，当加拿大的小伙子问“谁拿了我的花生酱”时，近似于一种条件反射式的询问——既然我的花生酱找不到了，那就问一下是谁拿走了。这句询问只针对当时当下的情况，照字面意思理解即可。小伙子只是期望谁拿了，跟他说一下。他并没有意识到，办公室只有他和女医生两个人，更不会意识到，在北京的女医生看来，这种询问会包含另一层意思，即指责她拿了花生酱。女医生的思维逻辑是：办公室只有我们两个人，既然你丢了东西，那自然是怀疑我偷了，你再问是谁拿啦，还不是明摆着指责我拿了你的东西嘛。但含蓄的东方文化使女医生并没有当面澄清“指责”。

紧接着一位理疗医生为了让病人放松，与病人调侃说，“是那位医生（北京的女医生）弄的……因为她有第三只手”。理疗医生完全是为了以一种幽默的方式来缓解病人的紧张和疼痛才这样表示的：虽然那位医生距离很远，可是她用第三只手把你弄疼了，与我无关啊。这完全是理疗医生的一句玩笑话，但是说者无意，听者有心。这位女医生立刻联想到加拿大小伙子的“指责”——那个遥远的语境，从而把理疗医生的玩笑也当成了对她的讽刺和指责，尽管理疗医生其实根本不知花生酱一事。

两个加拿大医生没有“看菜下饭”，自顾自地说话，碰巧他们的中国同事又听话听音，听出了弦外之音。双方文化背景不同，如果不做好功课，提前了解对方的表达方式，就会因歧义而导致交流不畅。正像案例中所表现的，当过于含蓄的表达方式“遭遇”过于直接的表达方式时，必然会增添许多误解。这位中国女医生若能在同事问及花生酱一事时就坦然地进行解释，显然可以很好地避免之后的尴尬。

当然需要强调的一点是，依照该维度对不同国家进行的划分并非绝对，笔者更倾向于认为高语境文化存在于熟人社会，而低语境文化存在于陌生人社会。任何一种文化中都会出现高语境和低语境的时刻，只是将这两种文化模式分置于续谱的两极时，我们便会发现东方文化更接近高语境文化，而西方文化更接近低语境文化。这便是为什么在中国社会中，人们交流时重“意会”；而英语国家的人交流时，重“言传”的缘故。究其原因，除了客观上美国、欧洲国家频繁的移民潮之外，依据章太炎先生的观点：西方哲学从物质发生，都以地火水风为万物原始，最经典的代表是古希腊哲学，所以其强调确定性，在语言上也追求精准，求言中之意；而中国哲学则从人事发生，自然变幻不定，所以在语言上多追求文采，求言外之意。[①]

霍尔的这一区分是非常具有启发性的，很多学者在进行东西方比较研究的时候常常采用这一划分模式。

（二）单向计时制/多向计时制

人们为什么不守时？为什么不排队？有时，这其实与人们的“文明素质”无关，只是文化使然。

霍尔在其1959年出版的著作《无声的语言》中，将世界各国的计时制，即人们对待时间的观念概括为单向计时制［Monochronic（M-time）］和多向计时制［Polychronic（P-time）］。

单向计时制亦被称为白人时间（white time），在美国专指欧美裔白人的时间习惯，是一种强调日程、阶段性和准时性的时间观念。人们把时间看作是一条直线，可以切割成一段一段的，他们强调时间表和事先安排，强调在特定时间内做特定的事。为了利用好时间，人们精心安排好一天、一周、一个月的工作日程。多数欧美国家的人，如美国人、德国人、奥地利人和瑞士人都是单向计时制的。正如霍尔所言，“在西方世界，任何人都难逃时间铁腕的控制。”他们不愿浪费自己的时间，也不愿浪费别人的时间，他们生活节奏很快。张妙清等在《登上巅峰的女性》一书中谈到许多女性领导者（主要是美国和香港女性）管理时间的模式就是这种单向计时制，其存在的基础便是：日程安排。

---

① 章太炎：“说新文化与旧文化”，《章太炎年谱长编》下册（汤志钧编），中华书局，1979年版，第618页。

“控制时间首要的一步是制定一份日程安排，涵盖你计划要做的所有事情。这是基本的记忆助手，让你了解自己如何花费时间。至于日程安排是记在‘日记薄’中，还是记在你的个人电子数码助手（简称 PDA，一种微型便携式电脑）里，无关紧要。个人电子数码助手通常包括日历程序，让你清晰记录计划要做的每件事。无论你使用个人电子数码助手还是老式‘日记薄’，关键是要把每项任务记录下来，以避免重复登记，并确保你为每项任务安排了足够时间。这个策略很关键。”①

多向计时制也被称为有色人种时间（color time），在美国专指亚、非、拉裔人们的时间习惯，是一种随遇安排时间的观念，把时间看成是可伸缩的。人们习惯于同时处理几件事情，强调人们的参与和任务的完成，而不强调一切都按照时间表进行，时间安排更为随意，喜欢用事件界定时间和距离。多向计时制的国家包括阿拉伯、拉美和非洲的大多数国家，欧洲的西班牙、意大利也是这一类型的典型代表，一些亚洲国家也可算作这一类型。

概括而言，多受农业文明影响的社会倾向于采用多向计时制，不受时间束缚，做事有很大的灵活性；而多受工业文明影响的社会则倾向于采用单向计时制，严格受时间所限，做事周密、严谨，讲究计划。

传统的乡土中国属于多向计时制，正如中国的古话“日出而作，日落而息”一样，不讲求严格的时间算计。而且中国人一直都有以事件界定时间和距离的传统，比如“一袋烟的工夫”、“一盏茶的工夫”、“一柱香的时间”；再如距离“一站地”、“两站地”等。

---

① 张妙清、贺戴安著，张妙清、陈雪飞译：《登上巅峰的女性》，三联书店（香港）有限公司，2009 年版，第 79 页。

这些说法只是一个约摸的尺度，但展现了中国人在处理时间上的灵活性。不过现代中国，特别是都市生活已经越来越接近精确到时、分、秒的单向计时制。

单向计时制和多向计时制的人在约会、守时和排队方面差异较大。

1. 约会。在约会方面，事先通知是单向计时制的一个重要特点，多数欧美国家的人认为要请人吃饭、约会或参加任何一种社会活动都应事先通知，这表明邀请者诚心诚意，而不是由于某些原因临时决定让被邀请人补个缺。事先不邀请而临时通知会被视作一种怠慢。实际上，这种临时通知不管多诱人基本上都会被拒绝。不过，在阿拉伯和一些亚洲国家，如果提前通知，被邀请人可能会忘记约会和安排，因而最后一分钟通知也被认为是真诚的邀请。

香港虽然深受儒家文化的影响，但因长期在英国文化的熏染之下，其在官方层面以及受教育程度较高的人群中都表现为典型的单向计时制。笔者在香港求学完毕，准备离开香港时，打算与一好友话别。因我们相交颇深，且对方已数次向我提及相约一个时间给我送行，但临行杂事繁多，相约之事亦未能成行。我在离开香港的前一天到她办公室话别，向她解释未能预约的原因，并邀请她共进“最后的”午餐。本以为一切在情理之中，但她还是委婉地拒绝了，因她带了午饭，并已经与同事相约在休息间共用午餐。她表示来日方长，并提示我下次再来香港一定提前约她。虽然非常遗憾，但我也无话可说，联想到香港的时间习惯，也只能责怪自己行事不周，这一次才真正领教了“单向计时制”的严格。待我再次返港时，吸取上次教训，提前几天告诉她行程。她迅速回信，并表示在我离港之前她都有时间。我们自然也有了充分的机会叙旧、话别。

另外，西方人认为，确定具体时间、地点的邀请才是真正的邀请，而只讲“有时间到我家来吃饭”就仅仅是一种客气。而如果在中国，我们跟某个人说“有时间到家里来玩”，虽然也是一种客气，但也代表我们随时欢迎对方过来，即使没有事先知会我们。但在美国，事先没约就径直去别人家是十分失礼的，朋友完全可以把你拒之门外，因为你的到来会打乱他们的时间表。

2. 守时。就守时而言，单向计时制的人会把多次迟到的人视作难以信赖的人，认为这是对人、对事的不尊重。在许多（西）欧美国家，迟到5分钟就必须道歉，迟到半个小时就会被认为失礼。而一些多向计时制的拉美和非洲国家并不看重计划和准时，人们认为实际情况比事先安排的约会更重要。迟到5分钟只是小事儿，甚至认为高地位者和重要人物应该迟到，准时就是降低身份。9点钟的约会，他们9：30出现已是准时的表现。

一位到巴西授课的美国教授谈论了他首次上课的经历。他发现学校里的时钟都不准时；他在同一刻向路人询问时间，问几个人几乎可以得到几种不同的答案；学生普遍迟到，却没有人关注迟到的事情；下课后，很少有人马上离开，有人在随后的15分钟讨论，有人在随后的15分钟发问。[①]

中国人虽然没有预约的习惯，但却有守时的美德。但中国人守时却并非恪守单向时间制，而纯粹是出于礼貌，怕耽搁别人的时间。所以我们在一次会议结束后会向与会者表示占用其宝贵时间的歉意，也会提前15甚至30分钟到达约会地点。但这并不妨碍领导的迟到，因为这彰显了身份；这也不妨碍中国人在迟到后找美丽的借口，因为迟到往往会得到原谅，也不会在多大程度上有损自己的品德。

3. 排队。对于单向计时制的文化来说，由于时间是线性的，所

① 严文华：《跨文化沟通心理学》，上海社会科学出版社，2008年版，第76页。

以他们强调先来后到，就像人们排队购物，每个人都会默默地维护这个秩序。而就多向计时制的文化而言，时间更加随意，他们追求的是一种便（biàn）宜，为方便起见，插队都是可容忍的现象。在西欧、北欧和北美，人们都恪守直线似的队列，比如买肉，只有排到你，你才可以接受服务，秩序是最重要的。但在意大利，如果排在最前面的人要一磅香肠，肉贩就会打开一整袋，为其称去一磅后接着大喊“还有谁要香肠啊?”这时，就算你排在最后，但因为你要的是香肠，你就可以早早地付钱离开，而排在前面打算购买其他肉制品的人就只能耐心等待一下，在这里效率或者说便宜是最重要的。①

我们还可以结合如下的一个案例，更好地体会多向时间制和单向时间制的差异。

[案例]②

一家美国的电信公司推出了一种新产品，并希望在拉美国家打开销量，最具实力的竞争者是一家法国公司，他们的产品质量稍逊一筹，但售后服务更为周到。

美国电信公司首先派人到墨西哥进行谈判。他们把日程安排得十分紧凑。具体规划如下：正式谈判那天，将展示精心准备的演示稿，主要讲述公司的历史以及公司在中长期的发展潜力；紧接着，公司代表团副团长将亲自向墨西哥主管电信事务的一位部长汇报具体情况；因为略知墨西哥的文化，他们深知在饭桌上的攀谈是能否做成生意的关键，因此精心安排了两个小时的午餐；下午是墨西哥一方提问和公司代表回答问题时间；

---

① Trompenaars，F.，& Hampden-Turner，C.，*Riding the Waves of Culture*（second edition），Nicholas Brealey Publishing Limited，1997，pp. 123－124.

② 章太炎：“说新文化与旧文化”，《章太炎年谱长编》下册（汤志钧编），中华书局，1979年版，第371—371页。

之后公司代表团将离开墨西哥市，飞回美国。

但计划永远跟不上变化。很遗憾，墨西哥人根本就没把美国人的时间安排当回事儿。谈判伊始，墨西哥代表团就迟到了一个小时；美方刚开始介绍当天的日程，墨西哥部长就出去接电话了，当他返回时发现美国人竟然没有等他；美国公司坚持售后服务合同和销售合同分开，这使墨西哥人感到很失望；更让墨西哥人不满的是，美国人的售后服务只限于安装使用产品后的两年时间。

与美国人不同，来自法国的竞争对手日程安排非常松散。他们只是明确了在墨西哥呆两星期后的主要目标，即拿到订单。在这两周内，具体在什么时间、什么地点、做什么事情以及怎么做，都视具体情况而定。法国人准备的演示稿很长，重点是讲他们这家公司和墨西哥人合作的历史，早在20世纪30年代，他们就和墨西哥建立了合作关系。让墨西哥人更满意的是，法国人的售后服务事宜是销售合同的一部分，而且和那家美国公司不同，他们的售后服务是无限期的。

最后，尽管技术上不如美国公司，法国人还是拿到了订单。（原出处：Trompenaars and Turner，1998，*Riding the Waves of Culture*. New York：McGrawHill.）

［案例分析］

本案例的主要矛盾体现在美国人和墨西哥人在时间观念上的冲突。美国人想以自己产品的质量和高效的运作赢得墨西哥人的订单，但很遗憾，美国人这种高速运转的效率令墨西哥人吃不消，最终美国人输给了产品质量略逊其一筹的法国人。

依照霍尔的观点，世界文化可以区分为单向计时制和多向计时制，美国属于典型的单向计时制文化，而深受拉美文化影响的墨西哥则是典型的多向计时制文化。单向计时制的时间观念认为时间是线性的且可以分割，因为时间是有限的资源，所以必须提前安排、合理利用，在某一时间段只做一件事情，最重要的是时间不能浪费，所以美国人早早地安排好日程，打算一天结束“战斗”。多向计时制的文化则认为在某一时间段可以同时和多个人交谈或同时处理几件事情，因为对他们来说人际之间的关系比较重要，所以时间安排也更为松散、随意，以保证和谐的人际关系。故此，墨西哥代表不但迟到了一个小时，他们的部长在开会期间还暂时离开去复电话，美国人却仍然按照自己的时间安排在部长不在场的情况下继续开会，这令部长感到未受到尊重。

相比较而言，法国人就深谙墨西哥人的脾性。他们只是确定了一件事儿，那就是去墨西哥把订单签回来，却没有具体安排哪一天哪一时做些什么，任何事情都可以随时应变，而且他们原本就计划投入两周的时间，并愿意承诺无限期售后服务。法国人明白要想说服墨西哥人，就要肯花时间与他们建立长久而和谐的人际关系，因此法国人成功了。当然，与其把法国人的成功归于他们做足了文化课，不如归于法国人与拉美人的相似性。从广义来说，法国人也是拉丁人。法国人本就不喜欢被催促着做决定，而且认为谈判不可能一蹴而就；他们喜欢愉快的谈话，并对此无时间限制；在谈判中，他们也看中长期目标，强调与对方建立牢固的个人关系；他们同样常常脱离议事日程随机谈些杂事等等。[①] 所以这一次美国输，没有输在产品的质量上，而是输在了文化的差异上。

通过这个案例，我们可以深刻地体会到时间观念这一文化维度在跨文化交流中的重要意义。作为单向计时制的文化在与多向计时制的文化交流时，切不可急功近利，应该注重与对方发展良好的人际关系；而反过来，多向计时制的文化与单向计时制的文化交流

① 理查德·刘易斯，关世杰主译：《文化的冲突与共融》，新华出版社，2002年版，第187—191页。

时，则应该注意守时和提高工作效率。

二、特姆彭纳斯的理论

陈晓萍在《跨文化管理》一书中系统地介绍了荷兰管理学者冯·特姆彭纳斯（Fons Trompenaars）的文化理论。特姆彭纳斯1993年出版的《跨越文化浪潮》（*Riding the Waves of Culture*）曾轰动一时，他仿效霍夫斯泰德的理论提出了七大文化维度，分别是普遍主义/特殊主义、关系特定/关系扩散、成就/先赋、中性/感性、内在导向/外在导向、个人主义/共有主义、连续时间/同步时间。后两类维度类似于我们曾介绍过的个人主义/集体主义和单向/多向计时制的维度及其文化模式的划分，此处不再赘述。需要指出的是，前四类维度并非特姆彭纳斯的独创，其主要理论观点得自于美国著名社会学家帕森斯的模式变量。[①] 模式变量代表着一个行动者在任何社会情境中，当面对其他人时，必须或明显或隐含地采取的五种对应选择：

普遍主义或特殊主义（universalism vs. particularlism）；

专一性或扩散性（specificity vs. diffuseness）；

成就或先赋（achievement vs. ascription）；

中立性或情感性（affectivity neutrality vs. affectivity）；

自我取向或集体取向（self-orientation vs. collectivity-orientation）（这一点前文已作介绍）。

下文就结合帕森斯的观点介绍一下特姆彭纳斯的前四大维度。

---

① Parsons, T., *The Social System*, Glencoe, IL.: The Free Press, 1951.

（一）普遍主义/特殊主义

普遍主义和特殊主义是指在互动情景中，遵循的规范或评判的标准是一视同仁还是因人而异的。如果一视同仁则为普遍性文化，如果因人而异则为特殊性文化。例如，领导以公开考试、择优录用为标准来选聘干部便是普遍性，如果搞裙带关系、任人唯亲便是特殊性。

普遍主义强调“法律面前人人平等”，认为对所有事物应该采取一种客观的态度，秉承一种客观的标准来解决问题，所以它强调制度，没有人可以凌驾于制度之上。一旦有个案出现，马上要联想到今后若有类似事件发生，应该怎样处理才能让该个案具有普遍意义，比如英美法系的判例法。

特殊主义强调“具体问题具体分析”，针对不同的情况、不同的问题应采用不同的标准，人们总能在普遍性中找出特殊意义。在特殊主义文化中，不会过分看重制度，而是特别强调人际关系网的建立。比如在中国文化中，人们遇事首先想到的是能找上什么人、托上什么关系。可能从承包建筑工程，到为亲朋的孩子找人上学，再到买房子、打官司等等大大小小的事都有人央你帮忙，虽然最终他们都发现所托非人，还是要按着明令的规章制度办，可之前总是要跑一跑、找一找，最后“撞了南墙”方才回头，否则绝不甘心，这似乎已经形成了一种思维定势。

在跨文化交流中，普遍主义碰上特殊主义也是极具挑战性的。

［案例］①

某人受雇于一家美国公司，最近在帮公司与一家日本公司

① 陈晓萍：《跨文化管理》，清华大学出版社，2005年版，第68页。

洽谈一桩重要的生意，几个回合下来，几近大功告成，就差签合同最后一道工序。而当其从老板那里拿到正式合同后就感到情况不妙，几百页的合同，事无巨细，厚厚的一摞，要知道日本公司的合同要薄得多，只包括最主要的内容，这可能会引起日方的反感。应该如何是好呢？他先向老板征询能否简化合同，却遭到拒绝，因为这是公司的规定，对全世界都一视同仁，决不会因国而异。他只好向日方解释，合同厚不是不信任的表现，而完全是为了满足美国国家法律的要求等等。日方听毕，只问了一句话就签下了合同。那么，日方问了什么？

"请问合同签下后，你会一直负责这个项目吗？"他点头称是。

就是这么简单，日本人就相信这个人，换作他人，则另当别论。

在这个案例中，我们又看到了普遍主义和特殊主义的另一面：普遍主义死板、机械，而特殊主义则灵活得多，可以根据具体情况随时应变。

以上案例对于我们的现实意义是，与特殊主义文化的人打交道，建立良好的人际关系很重要；而与普遍主义文化的人来往，遵守规章和制度十分关键。

（二）关系特定/关系扩散

在帕森斯的模式变量中，与关系特定和关系扩散相对应的是专一性与扩散性，这个维度是指互动双方对彼此关系的卷入程度。即：双方的互动仅涉及生活的某一方面，还是涉及生活的诸多方面；相互给予和获得的满足是片面的还是全面的，相互承担的义务是有限的还是广泛的。例如，在正式的科层组织中，人与人的互动是专一的；而在亲密的朋友群体中，人与人的互动是扩散性的。

德裔美国心理学家库尔特·勒温（Kurt Lewin）在1934年出版的《拓扑心理学原理》一书中，根据自己的切身体验提出了U类和G类交往方式，可以很好地诠释关系特定与关系扩散两种模式，如图5—1与图5—2所示：①

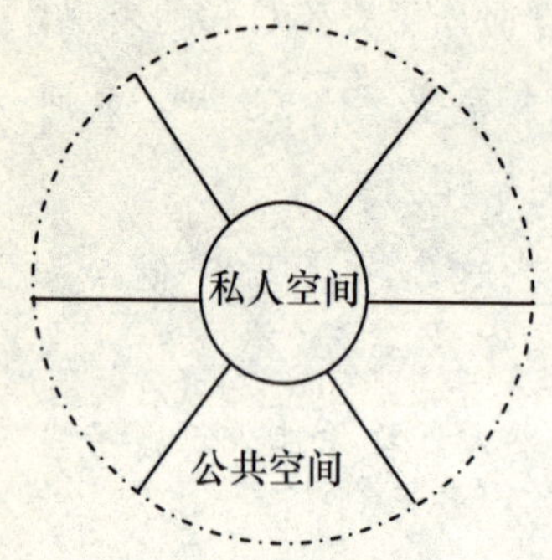

图5—1：U（United States）类交往模式

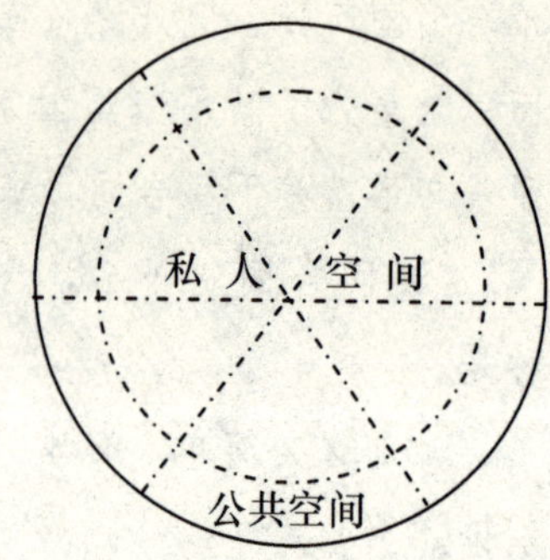

图5—2：G（Germany）类交往模式

U类交往模式对应于关系特定文化，美国人一般如此。实线小圈代表狭小封闭的私人空间，边界是刚性的，外人较难融入。虚线大圈与实线小圈之间是人际活动的公共空间，外围的虚线表明边界是弹性的，外人比较容易进入。这类文化中的人热情好客，他们的客厅、书房、厨房（包括冰箱）都是公共空间，对客人开放。但是，一条条实线将其公共空间分隔开来，每一小块井水不犯河水的特殊区域，如工作区域对应同事，闲暇区域对应各种兴趣相投者，彼此之间通常不相识，也不互相往来。公共空间与私人空间更是互为禁脔，你可以很容易进入他们的公共空间，但几

① Shimoda, K., Argyle, M., & Ricci-Bitti, P., The intercultural recognition of emotional expressions by thress national groups—English, Italian and Japaness, *Eroupean Journal of Social Psychology*, 1978, 8 (2), p.73；以及理查德·刘易斯，关世杰主译：《文化的冲突与共融》，新华出版社，2002年版，第82页。

乎不可能进一步涉入他们的私人空间。换句话说，与他们相识容易相知难。

G类交往模式则与关系扩散文化相对应，以德国人为典型。与U类相反，G类公共空间小，私人空间大。最外围的大圈是实线，表明较难进入他们的公共空间；私人空间涵盖面大，包括书房、冰箱、私家车等；私人空间与公共空间用虚线隔开，表示外人可以比较容易地从后者进入前者；公共空间以虚线区隔，各特殊区域可以相互融入。这类文化不会轻易带陌生人回家作客，可一旦邀请了别人，就表示有可能把自己的其他圈子也开放给客人，并可能与之讨论私密话题。

中国文化带有明显的扩散文化特征，所以与G类交往模式类似。比如中国传统的庭院都围以坚实的外墙，门口常有人把守，可一旦进入之后，几乎所有房屋都可径直进入。再看看现代的大学，以围墙与街市相隔，门口都设有门卫检查入校之人，而进入校门后就可长驱直入。相对来看，美国的校园都是开放式的，没有围墙，没有校门，更没有门卫，谁都可随意进入，但校区内的每一栋楼都有严格的保安措施。美国的一些办公大楼亦是如此，身处民宅之中，但要进入这些大楼则是关卡林立。香港许多大学的建筑特征就属于U型。以香港中文大学为例，几乎所有的校门都是由几根柱子构成的，没有可以开关、拉合的门扇，参见图5—3香港中文大学的正门。你可以从这里任意出入，但校内的各宿舍楼、教学楼通常都设有密码装置，教学楼内的各个办公室，甚至有些教室的门口、洗衣房也都有密码装置，密码还会定期更换，这些都体现了U类文化“公私分明”的理念。

所以，一旦关系特定的U类文化与关系扩散的G类文化碰撞

图 **5—3**：香港中文大学正门

时，就会出现一块危险区。如图 5—4 所示：[①]

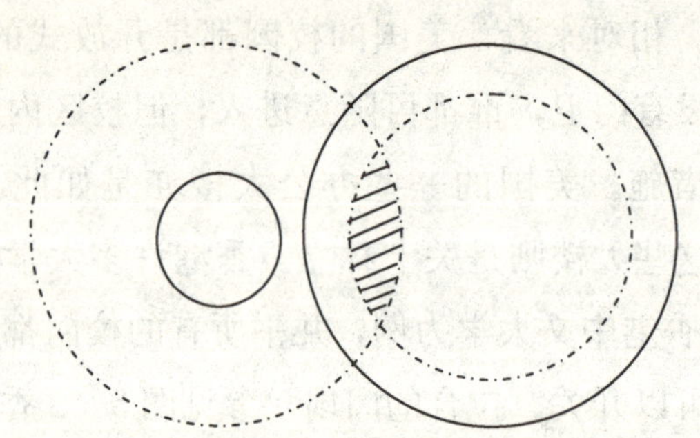

图 **5—4**：**U** 和 **G** 两类文化交往的危险区

图中两圆相交的阴影区便是危险区。被 G 类模式视为私人空间

① Shimoda, K., Argyle, M., & Ricci-Bitti, P., The intercultural recognition of emotional expressions by thress national groups—English, Italian and Japaness, *Eroupean Journal of Social Psychology*, 1978, 8 (2), p. 75；以及理查德·刘易斯，关世杰主译：《文化的冲突与共融》，新华出版社，2002 年版，第 85 页。

的部分，在U类看来依然属于公共空间。比如被美国朋友邀请到家里的德国人，可能会认为自己已经被允许进入对方的私人空间，于是敞开心扉大谈个人隐秘的思想，那他必然得不到美国人的热切回应，定会倍感受挫。反过来，被德国人邀请到家里的美国人可能会被带着参观卧房，这又会令美国人万分尴尬。

由方军亮导演的电影《土婆婆 pk 洋媳妇》中有一段情节：土婆婆（代表传统的中国文化）为儿子和儿媳（代表英国文化）打扫房间，很自然地拧开化妆台上的香水闻了闻，但没有扣好香水盖儿，结果洋媳妇爱玛发现后大发雷霆，指责婆婆不尊重她的隐私，私入她的房间，私动她的用品，这场大战火药味十足。

土婆婆身上体现的是G类文化模式，大家都是一家人，在一个家里面还分什么公的、私的；但洋媳妇身上体现的是U类文化模式，即便是在一个家庭里也有公共空间和私人空间，只有卧房的主人才能进入卧房。所以当这两类模式放到一起时，一定要万分小心危险的“雷区”。

就区域的分隔而言，U类模式各个生活区域之间界限分明，无论是公领域和私领域之间，还是公共领域的不同区域之间，绝不混淆，每个区域有每个区域的行事规则，因而与人交往靠原则，强调对事不对人。G类模式则与之相反，各个生活领域彼此联系、相互渗透，任何领域中的事都可以做出个人化的诠释，比如有人在工作场所提意见，被提意见的一方会习惯性地认为对方是在针对自己。

（三）成就/先赋

先赋与成就是指在互动情景中评价他人或自己的根据和标准是什么，即是以先天的条件还是后天努力获得的能力。以先天条件，如出身、年龄、性别等为基础的属于先赋型文化，以后天的能力为基础的属于成就型文化。例如，选择恋人以门第为条件便是一种强调先赋的行为，而以事业和能力为条件便是一种强调成就的行为。

在强调先赋的文化中，人们会千方百计寻找一切可能的关系或背景为自己增加社会价值，比较典型的如印度的种姓，即通过人们的姓氏就可知其出身，也决定了其在社会中的地位。强调成就的文化鼓励人们追求个人的成就，而且越是通过自己的努力获得的成就越值得钦佩。美国就是一个典型的注重个人成就的社会。

以名片为例，美国人的名片比较简单，除了联系方式之外，关于自己的信息就只包括名字和目前的工作性质或者头衔。中国人的名片则比较复杂，现任职务、学位、头衔一应俱全，甚至包括曾任职务。而日本的名片一般都注明了能立即了解对方地位的所属集团、从事职业、官衔级别等信息，美国的一位学者就称："等级制度是名片（在日本）显得如此重要的一个主要原因。"从这小小的名片，我们即可以了解这几个国家的文化模式类型。

(四) 中性/感性

尽管特姆彭纳斯对这一维度的命名与帕森斯模式变量中的中立性与情感性酷似，但二者在意义表述上差异较大。特姆彭纳斯的中性与感性主要用于测量人际交往中人们情绪外露的程度。帕森斯的情感性与中立性指的是：在互动情景中，双方注重投入情感和通过互动得到情感的满足，还是强调排除情感因素，理性地对待互动中的他人。例如在家中父母与子女间的互动是情感性的，但在工作单位，与客户的互动则是情感中立的。它测量的是为人处事是否涉入了自己的情感，至于情感是否外露则无关紧要。

依照特姆彭纳斯的观点，中性文化中的人情绪常常含而不露，人们之间的交流比较微妙，喜怒不形于色，否则会被认为不稳重、不成熟，缺乏自我控制力，正是因此，人们更善于察言观色。感性文化中的人情绪表露往往鲜明而夸张，人们进行交流的时候，眉飞色舞、手舞足蹈。最典型的中性文化如日本、中国和其他亚洲国家；最典型的感性文化如意大利、西班牙和其他南美国家。美国则居于两类模式之间。

特姆彭纳斯曾通过不同国家的人回答下述问题的差别来检验中性/感性的维度。该问题是："如果你情绪不好，有点生气，会不会在上班的时候流露出来?"结果法国人和意大利人大部分说会，中国有不到半数说会，日本人说会的更少。

那么当这两类文化发生碰撞时，误读自不必说。比如霜田（Shimoda）等人通过对英国、意大利和日本三个国家人们情感表达的跨文化研究发现，让不同文化背景的人，通过面部表情和声音暗示，破译另一文化人员的表情所包含的内容时（这些表情包括惊讶、忧伤、悲哀、高傲、顺从、敌意、厌恶、快乐、生气、焦虑、友善和恐惧），总有很大偏差，而即使同一文化中的人解读自己文化中人们的表情也不能完全吻合。参见下表5—2：[①]

表5—2：英、意、日三国表情解读的吻合程度

表演者 / 判断者	英国人	意大利人	日本人	平均值
英国人（102人）	60.5%	55%	35.5%	50.3%
意大利人（32人）	52%	61.5%	28.7%	47.4%
日本人（30人）	53.8%	55.6%	43.3%	51%
平均值	55.6%	57.3%	36%	

① Shimoda, K., Argyle, M., & Ricci-Bitti, P., The intercultural recognition of emotional expressions by thress national groups—English, Italian and Japaness, *Eroupean Journal of Social Psychology*, 1978, 8 (2), pp. 169—179.

上表显示，日本人的表情是最难解读的，被正确解读的比率平均只有36%。日本人解读本国人的表情，正确率还不到一半，更别提英国人和意大利人的“成绩”了。但同时日本人又是最会察言观色的，所以日本人解读英、意、日三国人表情的平均正确率是最高的（51%），意大利人最低（47.4%）。如此一来，“大大咧咧”的意大利人遇到“心思缜密”的日本人就只能感叹跨文化交流甚难了。

至于特姆彭纳斯的内/外导向维度（inner-directed vs. outer-directed）主要用于描述人们对待自然的态度。内在导向的文化强调人可以控制自然，而外在导向的文化则强调人应该遵从自然的法则。这与美国心理学家朱利安·罗特（J. Rotter）于20世纪60年代发展出的内外控制点的人格特质相对应。内外控制点用于测量人们对自己行为及行为后果之间关系的信念。内在控制点（internal locus of control）的人强调个体行为与后果之间的直接相关性，而外在控制点（external locus of control）的人则强调个体行为与后果之间受到大量不可知的外在因素的影响。根据特姆彭纳斯的调查可知，倾向于赞同人可以控制自然力量的文化，也倾向于认同人可以控制自己的命运，典型的如北美和西欧诸国；反之，倾向于否定人可以控制自然力量的文化，也倾向于否定人可以控制自己的命运，典型的如中国、日本、新加坡等亚洲国家。而对人际交流的影响就在于前者强调人际间的竞争，后者强调人际间的和谐共处。[①]这进而便会影响人们的交流方式，前者偏重直接交流，后者偏重间接交流。

① Parsons, T., *The Social System*, Glencoe, IL.: The Free Press, 1951, pp. 141－146.

三、汀—图梅的面子协商理论

美国华裔心理学家汀—图梅（S. Ting-Toomey）结合霍尔的高/低语境文化理论，提出了东西方文化交流中的积极面子与消极面子的观念。①

（一）中国人的面子观

“面子”是我们中国人再熟悉不过的名词，我们不仅“要面子”，还要给别人“留面子”。林语堂曾在《吾国与吾民》中指出，“面子”是统治中国人的三位女神中最有力量的一个，中国人正是为它而活。② 不少学者还专门著书立说讨论中国人的“面子观”。金耀基（1992）一直强调：“关系、人情、面子是理解中国社会结构的关键性社会—文化概念。”③ 我国早期留美的人类学家胡先缙女士是最早掀起中国人“面子”论“风潮”的学者之一。

胡女士在自己的研究中对“脸”和“面”的区分深深地影响了之后有关面子的研究。“脸”是“团体对道德良好者所持有的尊敬：这种人无论遭遇任何困难，都会履行应尽的义务；无论在什么情况下，都会表现出自己是个正直的人。它代表社会对于自我德性之完整的信任，一旦失去它，则个人便很难继续在社群中正常运作。‘脸’不但是维护道德标准的一种社会约束力，也是一种内化的自

① Ting-Toomey, S., Intercultural Conflict Styles: A Face-Negotiation Theory. In Young Yun Kim & William Gudykunst (Eds.), *Intercultural Communication*, Sage, Newbury Park, Calif., 1988.

② Lin, Yutang, *My Country and My People*, New York: John Day Press, 1935.

③ 金耀基：“关系和网络的建构：一个社会学的诠释”，《二十一世纪》1992 年第 12 期。

我制约力量”。与“脸”相关的俗语包括：“丢脸”、“没脸”、“不要脸”、“脸皮厚”等。“面子”则“代表在中国广受重视的一种声誉，这是在人生历程中步步高升，借由成功和夸耀而获得的名声，也是借着个人努力或刻意经营而累积起来的声誉。要获得这种肯定，不论在任何时候自我都必须仰赖外在环境”。与面子相关的俗语包括：“顾面子”、“给面子”、“要面子”、“留面子”、“有面子”、“没面子”等等。胡女士的这一区分，明显地把“脸”指向一个人的道德品性；而“面子”则与一个人在社会上的地位和声誉有关。所以“丢脸”肯定甚于“丢面子”，因为前者“是最严重的侮辱，它涉及个人道德品格的完整性”。后者“则只是表示自我无法出人头地并获得声望而已”。[①]

这种区分一直影响着后继的研究者。尽管用法稍有不同，但基本涵义一般。比如社会学家金和迈尔斯（King and Myers）曾指出：这种“脸”和“面子”的区分可能仅适用于中国北方说普通话的区域，在中国南方说粤语的区域，脸与面是不分的，全部只用“面”这一个字。[②] 所以，他们建议将“面”区分为“社会脸面”和“道德脸面”。自然，与“社会脸面”对应的是“面子”，与“道德脸面”对应的是“脸”。虽然翟学伟认为“脸”和“面子”“并不是两组标准，而是在两个相关性很高的概念中形成的一组连续性的标准”，“脸和面子都可以或多或少地涉及道德，也可以不怎么涉及道德”，[③] 但他依旧认可两者之间存在道德性和社会性的差异。

黄光国在他的论文《人情与面子：中国人的权力游戏》中专门

---

① 胡先缙：“中国人的面子观”，《面子——中国人的权力游戏》（黄光国编），中国人民大学出版社，2004年版。

② King, A., & Myers, J. T., *Shame as An Incomplete Conception of Chinese Culture: A Study of Face*, Social Research Centre: The Chinese University of Hong Kong, 1977.

③ 翟学伟：《中国人的脸面观：社会心理学的一项本土研究》，桂冠图书股份有限公司，1995年版，第60—70页。

讨论了人们如何在权力游戏中做面子功夫，且同时在《脸与面子》一文中结合了美国社会学家欧文·戈夫曼（Goffman）的戏剧理论（dramaturgical theory）或曰拟剧论指出，从社会心理学的角度来看，面子是“个人在社会上有所成就而获得的社会地位或声望，所谓面子功夫其实是一种‘印象管理或印象整饰（impression management）’行为”。阿金（Arkin）将印象管理界定为个体在与他人的互动情境中，计划、采纳和执行一种传送自我形象的过程和方式；[①] 鲍迈斯特（Baumeister）等人指出印象管理是利用行为去沟通关于自己和他人之间的一些信息，旨在建立、维持个体在他人心目中的形象；[②] 泰洛克（Tetlock）等人认为印象管理就是人们设法塑造受到赞许的社会形象。[③] 简而言之，我们可以将印象管理界定为：人们采用一定策略试图给他人留下良好印象的过程。而欧文·戈夫曼在戏剧理论中提到的“前台行为”和“后台行为”亦可以对应中国人对“面子”和“里子”的区分。“前台行为”即“面子”，是人们要呈现给他人的外表和举止；[④] 而“后台行为”即“里子”，是人们在私底下一种无所顾忌的表现，当然要确保不会为观众窥探到。

另外，黄光国还结合帕森斯的模式变量，分析了中国可能存在的三大类社会关系：情感型关系、工具型关系和混合型关系。情感型关系通常发生在主要的初级社会群体之中，如家庭或密友之间等

---

① Arkin, R. M., Self-presentation style. In J. T. Tedeschi (Ed), *Impression Management Theory and Social Psychological Research*, New York: Academic Press, 1981, pp. 311—333.

② Baumeister, R. F., & Jones, E. E., When self-presentation is constrained by the targets knowledge: consistency and compensation. *Journal of Personality and Social Psychology*, 1978, 36 (6), pp. 608—618.

③ Tetlock, p. E., & Manstead, A. S. R., Impression management versus intrapsychic explanations in social psychology: A useful dichotomy? *Psychological Review*, 1985, 92, pp. 59—77.

④ 戈夫曼的前台包括场景和个人前台，简单来说可以把个人前台划分为外表和举止。欧文·戈夫曼，黄爱华、冯钢译：《日常生活中的自我呈现》，浙江人民出版社，1989年版。

等，大家之间的关系集中于满足彼此的情感需要。这里遵奉的是按需分配的“需求法则”，采用的模式变量包括情感互惠，即利害人在情感上相互投入，并互相提供直接的情感满足；还包括特殊主义，即人们实行内外有别的规范标准，给予群体内成员优先地位等等。[①] 工具型关系往往发生在陌生人之间，或者现代企业的员工之间，人们进行交往一般都有明确的物质目的。这里大家遵奉的是效率优先的“公平法则”，其采用的模式变量包括情感中立，即利害人都避免情感投入或直接地情感满足；还包括普遍主义，即排除任何个人关系，实行适用于所有人的标准等等。黄光国认为在中国，混合型关系是个人最可能以人情和面子来影响他人的人际关系范畴。“这类人际关系的特色是：交往双方彼此认识而且有一定程度的情感联系，但其情感联系又不像主要的初级群体那样，深厚到可以随意表现出真诚的行为。”其也不像工具型关系那么强调情感中立和普遍主义，在混合型关系中彼此都可能预计未来进一步的情感联系。通常这类关系可能包含亲戚、邻居、师生、同学、同事、同乡等不同的角色关系，而且需要借助人与人之间的礼尚往来加以维系。“在中国社会中，许多人常常利用混合型人际关系的这种特性，运用种种方法来加强自己在他人心目中的权力形象，以影响对方，并获得自己想要的生活资源。”[②]

中国人重视人情和面子已经成为一个不争的事实，许多实证研究提供了颇具说服力的证据，特别是在心理学的研究领域。比如第二章提到的张妙清等人发展出来的中国人个性量表（CPAI/CPAI-

---

① D.P. 约翰逊，南开大学社会学系译：《社会学理论》，国际文化出版公司，1988 年版，第 513—514 页。

② 黄光国：“人情与面子：中国人的权力游戏”，《面子——中国人的权力游戏》（黄光国编），中国人民大学出版社，2004 年版。

2)，[①] 便针对翻译过来的西方人格量表测量华人缺少了文化相关性的问题，强调应在量表中结合文化普遍性和文化特殊性。因此，CPAI除了具有与西方一些比较成熟的人格量表相对应的普遍因素之外，还加入了面子（FAC）、人情（REN）、和谐性（HAR）等体现中国传统文化的特殊因素。其中子量表（sub-scale）“面子”用于量度对顾全面子的重视，以及那些提高自己面子和避免丢脸的行为。在该量表中得分高的人表明：有强烈的自尊心，希望在众人面前有好形象，不懂时不愿承认自己不懂，强不知以为知，处处要维持体面，文过饰非，强自辩解，自我意识较强。得分低的人表明：愿意承认自己的过失及弱点，不理会别人对自己的看法，很少留意自己的公众形象。[②]

这些研究结果佐证了“面子”问题的确是中国社会结构中的关键问题之一。那面子是否是中国人独有的，西方人是否也讲究面子呢？

（二）“面子”的跨文化特性

汀—图梅认为：在每一种文化里都有某种用于协商的“面子”。她的理论被誉为面子协商理论（Face-negotiation Theory）。她指出，面子是一个关于在公众中建立自我形象的隐喻，是“个体期望他人予以其自我社会价值认同的一种需求感”。[③] 英国人类学家布朗

---

① Cheung, F. M., Leung, K., Fan, R. M., Song, W. Z., Zhang, J. X., & Zhang, J. P., Development of the Chinese personality assessment inventory. *Journal of Cross-Cultural Psychology*, 1996, 27, pp. 181—199.

② 参考《跨文化（中国人）人格量表——使用手册》和《中国人个性量表——各量表意义解释》，都未公开出版，版权归属香港中文大学心理学系张妙清教授等。

③ Ting-Toomey, S., & Kurogi, A., Facework competence in intercultural conflict: An updated face-negotiation theory. *International Journal of Intercultural Relations*, 1998, 22 (2), pp. 187—225.

和莱文森（Brown and Levinson）也曾讨论过面子普适性的论题，并提出“面子保全论”（Face Saving Theory）。[①] 他们都倾向于认为“面子”有消极和积极两类。

汀—图梅认为：“低语境文化”追求的是消极面子，“高语境文化”追求的是积极面子。前文已经提到东/西方文化分属于高/低语境文化。由此，我们认为（高语境的）东方文化更强调积极的面子，而（低语境的）西方文化更强调消极的面子。

所谓消极的面子包括“挽回面子”（Face-restoration）和“留面子”（Face-saving）。前者是要求自我的自由、空间，避免他人侵害个人的独立自治；后者则表现为对他人自由、空间和某种孤僻的尊重（在我们的文化中，挽回面子是丢脸之后的补救措施；留面子则多指避免当面批评指责他人）。挽回面子和留面子之所以被定义为“消极”或“被动”的，是因为这类面子主要用于维护自我最起码的尊严，不具有对他人进行控制和支配的作用。笔者认为依照汀—图梅的界定，消极面子在西方文化中更加突出，比如在美国家庭中，电话铃响了，但父母亲正忙于他事，他们让孩子接听电话时可能会说“would you please answer the phone”；餐桌上家庭成员之间互相让对方递餐具或者调味品，可能会说“could you pass me the salt please”；因为站得太近，对方也会说“excuse me”等等，这些都体现了对别人自由、空间的尊重。但在传统的中国家庭中，家庭成员或亲属相互之间采用“请”、“谢谢”等敬语，反而会引起对方的不自在，他们会用“你怎么这么见外”等作为回应。这正体现了中西文化的差异。这一类消极面子在传统中国文化中缺少生长的土壤，因为我们的人情、面子还涉及“尊尊亲亲”的儒家思想，有亲疏、尊卑的考量，不像西方那样十分强调“个体（individual）”

① Brown, P., & Levinson, S., *Politeness: Some Universals in Language Usage*, Cambridge: Cambridge University Press, 1987.

向度。

所谓积极的面子则包括“要面子”（Face-assertion）和“给面子”（Face-giving）。相对于我们中国人自己的界定，汀—图梅对“要面子”和“给面子”的界定似乎更正面一些，尽管两者在最基本的层面上是一致的。比如胡先缙女士认为，要面子是依靠卖弄或瞒骗来取得名声，我们会说“死要面子活受罪”；而给面子则包含了强烈的资源交易味道。但汀—图梅指出：“要面子”表示面子有极高的价值，人们生活在群体当中，有被接纳、被保护、被包容的要求；“给面子”则是鼓励支持并满足人们对被包容、被接纳、被承认的需求。在心理动因方面，显然消极的面子谋求“个体自治”，即有自主的权利，不希望别人强加于自己、干涉自己的行为；积极的面子谋求“群体包容”，即需要得到对方的承认和喜爱，与对方达成共识。

不同的文化类型决定了不同的保全面子的方式，这特别体现在人们处理冲突的不同策略上。（高语境的）东方文化追求积极的面子，一般采用协商妥协、避免冲突的方式处理矛盾，也就是通过不断的“给面子”来满足人们的“要面子”。而（低语境的）西方文化追求消极的面子，一般通过按照游戏规则公平竞争或订立契约的方式处理冲突，从而确保双方都能保全面子，因为只要是按照规则进行竞争，无论输赢，大家都有面子。[①]

总之，“面子”是中国社会—文化中的关键概念，深刻地影响着中国人的人际交往，而且愈加进入学术领域，成为做中国人、中国文化研究不可忽视的问题。但“面子”又绝非中国人的专利，汀—图梅对积极面子和消极面子的区分为中西文化搭起了交流的桥梁。所以，在社会交往中，我们有必要维护他人的积极面子，也需

① 胡先缙：“中国人的面子观”，《面子——中国人的权力游戏》（黄光国编），中国人民大学出版社，2004 年版。

要尊重对方的消极面子，特别是在跨文化交流中，遵循这样的原则可以尽量减少言语对面子的威胁。

上述两章我们讲述了根据不同学者的理论所区分的各种不同的文化模式，内容略显庞杂，但每种文化模式皆非单独在发挥作用。帕森斯曾表示他的各个模式变量可以任意组合，不过后来的研究者指出帕森斯的模式变量不可能是任意组合的，比如普遍主义的文化，必然对应着专一性、成就性等，而特殊主义的文化必然对应扩散性、先赋性等。即普遍主义的文化中很少有扩散性的人际交往模式，特殊主义的文化中也很少发现专一性的交往模式。我们参阅下表5—3会发现，排在文化模式左端的国家与排在文化模式右端的国家大部分是固定的，尽管具体的文化维度各不相同。比如与美国相对应的文化模式包括个人主义、低权力距离、低不确定性规避、短期导向、低语境文化、单向计时制；而与中国相对应的文化模式正好相反，包括集体主义、高权力距离、高不确定性规避、长期导向、高语境文化和多向计时制。这说明这些不同的维度是某一大类型文化的不同方面或者说不同特征。另外，法国学者弗朗克·戈泰与多米尼克·克萨代尔总结的拉丁语系的国家与盎格鲁萨克逊国家在文化模式上的差异也印证了上述观点（参见表5—4），列于文后，以作参考。[①]

尽管大多数国家都是各种文化模式的混合体，且伴随着全球化的步伐，这种混合性还会不断加强，但它们总有些根本性的特征，基于此，我们与这些不同文化进行交流时要注意相互联系、灵活运用。

---

① 弗朗克·戈泰、多米尼克·克萨代尔，陈淑仁、周晓幸译：《跨文化管理》，商务印书馆，2005年版，第83—84页。

表 5—3：文化模式与代表国家对应表

文化模式	代表国家	文化模式
个人主义	美国、澳大利亚、英国、加拿大、新西兰、丹麦、瑞典等欧美国家…………印度尼西亚、马来西亚、中国、日本…………等亚洲国家；哥伦比亚、秘鲁…………巴拿马等南美洲国家	集体主义
低权力距离	芬兰、挪威、瑞典、丹麦…………阿拉伯国家，印度、马来西亚 新西兰、美国等欧美国家…………菲律宾、中国、日本等亚洲国家	高权力距离
低不确定规避	美国、英国、爱尔兰、瑞典…………希腊、葡萄牙、乌拉圭 丹麦…………中国、日本	高不确定规避
短期导向	德国、美国、英国、加拿大…………中国、香港、台湾、日本、韩国	长期导向
低语境文化	德国、美国、法国、英国…………日本、中国、韩国、阿拉伯/中东国家	高语境文化
单向计时制	美国、德国、奥地利、瑞士…………西班牙、墨西哥、中东及非洲诸国 …………中国	多向计时制

表 5—4：拉丁语系的国家与盎格鲁萨克逊国家文化模式比较一览

拉丁语系的国家	盎格鲁萨克逊国家
演绎式思维，强调观念第一	归纳式思维，强调事实第一
多向计时制，时间安排灵活	单向计时制，严格遵守时间
交流方式含蓄，强调内涵与非语言的表达	交流方式外显，重视语言和具体的信息

续表

拉丁语系的国家	盎格鲁萨克逊国家
普遍主义，工作中重视情感关系	特殊主义，工作和人情分开
形式主义较重，拘泥于繁文缛节，“你/您”称呼分明	形式主义较轻，做事不拘泥礼节，不分“你/您”，通称“你（you）”
高不确定性规避，强烈抵制变革，保守主义	低不确定性规避，有革新思想，社会民主
高权力距离，等级划分强、层次多，金字塔型社会结构，① 社会人员流动性差	低权力距离，等级划分弱、层次少，橄榄形状社会结构，② 社会人员流动性强
决策流向，来自命令	决策流向，来自辩论
宗教信仰：天主教	宗教信仰：基督教

思考题

1. 如何理解高语境文化与低语境文化，试举例说明。

2. 与单向计时制和多向计时制文化的人交往，各需注意哪些问题？

3. 中西方在维护面子上有何差异？

4. G类和U类人际交往模式有何差异？

5. 如何理解各文化模式之间的关系？

---

① 此处社会结构主要是指某一社会中各个阶层所占据的比例。金字塔型的社会结构是指，像金字塔一样，只有极少数人处于社会结构的顶层，而这些人拥有绝大多数的社会资源；处在金字塔底层几乎没有社会资源的人则占到了整个社会人口的绝大多数。

② 此处在原书中为“靶状”社会结构，不过我们通常将以美国为代表的盎格鲁萨克逊国家的社会结构描述为“橄榄型”或者“纺锤型”，故笔者认为原书可能为误译。橄榄型的社会结构是指，像橄榄球一样，一个社会中处在社会最高层或者社会最底层的人都比较少，而在两者之间的是处于社会中层的大多数。

KUA WEN HUA JIAO LIU LUN

第六章

影响跨文化交流的心理障碍

前面几章让我们了解到，几乎每一种文化和群体都有一套规则规范其成员的行为，但即便我们对各种文化模式了熟于心，也很难确保万事大吉，依然难免在跨文化交流中做“错事”、会错意、冒犯他人。要把纸上的理论应用在实践中，首先要过一关，即每个人面对异文化的心态，比如你是否乐意与异文化进行交流，面对新文化时你是倾向于认为它与你自己的文化相同还是相异，你是否认为与你交流的异文化与你所处的主文化平等？诸如此类的问题都将横亘在跨文化交流者的面前，它主要导源于交流者的心理因素，故可称之为影响跨文化交流的心理障碍，主要包括焦虑、同质文化圈的理解限制、民族中心主义、刻板印象、偏见、歧视以及独裁人格。

一、焦　虑

古迪孔斯特（William B. Gudykunst）认为，在理解群体间交流的时候，情感过程是一个非常关键的因素，比如人们在交流过程中的焦虑。

焦虑在心理学上被视为心理障碍的一种，每个人都会在一定的生活情形下体会到焦虑或者恐惧，但对一些人来说，焦虑成了一个问题，干扰了他们有效处理日常生活的能力或使他们失去了享受生活的乐趣。据估计，有近25%的人曾在某段时间经历过不同程度的焦虑障碍。①

在人际交往过程中，当我们不能预期要发生什么时就会产生焦虑，这时我们会很自然地把心思放在我们紧张的感受上，从而不能在交流过程中完全呈现自己。比较极端的情况还会产生社交恐怖症（social phobia），即个体对可能被他人观察到的公众场合预先感到持久的非理性恐惧，也就是说虽然知道这种恐惧是非理性的、多余的，但还是被恐惧所控制，躲避那些可能有公众监视的场合。

在古迪孔斯特的"跨文化交流的焦虑/不确定性管理理论（Anxiety/Uncertainty Management Theory——AUM）"中，"焦虑"（如感到不安、紧张、担心或忧虑）是与"陌生人"和"不确定性"（如无法预测或解释他人的态度、行为和感受）相关的概念。②

（一）陌生人

在第一章里我们已经介绍过作为跨文化交流学基石的"陌生人"。在跨文化交流中，当我们与身为外群体成员的陌生人交往时会同时感觉到既近又远。近，是从物理距离而言近在咫尺；远，是指在心理距离上彼此远在天边。由于来自不同的群体，我们彼此不

---

① 理查德·格里格、菲利普·津巴多，王垒、王甦等译：《心理学与生活》，人民邮电出版社，2003年版，第426页。

② Gudykunst, W. B., Toward a typology of stranger-host relationships. *International Journal of Intercultural Relations*, 1983, 7, pp. 401-413. And Gudykunst, W. B., The influence of cultural similarity, type of relationship, and self-monitoring on uncertainty reduction processes. *Communication Monographs*, 1985, 52, pp. 203-217.

甚清楚对方的交往规则，也就不能正确预测对方的下一步反应，所以陌生人之间的互动往往以不确定和焦虑为特征。

（二）不确定性

伯杰与卡拉布雷塞（Berger and Calabrese）区分了初次与陌生人交往的两种不确定类型，预测性不确定和解释性不确定。[①] 预测性不确定是指我们事前在预测陌生人态度、情感、信仰、价值和行为上的不确定性。即：在与陌生人初次交往的时候，我们不能确定他将采用哪种行为模式。比如你打算谈堕胎的问题，但不能确定对方是否是个天主教徒，你便不好拿捏立场。解释性不确定是指我们在事后解释陌生人态度、情感与思想时的不确定性。无论什么时候我们总是在努力琢磨，为什么这个陌生人要采用这种行为方式。比如对方坚决反对堕胎，你不知道他是因为宗教信仰，还是因为个人经历。

不确定性有一个上限和下限，只有在这个上下限之间，才可确保与陌生人交流的正常进行。上限是我们与陌生人交流时所感受到的不可预测与不舒服的最大量，超过这个上限是指我们实在缺乏预测和解释陌生人行为的信息，比如听不懂对方的语言，也无法理解对方的表情和行为等，在这种情况下交流只能中断。下限指的是我们与陌生人交往时最起码不会感到令人厌烦，低于这个下限，比如对方一再重复我们早就了熟于心的信息，我们就会觉得交流毫无趣味、无聊透顶。

---

① Berger, C. R., & Calabrese, R., Some explorations in initial interactions and beyond. *Human Communication Research*, 1975, 1, pp. 99－112.

（三）焦虑

焦虑是不确定性的情感等价物，产生于因不可预知而感受到的不安、紧张和忧虑，或者总觉得要发生什么的忐忑感，是对预期产生消极后果的情感反应。此处的消极后果包括：担心自我认知的消极后果、担心消极的行为后果、担心陌生人的消极评价、担心群体内成员的消极评价。

焦虑同样有一个上限和下限，在上下限之间才能保证交流进行下去。上限是指我们与陌生人交往时所感受到的焦虑的最大量，超过上限，我们就会太过不安，以至于无法或者不想与陌生人进行交流，因为此时我们只顾关注我们焦虑的情感，而无法注意交流的过程。下限是指我们所感受到的焦虑以及我们关注交流过程的最低量。同样，低于下限，我们就会觉得交流毫无新奇可言，从而缺乏交流的动力，这会令我们错失造成潜在误解的重要线索。

简而言之，在跨文化交流中，不能确知异文化交流者（陌生人）的信息和预测异文化交流者（陌生人）的行为便会导致焦虑。比如菅原（Sugawara）调查了在美国的日本企业工作的168名日本雇员以及135名美国雇员，仅有8%的美国雇员对日本同事的英语感到不耐烦，然而有19%的日本雇员感到自己的英文差或者很差，20%的报告感到对美国同事说英语很紧张，另有30%感到美国同事与他们交流时不耐烦。[①] 看来，社交过程中的焦虑很多时候不过是自我暗示的结果。

依照古迪孔斯特的观点，跨文化交流中的焦虑并非越少越好，

---

① Jandt, F., *An Introduction to Intercultural Communication*, SAGE Publications, 2007, pp. 72—73.

而应该维持在一个上下限之间，从而既可保证交流者的自信，又可保证交流者的兴趣。

二、同质文化圈的理解限制

（一）同质文化圈理解限制及其表现

开篇我们提到的一个问题——面对新文化你倾向于认为它与你的文化相同还是相异，便是针对“同质文化圈的理解限制”这一跨文化交流中的心理障碍提出的。面对某一事物时，人们总是倾向于而且常常是不假思索地认为他人与我们有相同的视角、相同的意思诠释，而这种“相同”假设在很大程度上会成为我们理解异文化的阻碍。

1997 年，一位丹麦女性把 14 个月大的女儿留在曼哈顿饭店外，自己却呆在饭店里面。饭店里的其他人非常担忧，并打电话叫来了纽约警察。该女士被控将自己的女儿置于危险之中，并被判监两夜。这位女士和丹麦领事都解释说，在丹麦把孩子不加看管地置于咖啡厅外是正常之事，还有照片显示父母坐在咖啡厅内，孩子在咖啡厅外，并有很多流浪者走来走去。这名丹麦女子想当然地认为哥本哈根和纽约是一样的，所以在哥本哈根可以做的，在纽约也可以做。该女士之所以会面临跨文化交流的窘境，正是因为她想当然地认为美国和丹麦在文化上同质。[①]

① Jandt, F., *An Introduction to Intercultural Communication*, SAGE Publications, 2007, p. 73.

（二）产生同质文化圈理解限制的原因

人们为什么会习惯于假设他人与自己所处的文化圈同质呢？这与我们的“无意识”交流有关。

交流包括信息交换和意义创造的过程。当我们交流的时候，我们赋予所建构的信息以意义（编码），然后把信息传递给其他人，同时我们还需要解释从其他人那儿收到的信息（解码）。这个过程是切实存在的过程，但我们对此往往是无意识的，因为这一过程基于我们从小习得的潜在的个人交流理论，它已经深深地嵌入我们的无意识结构，我们在运用的时候就像条件反射般不再经过大脑的思考。然而，基于我们这些潜在理论的交流过程却并非总是正确的，一个很重要的原因就是，我们总以为别人会采用跟我们一样的方式诠释信息，但这并非事实。我们依着自己的参考框架诠释陌生人发出的信息，而陌生人也依照他的参考框架解释我们发出的信息。我们口若悬河，却没意识到都在自说自话，没有意识到我们交流中的误解和无效。

所以说，假想的同质文化并不是说我们有意识地认为我们与异文化完全相同，而是一种无意识的反射、一种习惯思维。

（三）如何矫正同质文化圈的理解限制

古迪孔斯特指出，要想矫正交流中产生的错误诠释，需要我们“有意识的注意”。

有意识的注意：当我们可以控制我们交流的自动过程，有意识地停止自动加工信息，开始主动加工信息的时候便启动了有意识的注意。兰格（E. Langer）认为“有意识的注意”包括“接纳新信息"、"察觉各种变化"、"对不同语境保持敏感"、"留意各种视角"以及"适应当前环境"。[1] 当我们有意识注意的时候，我们倾向于采用更广泛的范畴预测陌生人的行为，比如他的文化背景、民族、种族、性别或者他正扮演的角色，而不是简单地套用某个指标上的定型观念。当我们有意识注意的时候，我们可以观察到在我们熟悉的情景和熟悉的交流中，一个陌生人不同于我们所交往过的其他人的行为，但如果我们心不在焉，自然对此视若无睹。当我们有意识注意的时候，我们可以意识到陌生人正以不同于我们的视角诠释问题，并可以尝试按照对方的视角看待问题。

总而言之，当我们假设两种文化同质的时候，就是没意识到差异的重要性。当我们缺乏关于新文化的足够信息时，假设新文化与我们的文化是有差异的，这将会比较有意义，因为毕竟每一种文化多多少少都是与众不同的。此时我们需要多一句询问的话："你们的习俗是什么（what are the customs)?"

[异文化敏感度测试]

如果你在一个自己不熟悉的国家开车违规被交警查扣，违规情节非常轻，你将如何处理?

A. 尝试与对方套套近乎，好好解释一下让对方放你一马?

B. 听凭交警的处罚?

你会选择 A 吗? 很有可能。因为在我们中国文化中，总有些法外容情的事情，何况只是轻微违规。套套近乎，好好解释解释，态度诚恳一些，对方很可能就不再追究了，这在我们中国行得通，在其他国家说不定也行得通。而有些人可能都不需要上述思考，被交警拦下之后便会条件反射地上前递烟示好。这自然就会遭遇同质文

---

① Langer, E., The power of mindful learning. *Reading*, MA: Addison-Wesley, 1997.

化圈理解限制的问题。

如果你身处陌生的文化环境中驾车违规，还是选择“B. 听凭交警处罚”要稳妥得多，否则你有可能像下文这位马来西亚的商人一样受牢狱之刑。

一位马来西亚的商人在新加坡驾车违规，被交警拦下，本来违规情节较轻，交警也只是想稍做处罚，以示警告。但这位商人想当然地认为马来西亚与新加坡同处华人文化圈，行为处世应该相差无几。于是他开始向交警示好，表示大家做个朋友，请交警不要做记录，并向其承诺如果有机会去马来西亚，尽可与他联络，他会做好一切接待工作。之后，该交警将这位商人带回警局，并以意图贿赂公职人员罪向法庭起诉。结果，这位商人最终被课以上万元罚款，并被判入狱一年。

新加坡的廉政建设世界闻名，他们具有非常有效的针对贪污受贿的预防和惩罚机制。那些我们想当然地认为是馈赠礼品的举动都可能给我们带来麻烦，如果是公务往来更是如此。比如，某人所在的研究机构派人到新加坡采访相关的政府官员，临行前新加坡方的联系人却发函询问是否准备了礼物，以及礼物的价格。我们似乎很难理解他们为何询问这些问题。难道是明目张胆地索要礼物？而真实的原因是他们需要视情况回赠相同价格的纪念品，而这些花费都需要上报本部门的相关负责人，所以他们需要提前了解这些问题。

上述案例提醒我们在新加坡“滥”用人情，“滥”送礼物很可能给自己招来麻烦。因此，永远不要以为在自己文化中行得通的，在其他文化也会畅通无阻。

三、民族中心主义

(一) 民族中心主义及其表现

民族中心主义指一个人断定本族文化优于其他文化的程度。英文 Ethnocentrism 来源于两个希腊词：*ethos*，人民或国家；*ketron*，中心。其意指把一个人所在的文化群体置于中心位置，并用该文化群体的标准判定其他文化。其伴生物包括种族主义和性别主义。没有人是生而民族中心主义的，这种心态至少在一定程度上是习得的。萨姆纳（Sumner）把民族中心主义概念区分为两个部分：一方面认为自己的群体是优等的，另一方面认为其他群体是劣等的。认为自己的东西是最好的，以自己的文化为荣，这也是比较自然的心态，问题并不在于此，而在于依此就给其他文化加注“劣等”这一莫须有的罪名。因此民族中心主义阻挡了对不同文化的理解，妨碍了跨文化交流的进行。[①]

从罗杰斯（Rogers）等人所展示的不同时期、不同国家的人绘制的世界地图足可以窥见民族中心主义的一斑。[②]

佛兰德斯*的地理学家、地图制作家墨卡托（Gerhardus Mercator，1512—1594）在16世纪时制作过一副世界地图，带有很明显的欧洲民族中心的视角。墨卡托认为欧洲是文明世界的中心，在他的地图中，北半球的大陆面积明显被夸大，欧洲甚至比南美洲还要

---

① Rogers，E.，& Steinfatt，T.，*Intercultural Communication*，Waveland Press，1999.

② Rogers，E.，& Steinfatt，T.，*Intercultural Communication*，Waveland Press，1999，pp. 52—53.

* 佛兰德斯，中世纪欧洲一伯爵领地，包括现比利时的东佛兰德省和西佛兰德省以及法国北部部分地区。

大，几乎与非洲等量齐观。而对照以精确比例绘制的世界地图，我们会发现欧洲其实只有南美洲的大概 1/3，非洲的大概 1/4。

一个西方人也一定会对日本人绘制的世界地图大感惊讶：日本处在世界地图的中心，而美国和欧洲则处于地图的边缘地带。

再看看澳大利亚人麦克阿瑟（McArthur）制作的地图，我们一定也会觉得分外陌生，倒不是比例有问题，而是通行的上北下南变成了上南下北，于是澳大利亚便从地图的最下端跑到了地图的最上端。

其实，即便是当前通行的、以精确比例绘制的世界地图也是一种民族中心主义的反映。1884 年 10 月 1 号在美国华盛顿召开的国际子午线会议，将本初子午线定于英国伦敦格林尼治天文台子午环中心的子午线，以此为 0 度经线，向东划分 180 度为东经度，向西划分 180 度为西经度。当时许多国家都希望将自己国家天文台的子午线定为本初子午线，而最终定在英国也是权力争霸的结果。

由上可见，只是一张地图，其上下左右、大大小小都逃不过民族中心主义的樊篱。

民族中心主义带有很强的情感色彩，自己民族、宗教的标志物是令人骄傲和崇敬的目标，其他群体的标志物都是被蔑视和仇恨的目标。比如英语国家对亚洲一些国家人们的称谓：(m) nese 的后缀代表“低等的”、“怪异的”、“不重要的”、“带有疾病的”，是英国人对黄色人种的一种蔑视称谓，如中国人（Chinese）、日本人（Japanese）、缅甸人（Burmese）、越南人（Vietnamese）等等。极端的民族主义甚至会引发冲突和战争。

纽利普和麦克罗斯基（Neuliep and McCroskey）还曾发展出一套用于跨文化研究的测量民族中心主义的量表。该量表共有 15 个问题，比如我们文化中的人可以从其他文化的人那儿学到很多东西（该题目反向计分）；在我们的文化中，人们的生活方式是最好的；我不会与我不同的人合作；我不喜欢与来自不同文化的人交往等等。对应答案采用从非常同意到非常不同意的5点计分方式。最后，根据受测对象的回答计算其民族中心主义的分值。最低分为15分，最高分为75分。通常，得分在38分以下表明有相对较低的民族中心主义倾向，而得分超过52分，则表明有相对较高的民族中心主义倾向，而且在此基础上分值越高表示民族中心主义倾向越强烈。①

（二）交流距离

不言而喻，民族中心主义对跨文化交流的影响是很大的，它的直接后果便是导致交流距离。这种态度会直接影响交流的方方面面，包括说话人说话的内容、语速以及采用的口气等等。交流距离是无法直接测量的，不像民族中心主义，但我们可以从言谈中感觉到它的存在。鲁肯斯（J. Lukens）指出"民族中心主义言语"造成的交流距离包括：

1. 漠不关心的距离（distance of indifference），表示对异文化群体的人漠不关心，以及对异文化缺乏敏感性；

2. 回避距离（distance of avoidance），回避或限制与外群体成员的交往；

3. 蔑视距离（distance of disparagement），表示对外群体成员的反感或敌意，或表示出一种蔑视的态度。②

许多人可能认为自己对所有异文化群体都一视同仁，毫无民

---

① Neuliep, J. W., & McCroskey, J. C., Ethnocentrism Trait Measurement: Intercultural Communication Research Instruments. *International and Intercultural Communication Conference*, School of Communication, University of Miami, 1998.

② Lukens, J., Ethnocentric speech. Ethnic Groups, 1978, 2, pp. 35－53.

族中心主义倾向，也未感到交流距离的存在，即使采用纽利普和麦克罗斯基发展出的跨文化民族中心主义量表进行检测，其分值也会比较低。而实际情况却是，很多时候，我们并不能意识到自己在不经意间传达出的“民族中心主义倾向”。来自其他国家的留学生的经历，可以提醒我们时刻需要反思自己隐性的“民族中心主义情结”。

一位蒙古国的留学生感叹：“有的中国人会故意把蒙古国与中国的内蒙混淡，说我们是中国的或者是中国人，而且嘲笑我们的传统。”而她的一位日本女性朋友遭到几位中国男性的“横眉冷对”后，竟委屈地问她：“以后我可以说自己是蒙古人吗?”另一位哥伦比亚的学生会对外宣称自己是西班牙人，因为如果说自己是哥伦比亚人，会被讽刺是“贩毒的”。这些案例多多少少地体现出了漠不关心的距离、回避距离和蔑视距离。相信这些留学生的经历只是极端的少数个案，但他们的“遭遇”的确给了我们需要反思自身的警示。曾赴国外旅游、读书或工作的中国人，不少人都可能有过类似不愉快的经历，即受到排斥，甚至被人指指点点。所以，我们应该多想想自己的感受，正所谓“己所不欲勿施于人”。

赵启正先生曾经说过，每个中国人都是公共外交的“大使”。我们在多大程度上了解自己，又在多大程度上了解世界上的其他文化，以及我们能留给其他文化的人什么印象，这是每位“大使”应该承担的责任。

（三）如何克服民族中心主义

1. 经验训练

要从认知层面克服民族中心主义，需要信息和态度双管齐下。

就信息而言，需要增进对其他文化的了解，这并非难事，难就难在改变态度。态度通常深深扎根在文化规范之中，难以动摇，目前比较有效的方法是通过经验训练减少民族中心主义情结。这些训练课程旨在帮助个体了解其民族中心主义观念的本性。比如印度曾专门设计过一项意图减少政府男性雇员性别主义的训练课程。课程内容是让这些男性受训者每天像女性那样从很远的水井挑水回家，然后洗衣、做饭、打扫，不经允许不能离开居所，而且时时刻刻要扮演顺从者的角色。训练结束后，有一位男性表示，这项训练对他触动非常大，不仅改变了他对性别的看法，而且让他去反思印度的种姓制度。

这种经验训练，特别强调受训者本人要去体验，人们不能仅从口头上说说跨文化交流，还应该身体力行地去做。

2. 文化相对主义

第一章已对该问题作过介绍，与民族中心主义相反，文化相对主义是指个体依靠另一文化自有的前提，如该文化关于社会、环境、技术、宗教和科学等的假设，来评估这一文化中展现的行为。

就民族中心主义这个概念而言，有民族情结并没有错，这是一个人对自己的文化应该持有的民族自豪感和自尊感，但抬高自身的同时，没有必要也千万不要贬低其他民族、其他文化，因为希望得到他人的尊重，首先就要尊重他人。这跟我们日常生活中的为人处世是一个道理。因此我们要尽量采用文化相对主义的观点，也就是说一种文化中的行为只能用该文化自身的准则去理解和评价。这意味着，在与不同文化背景的人进行跨文化交流时，只能用对方文化的信仰、价值观、社会规范等作为标准进行解释和评价。而从文化的角度分析，我们也不能得出某种文化比另一种文化优越的结论，每种文化都有自身的特点，我们只是不相同，而非不平等。

四、刻板印象

（一）什么是刻板印象

刻板印象或者说定型观念（stereotype）是美国记者沃尔特·李普曼在1922年首次使用的，当时这一概念用于描述法官基于他人的民族身份对他人进行审判。今天，这个词广泛用于基于任何群体成员身份，如国家、种族、民族、性别，甚至家庭、职业等做出的判断，是对一群被赋予同样特征的人的分类，包括正向和负向的刻板印象。比如认为西方人比较张扬、东方人比较内敛，男人比较主动、女人比较被动等等，这都是刻板印象的一种表现形式。

（二）刻板印象的影响

刻板印象往往扮演着信念的角色，特别是当我们与陌生人进行交流时，因信息不全，总是倾向于用刻板印象来补充我们“残缺的认知数据”。人们也可能有意无意地用刻板印象决定自己的行为，比如你认为某个族群的人很危险，可能就不会给他机会证明自己并非如此。比这更糟糕的是，人们可能对与他们刻板印象不一致的信息加以贬低。比如下述这项研究：

研究者根据事前的测量，把一组学生分成对同性恋有高或者低偏见的两类。随后让他们阅读两篇研究同性恋的文章，一篇的研究结论与同性恋的刻板印象一致，也就是同性恋与性有关；另一篇则与刻板印象不一致，就是说同性恋与性无关。当

> 让这些有着高低偏见的学生对两篇文章的质量做出评价时，他们往往对那些支持自己观点的研究做出了更好的评价。比如对同性恋持有较高偏见的同学就认为与刻板印象一致的文章有更多优点。①

这个研究表明不能单纯依靠获得信息来减少刻板印象造成的偏见，因为人们会贬低甚至否定那些与自己以前观点相矛盾的信息。

另外刻板印象还会造成“自我证言（self-fulfilling prophecy)”，因为如果我们把对自己的刻板印象当作一种正确的描述，便倾向于只看到支持这一刻板印象的证据，而忽略那些频频出现的例外。被施以刻板印象的群体在面对针对自身的刻板印象威胁时就可能表现出自我证言，即表现出与刻板印象一致的行为或属性。比如在一项研究中：

> 找若干黑人和白人大学生回答研究生入学考试中很难的语词问题。随机抽取一半被试者，引导他们相信这个考试是为了评测他们的智力；另一半学生只被告知，实验所关心的是他们在解决问题中的心理素质。结果发现，当黑人学生认为测验是用来检测他们的智力时，他们的成绩只达到白人学生成绩的二分之一；而当黑人学生认为测验只是考察心理素质时，测试结果显示黑人学生与白人学生几乎没有差别，这也是文化影响IQ的一个实例。②

这是因为美国社会中存在着黑人智力差于白人的刻板印象，所

---

① 理查德·格里格、菲利普·津巴多，王垒、王甦等译：《心理学与生活》，人民邮电出版社，2003年版，第524页。

② 理查德·格里格、菲利普·津巴多，王垒、王甦等译：《心理学与生活》，人民邮电出版社，2003年版，第277页。

以当黑人学生面对这一刻板印象的威胁（即做题检测智力）时，他们会表现出“自我证言”的结果，即证实了黑人学生的智力更差。但对照组的学生却没有印证这一刻板印象。这个实验说明，很多时候刻板印象只是对错误的循环论证。

（三）如何看待刻板印象

刻板印象是将复杂信息简单化处理的方式，在我们最初与其他文化中的人进行交流时，因为缺乏充分的信息，往往会采用刻板印象作为辅助手段，如该文化中人们的时间观念、个人意识等等。举例来说，我们知道美国人惜时如金，在与他们交流时就会尽快切入主题，这的确是有效的手段。但要注意，刻板印象只是对一些知名案例的概括，这种概括可能有正确的成分，但却被过分夸大了。客观地说，刻板印象在很大程度上抹煞了文化群体中的个体差异，以偏概全，缺乏灵活性，如果我们简而化之，往往就是对事实的扭曲，它很可能成为我们初次与异文化者交流的拦路虎。

所以，一个具有文化敏感性的人在进行跨文化交流时，首先要认识到，针对任一群体的刻板印象，都不可能适用于该群体中的所有成员，其成员之间的异质性极大。正如通常所说的，男性或女性个体之间的差异远大于男女的平均差异。即使在跨文化交流中把刻板印象作为一种工具，也仅是在非常有限的层面令其发挥功能，即可以在交流过程中逐步试探，但不要在交流之前将其作为成见。另外，本着文化相对主义者的立场，要以挑剔的目光多多质疑现存的刻板印象，并能够更加客观地评价自己所在的文化。

五、偏见和歧视

（一）偏见及其表现

偏见是针对特定目标群体的一种习得性态度，包括支持这种态度的消极情感（厌恶）和消极信息（负面的刻板印象），以及逃避、控制、征服和消灭目标群体的行为意向，如纳粹针对犹太人实行的种族灭绝政策。刻板印象有正向负向之分，偏见则完全是负向的。如果一个人在面对证明自己是错误的证据时，还不愿对自己的信念加以改变，这个人便是一个有偏见的人。偏见有如一层过滤网，一旦形成，人们就倾向于用这种固定的方式去看待别人，结果所有与偏见不一致的信息都经由过滤网的网眼漏掉了。

通常偏见的产生是基于内外群体的划分，即认为自己属于内群体中的人，这样很容易导致外群体偏见，看高内群体，看低外群体，而极端的偏见便会导致种族中心主义或者性别主义等等。

偏见在人际交往中的表现是多方面的，布里斯林（R. Brislin）认为其表现在以下几方面：（1）根据自身群体标准评价其他群体，并认为其他群体是低下的；（2）反感异文化群体成员，但通常不承认有偏见；（3）对异文化群体成员有敌意，因为对方的存在威胁着本群体的利益；（4）在某些情况下，比如正式场合中，对其他群体持有积极态度，然而却与他们保持一定距离；（5）反感异文化群体的个人，因为他做的事情是自己不喜欢的；（6）当某一群体的成员与异文化群体的人相处时会产生“不自在”的感觉，因此不愿与之接触。[1] 这些偏见对跨文化交流的影响很大。当人们对某些文化的人持有偏见时，就会有强烈的抵制情绪，而且倾向于用各种证据证明自己的偏见，这样只能令交流中断。

（二）歧视及其与偏见的关系

当针对外群体的消极态度转化成行为时，就会导致歧视。歧视是指基于他人的民族、性别、年龄、性取向或者其他特征而不公平地对待此人的过程。偏见是一种态度，歧视是一种行为，偏见是歧视的指导思想。比如人们认为女性缺乏政治领导能力，所以在国家领导团队中，女性总是非常罕见。

当然，偏见也不一定时时都会导致歧视，其往往以非常间接的方式导致歧视行为。比如在面对面的情况下，偏见不一定导致歧视；但采用信件的形式，就可能遭到歧视。斯坦福大学的社会学家理查德·拉皮埃尔（R. LaPiere）在 20 世纪 30 年代曾专门研究过偏见和歧视的关系。

当时，很多北美的美国人对亚洲人有很大的偏见。一次，他载两名中国夫妇在美国行程 1 万英里，途经 250 家旅馆和餐馆，结果只有一家拒绝服务，对方的理由是：不招待日本人。此后，拉皮埃尔先生给这 250 家旅馆和餐馆写信，询问他们"您是否愿意招待中国的客人"，竟然有 90%的人回复说会拒绝招待中国人。

拉皮埃尔的试验说明：一方面，可能在面对面的情况下，双方交流时可供参考的信息更加全面，会改善一部分先入为主的偏见；另一方面可能有面对面交流时会留面子的因素。还有研究者甚至指

---

① Brislin, R., Increasing the range of concepts in intercultural research. In W. Davey (Ed.), *Intercultural Theory and Practice*, Washington, D. C.: Society for Intercultural Education, Training and Research, 1979.

出，与对你持有偏见的人交流，写信遭到的歧视要高于电话沟通。[1]

这个研究结果提示我们，如果与对我们有偏见的人进行交流时，最好采用面对面的交流方式，一方面可以以更全面的信息改善对方持有的偏见，另一方面可以让对方不好意思直接歧视你。

（三）消除偏见和歧视

上文已经说明偏见是歧视的诱发因素，所以只能双管齐下，只有转变了带有偏见的态度，才可能减少外在的歧视行为。一般来说，单纯针对歧视行为的政策总是收效甚微的。比如，在美国，尽管联邦法律规定在居住、雇佣、求学等生活各方面的歧视行为非法，却根本无法杜绝歧视现象。针对于此，美国在 20 世纪 70 年代左右还推行了补偿行动计划（affirmative action programs），但最终证明这同样只是权宜之计。

补偿行动主要是指在雇佣和受教育方面为少数族裔的人群提供更多的公平机会。比如在某些行业中规定，同等条件下必须优先雇佣有色人种，直到有色人种的比例与他们在整个人口中所占的比例相称。但该计划争议很大，许多人（比如美国坚定的右翼保守主义者）认为补偿行动是针对白人的反歧视，同样会造成问题，但事实上，补偿行动的确体现了较为公平的原则，因为美国的种族主义还是比较根深蒂固的。比如 1977 年，一名白人男子阿兰·巴克（Allan Bakke）起诉加利福尼亚大学法学院，因为他没有被录取，可另外比他成绩略低的非洲裔美国人却被录取了，最终他胜诉，如愿以偿地进入加利福尼亚大学法学院。但 20 年后，即 1997 年，加利福尼亚大学取消了补偿行动计划，结果拉丁裔美国人的录取比例迅速

① Rogers，E.，& Steinfatt，T.，*Intercultural Communication*，Waveland Press，1999，p. 57.

减少32%，非洲裔美国人则减少了80%。[①]

由此来看，单纯依靠法律和政策不可能改变歧视的文化规范。转变持有偏见的态度才是关键。

偏见介于刻板印象和民族中心主义之间，负面的刻板印象会演化成偏见，而偏见的极端形式就是民族中心主义。所以用于减少刻板印象和民族中心主义的策略也基本适用于减少偏见，比如增加有关异文化群体的信息、采用文化相对主义的立场、进行经验训练等。另外心理学家还指出，增进与异文化群体成员之间的友谊可以消除偏见。

社会心理学家阿伦森（Elliot Aronson）和他的同事就曾致力于消除美国刚刚废除种族隔离制度的学校中的偏见。他们的主要方式是创设相互依赖而非相互竞争的情境。比如在拼凑技巧策略中，发给每个学生整篇阅读资料的一部分让他们去掌握，然后让他们与其他群体成员分享，他们的成绩以整个团体的总体表现衡量，因此每个成员的贡献都是非常重要而有价值的。这项策略使原来怀有敌意的白人、拉丁裔和非洲裔美国人联合起来组成一个共命运的团队，从而消除组内不同种族之间的冲突。[②]

尽管社会心理学家还没办法消除全部偏见，但这种将内外群体融合的拼凑技巧得出了一个乐观的结论：一旦不同群体的成员之间产生了友谊，偏见就会减少。友谊能够让我们更多地了解外群体的成员。友谊还有可能促进去地域化的过程，当人们了解了更多外群体的规则和风俗后，对内群体规范的固执程度就有可能降低。

---

① Rogers, E., & Steinfatt, T., *Intercultural Communication*, Waveland Press, 1999, p. 56.

② 理查德·格里格、菲利普·津巴多，王垒、王甦等译：《心理学与生活》，人民邮电出版社，2003年版，第524—525页。

六、独裁人格

许多研究指出，在影响跨文化交流的这些特质之间存在很高的相关性，比如持有高度偏见观点的人也往往是民族中心主义者，而且这类人很可能具有“独裁人格”。具有独裁人格的人认为这个世界充满了竞争性的争斗，而他们则是相对孱弱和需要依靠他人的人，所以他们寻求通过强化惩罚性的道德（即坚持犯人应遭到非常严厉的惩罚）来维护法律和秩序。具有独裁人格的人想问题带有明显的刻板印象，而且用强烈的偏见来反对一切外群体成员。这种潜在的脆弱的自我形象和自我贬低会令他们努力去证明自己属于强大的、优等的群体。[①] 最典型的代表便是第二次世界大战时期德国纳粹头目阿道夫·希特勒。

总之，严重的独裁性人格是人格障碍的一种，其本身与偏见和种族主义是相伴相生的。

本章我们涉及了跨文化交流中的六种障碍类型，它们分别是焦虑、同质文化圈的理解限制、民族中心主义、刻板印象、偏见和独裁人格。这些障碍类型主要涉及处理内群体和外群体的关系，极端情况则会威胁更大共同体的和平和稳定。对我们而言，在进行跨文化交流时应尽量缩短交流距离，这要求我们培养对文化差异的敏感性，并尊重差异，与对方建立平等关系，以平等态度来对待不同群体或文化的成员，避免先入为主，警惕无意识的民主中心主义，克服用本民族或本国的文化准则、社会规范解释和评价他人的倾向。这都有利于我们在跨文化交往中改变固执的观念和成见。

---

① Rogers, E., & Steinfatt, T., *Intercultural Communication*, Waveland Press, 1999, p. 120.

在跨文化交流中除了心理障碍外，还包括因语言和非语言的冲突造成的交流障碍，下面几章我们将系统介绍跨文化交流中语言交流和非语言交流所涉及的问题。

思考题

1. 在跨文化交流中，焦虑与陌生人和不确定性的关系？
2. 为什么会产生同质文化圈的理解限制？如何克服？
3. 如何有效地减少民族中心主义情结？
4. 如何评价刻板印象？
5. 如何看待偏见和歧视的关系？
6. 如何消除偏见和歧视？

KUA WEN HUA JIAO LIU LUN

第七章

跨文化语言交流之音词句分析

在接下来的两章，我们将主要以中英语言为例，介绍跨文化语言交流的特点及其在交流过程中可能遇到的问题。

语言是文化的载体，又是文化的重要组成部分。语言系统的三大要素包括语音、词汇和句法，每个要素自然都会带有一定的文化特征。下文就分别从这三个方面具体讨论语言的文化差异。

一、汉英语音比较

早在20世纪70年代，语言学家桂灿昆先生就曾撰文总结过汉英在语音上的差异，他的观点一直影响至今。桂先生认为汉英两个语系的语音差异主要体现在音节与音位、声调语气与语调语气、音节计时与重音计时、断奏音与连奏音四个方面，下文主要结合这几个方面讨论桂先生的观点。[①]

① 桂灿昆："汉英两个语音系统的主要特点比较"，《现代汉语》1978年第1期，第44—50页。

（一）音位与音节的差异

英语和汉语是两种区别很大的语言。在语音系统描述方面，属于印欧语系的英语，其基本单位是音位（Phoneme）。可对于什么是音位，历来都没有一个全面而明确的定义，用解释法或许更容易理解一些。一方面，现代语言学家都认为，若从生理学和声学的角度来看，任何语言的声音都千差万别、数目无穷。因为任何两个人的发音器官都不完全一样，发出的声音自然有别。另外就语言环境来说，邻音不同也会导致同一个音在不同情况下发生某些变化。比如同为/t/音，在 top 一词中是吐气的，在 stop 中是不吐气的，在 certain 中是由鼻腔爆破的，在 that day 中却只有阻塞而无爆破。这些我们只用耳听（特别是受过语言学训练的耳朵）就能辨别出差异。但另一方面，就区别语义的功能来说，这千差万别、数目极大的语音又可抽象、概括、归纳为一些数目很小的发音单位。你只要改变这个发音单位就会完全改变词义。比如 tie 与 die、came 与 game、light 与 night 等，是由于/t/和/d/、/k/和/g/、/l/和/n/之间的区别导致的词义的完全不同。而导致差异的/t/，/d/，/k/，/g/，/l/，/n/就是不同的“音位”，即在具体的语言或方言系统中能够区别意义的最小发音单位。英语中所谓的四十几个元音、辅音，就是四十几个音位。音位一般用两条斜平行线表示，如上例，而具体的发音则用方括号表示以示区别，如 tie［tai］。①

相对而言，属于汉藏语系的汉语（普通话）就很难用音位进行划分，因为汉语的每个音节（通常普通话中的一个汉字就是一个音节）都有固定的声调，声调与音节很难分开。而且，英语本身是用

① 桂灿昆：“音位理论及其在英语口语教学中的应用”，《外国语》1980 年第 6 期，第 9—10 页。

表义的字母来表现的，而汉语是用表形的方块字来表现的。这都决定了用元音、辅音这些音位对汉语进行描述显然不如用音节（汉字）更方便科学。所以汉语采用的是，把附有声调的音节作为区别词义的单位，由声母、韵母和声调构成。

（二）声调语言与语调语言的差异

上文我们已经提到声调对于汉语的重要意义，现代语言学家更是把汉语称为声调语言（tone language）。众所周知，汉语分为四声，在现代汉语中分别是阴平（一声）、阳平（二声）、上声（三声）和去声（四声），就比如书（shū）、赎（shú）、鼠（shǔ）和树（shù），同样的发音若采取不同的音调，即具有了完全不同的词义。而对于英文来说，比如 book 一词也可以读成不同的四声，但不会改变它的词义。在英语中声调只是用来标定语气的，比如通常陈述句用降调（四声），疑问句用升调（二声）等，所以英语被称为语调语言（intonation language）。英语的语调通常在表明说话者的态度或口气上发挥着重要作用，很多时候需要靠语调辨义。汉语虽然也会用语调区别不同语气，但没有英语复杂，一般多用“了、吗、吧”等助词放在句末表示不同的语气。

另外，英语虽然没有声调，却有重位，即以重音在音节中前后移动的方式来区别一些音段相同的词义，[①] 很多时候主要用于区别词性。例如 increase，表示动词多用［inˈkri：s］，表示名词用［ˈinkri：s］；再如 digest，表示动词消化、理解用［daiˈdʒest］，表示名词文摘用［ˈdaidʒest］。

声调和语调的这种特点的确给第二语言的学习者带来了不小的

① 陈平利：“英汉语音系统主要特征的差异”，《高等函授学报》2005 年第 4 期，第 60 页。

麻烦，一些留学生就表示学习汉语最难掌握的就是声调。所以在影视作品中，如果想表现外国人说汉语，把所有字都念成一个声调就完全可以惟妙惟肖了。而中国学生学英语，往往对重音、升降调等掌握不准，这又难免造成误解。美国密歇根大学英语研究所根据他们多年教外国学生的经验指出：假如元音、辅音念得很准确，而语调不准，听上去就不像英语；相反，如果元音、辅音发音有些问题，但语调正确，听上去还是很像英语。这就提醒我们，学习第二语言不但要学好发音，音调也是重要一关。

（三）音节计时与重音计时的差异

在节奏或韵律方面，汉语和英语也存在较大差异。在汉语中，音节数目即字数是韵律的基础。比如我国古代的五言诗和七言诗都是依照每行的字数来决定诗的韵律或节奏的。每行诗中意群的划分、停顿的位置、各音节时间的长短，都是以字数为基础的。所以，我们称汉语的节奏是以音节计时的（syllable-timed）。以魏时曹植的《七步诗》为例：

煮豆｜持作羹，漉菽｜以为汁。
其在｜釜下燃，豆在｜釜中泣；
本自｜同根生，相煎｜何太急？

五言诗总是五个音节，通常前两个音节为一个意群，后三个音节为一个意群，两个意群之间稍有停顿。就音节时间而言，一般前一个意群一拍，后一个意群约占两拍。

但在英语中，语言的韵律不是随音节变化的，而是按重音和轻音交替出现的模式安排节奏的，比如先轻音后重音交替出现的抑扬格，先重音后轻音交替出现的扬抑格等。其通常以重音为主体，故英语的节奏被称为是重音计时的（stress-timed）。所以，一行诗的重音数目比音节数目重要得多。如英国 19 世纪著名诗人丁尼生（Alfred L. Tennyson）的诗《拍岸曲》（*Break*，*Break*，*Break*）中的两句：

'Break，'break，'break，
At the 'foot of thy 'crags，O 'Sea!

第一行仅三个音节，第二行有七个音节，但因为每行都有三个重音，所以两行诗是完全对称的，诵读的长度亦应该相等。

诗词中体现的汉英两种语言的韵律特点也反映在日常口语中。在汉语（普通话）中，日常交流除了一些轻声的助词说得比较快有点含糊之外，通常每个字都要确保清楚，尽管也有轻重音的差别，但远没有英语中那么明显，而且每个音节所占的时间大致相同，因此所说的话字数越多，占用的时间就越长，反之亦然。例如：

(1) 这个男孩很想扩大他的词汇量。
(2) 这对我来说太贵了。

第一句有十三个字，第二句有八个字，自然说第一句话将占用更长的时间。

但在英语中，我们前文已经提到，以重音为主。重音总是声调较高、声响较大、吐字清楚，故时间也较长；而轻音正相反，声调低、声响小、吐字含糊，所以时间也较短。用英语进行交谈，通常一句话的两个重音之间总是保持大体相当的时间距离，所以重音之间轻音越多，自然说得也就越快越含糊。例如：

(1) The 'boy is 'interested in en'larging his vo'cabulary.

(2) It was 'too ex'pensive for 'me to 'buy.

上例中第一句有十六个音节，第二句有十个音节，但因为两句话同样有四个重音，那么说第一句话与说第二句话所用的时长就应大致相当，这就决定了说第一句话要快于说第二句话。第一句英文中各重音之间的轻音节有一个的、三个的和四个的，前文提到一般重音之间的时距相当，所以第三、四重音之间与第四重音之后的三个轻音节，每一个读起来都会快于第一个重音之前和之后的一个轻音节，而第二、三重音之间的四个轻音节自然也就是最快、最含糊的。这样才能保证各个重音之间时距大致相等。这对于中国学生而言是较难掌握的，因为我们已经习惯于每个音节都说清楚的“中式音节计时法”，而对于压缩轻音节的“重音计时法”却很难得心应手。

(四) 断奏音与连奏音的差异

音节计时和重音计时的不同也塑造了汉英发音或听感上的断奏音（staccato）与连奏音（legato）。在汉语中，力图每个音节都吐字清晰，这就导致每个音之间都是间断的，用音乐术语来形容，汉语就是断奏音；而英语为了突出重音，重音之间的轻音节会被弱读和连读，从而打造出各个音节（特别是轻音节之间）圆滑而无间断的效果，用音乐术语来形容，英语就是连奏音。如果说汉语是一串珍珠项链，尽管每颗珍珠都紧密相连，但你看得到它们之间的间隔，那么英语就是一涓水流，尽管波荡起伏，却平滑无间。比如英语中的连音：not at all ['nɑtə'tɔl]，中国初学者多会念成 ['nɑt-'æt-'ɔl]；number eight ['nʌmbə'reit]，初学者会读成 ['nʌmbə-eɪt]；the vase is full of red orchids [ðə 'vɑː ziz 'fulɔv re'dɔː kɪdz]，初学者会读成 ['ðə-'vɑː z-'iz-'ful-'ɔv-'red-'ɔː kɪdz] 等等。无法掌握连音，这给初学者理解英语句意造成很大阻碍，甚至导致很多误解，更让初学者的英语听上去生硬而且断断续续。

桂先生就英汉发音的比较研究虽然分为四个方面，但却是一个紧密相联的系统，对每一方面的把握都离不开对其他方面的理解。对于汉英环境中第二语言的学习者来说，桂先生的比较研究可以让大家更系统地掌握发音的特征和技巧，而不是仅仅停留在读准一个字、一个词上。

二、汉英词汇意蕴比较

介绍了汉语和英语发音的差异之后，我们再来具体讨论一下汉英词汇在意涵上的差别。

无论是中文词汇还是英文词汇，许多词都具有字面意义和引申意义两层含义。字面意义是在字面上直接所指的事物或概念。比如“桌子”的英文是“table”，两者字面意思相同，都是指一种常用家具，上有平面，下有支柱，可以在上面放东西或做事情。引申意义则是在原来字面意义上添加的联想意义。比如中文里把“梅、兰、竹、菊”引为花中四君子，而英文中“便宜”一词“cheap”可以引申为吝啬、低劣、卑鄙。不同民族在历史、地理位置、民俗、宗教及价值观念等方面存在着差异，这就可能令不同文化中的人赋予相同字面意义的词以不同的引申意义。比如白色，在传统中国文化中的引申意义包括哀悼、恐怖等，在英文中则代表着纯洁。再如Ambition，我们多将之译为野心，而西方文化则更看重其进取心的一面。有时引申意义可能与词汇本身并没有必然联系，而只是在说者和听者的文化基础之上，在特定语境之下，对一个词产生的某种特定感受。不了解这种意义联想的差别，就不能完全接受一个词所承载的全部语言信息。

许多学者总结过中西方词汇意蕴的差异，其中关世杰先生的划分更为周延，下文将主要结合关先生的观点做一下介绍。[①]

（一）重合词汇

重合词汇是指两种文化中相对应的词汇在字面意义和引申意义上都基本相同。而这样的词汇多是由人们对自然事物的反应衍生出来的概念，如男、女、老、少，风、雨、雷、电等。例如两种文化中都有“会叫的狗不咬人”的俗语，英文尽可直译为“Barking dogs seldom bite!”再如“活到老学到老”即可直译为“It is never too old to learn”等等。这类词汇在跨文化交流中很少造成障碍，就算我们望文生义也相差无几。

（二）平行词汇

平行词汇是指，在两种文化中所采用的词汇尽管字面意思不同，引申意义却相似。换句话说就是，尽管两种文化采用了不同的词，但最终要表达的意义却是相同的。比如汉语成语：“爱屋及乌”。我们知道它的意思是，爱一个人而连带爱他屋上的乌鸦。而英文要表达相同的意思用到的词却是“狗”而不是“乌鸦”，即“love me，love my dog.”类似的成语或谚语还有：“趁热打铁”译为“Make hay while the sun shines（直译为：趁着太阳高赶快晒

---

① 关世杰：《跨文化交流学》，北京大学出版社，1995 年版，第 233—236 页。

干草)"；"萝卜青菜，各有所爱"译为"Every man has his hobby-horse（直译为：每个人都有他的旋转木马，即各有所好)"；"王婆卖瓜，自卖自夸"译为"Every potter praises hit pot（直译为：每个陶工都夸自己的陶罐好)"等等。

（三）全空缺词汇

全空缺词汇是指在一个文化中既有字面意义又有引申意义，在另一文化中既无相对应的字面意义又无相对应的引申意义的词汇。这类词汇属于各自文化中特有的词汇。比如中国文化中的"客气"、"阴阳"等词汇，我们很容易理解，但西方人便不知所云了。在影片《刮痧》中，主人公许大同向美国法官、美国儿童福利局的监护等解释"七经八脉"时说，"就像无数小溪流向江河，江河又奔向大海。人的身体就像非常复杂但看不见的生命网络，如同计算计的网络一样。人的气发自丹田，最终又回到丹田，也是同样的道理……"这样一个我们看来极为明了的解释换来的却是在场所有人的疑惑与不解，而这就正是因为西方文化中缺乏与这些词相对应的概念。而西方的 hippie（嬉皮）、punk（朋克/阿飞）等词汇虽然已经被译成汉语，我们却也不是很确定它们所指为何。另外，中美文化中还有很多习语、谚语各不相同，比如中国谚语："枪打出头鸟"、"不为祸始，不为福先"等就是在英美文化中缺位的，因为英美文化注重的是进取、争先的积极态度，所以他们说"there is always room on the top"。

平行词汇与全空缺词汇通常都不会引起误会，因为面对自己不熟悉或者未听过的词汇时，我们不会胡乱联系，往往会想办法弄清楚。通常会引起误会、造成跨文化交流障碍的还是下述半空缺词汇和冲突词汇的状况。

（四）半空缺词汇

受民族文化的影响，一个词汇在一种文化中有丰富的引申意义，在另一种语言中却只是一个语言符号，即只具有字面意义，没有任何引申意义。比如“竹”在中国文化中颇具深意，代表着坚定、正直的性格，与梅、兰、菊并称为花中四君子。唐刘禹锡的《庭竹》中有，“露涤铅粉节，风摇青玉枝。依依似君子，无地不相宜”；唐五代李程的《赋得竹箭有筠》中说，“常爱凌寒竹，坚贞可喻人”；北宋欧阳修的《弄部看竹》中有，“竹色君子德，猗猗寒更绿”；宋苏轼在《于潜僧绿筠轩》中幽默地说，“宁可食无肉，不可居无竹。无肉令人瘦，无竹令人俗。人瘦尚可肥，士俗不可医”……但竹的英文“bamboo”多数情况下只是一个名称，缺乏文化内涵。在这种情况下，称颂一位美国友人为“青竹”，他一定不会领情。

而英文也有这类词汇，比如“daffodil”一词是花名“黄水仙”，不过它不仅指代一种花，还是春天和欢乐的象征，但在中国文化中就无此引申义。

各个国家特有的禁忌也属于这一类型。中国人忌讳“4”，因为其与“死”字同音，所以中国建筑中有些楼房不设四层，从三层直接到五层。而西方，特别是受基督教文化影响的国家忌讳“13”，因为他们通常认为耶稣就是在“最后的晚餐”被第13个参加晚餐的人犹大出卖的，所以西方的一些楼不设13层。再比如送日本人礼物不要送梳子，因为在日语中“梳子”的发音同“死”，这和在中国不要把钟表当礼物送人是一个道理。

关世杰先生认为半空缺词汇在跨文化交流中会导致四类情况：

1. 信息发送者发出的信息有褒义的引申义，但在信息接收者那里该信息没有引申义，那么信息接收者就不能领会信息发送者的好意。比如上文提到的称赞美国友人为“竹”，也就失去了示好的信息含量。

2. 信息发送者发出的信息没有褒义的引申义，但在信息接收者那里该信息却有褒义的引申义。这便属于无心插柳柳成荫。比如你称英语文化中的友人如“橡树（Oak)”一般，尽管只是碰巧为之的玩笑话，但对方会颇感欣慰，还会平添些对你的好感。因为在西方人看来，橡树代表了勇敢坚强的人（a heart of oak)。

3. 信息发送者发出的信息有贬义的引申义，在信息接收者那里该信息却无引申义。比如送给非中国文化的商界竞争对手茉莉花茶，本想借谐音“没利”令对方扫兴，却因为对方文化中没有相应的引申义，反倒让对方以为是热情好客的表现。

4. 信息发送者发出的信息没有贬义引申义，在信息接收者那里却有贬义引申义，这就很容易引发冲突。如果给日本友人寄送红色贺卡，他可能会与你结仇，因为日本的讣告通常是红色印刷的。

总之，半空缺词汇或多或少都会引发误会，其中第四类情况最易造成交流障碍。不过，更为极端的还是冲突词汇这一类型。

（五）冲突词汇

在不同的语言或文化中，同一事物可以引起完全不同的联想，即词汇具有不同的文化意义，即两个词汇字面意义相同，引申意义却不同，甚至冲突。这类词汇最容易导致理解上的障碍，引起不必要的误会。比如我们开篇提到的颜色的例子，除了白色，还有红色。

中国人崇尚红色，它体现了中国人在精神和物质上的追求，象征着吉祥和喜庆。西方文化中的红色（red）则是一个很强的贬义词，让人联想到“火”和“血”，它象征着残暴、流血甚至放荡。

著名汉学家霍克斯在翻译“红楼梦”时，由于意识到“red”可能使现代英语读者联想到“暴力”和“流血”，所以采用小说原来曾使用的书名《石头记》，译为“The story of the stone”。

再如柳树“willow”一词在中西方文化中的引申意义也迥然不同。柳树在中国文化中让人联想到分离和思念，《诗经》中的“昔我往矣，杨柳依依；今我来思，雨雪霏霏”，首开借柳伤别的先河，自此“一发不可收拾”。李白的《忆秦娥》中有：“秦楼月，年年柳色，灞陵伤别。”唐朝诗人刘禹锡的《杨柳枝》中有：“长安陌上无穷树，唯有垂杨管别离。”温庭筠的《河传》中有：“若耶溪，溪水西，柳堤，不闻郎马嘶。”柳树之所以在中国文化中具有离思之意，是因为“柳”音通“留”，自然多了一份挽留、离别、思念之情。

但在英文中，willow却多让人联想到哀怨和死亡。莎士比亚在《奥赛罗》中描写，戴斯德蒙娜（Desdamona）曾唱过一首“柳树歌”表达她的悲哀，亦预示了她的死亡。古希腊神话《特洛伊》中，迦太基的女王蒂朵（Dido）在遭到爱人埃涅阿斯（Aeneas）“抛弃”的时候，也曾以柳寄托哀思，最后心碎自尽而死。

“with a willow in her hand,
Upon the wild sea banks, and waved her love
To come again toCarthage.”

英国的传统民歌“柳树歌（*The Willow Song*）”更是直言“在柳树下死亡”。

“ She hears me not, she heeds me not
Nor will she listen to me
While here I lie alone

To die beneath the willow tree.”

由此看来，与英语国家的友人话别，最好不要用“霸陵别柳”。

而差异更为明显的应该算中西方文化中“龙”的形象。龙在中国文化中享有至高的荣誉，皇帝被称为“真龙天子”，炎黄子孙被称为“龙的传人”，对后代的期许被称为“望子成龙”，对美好生活的祈盼叫作“龙凤呈祥”。但在西方文化中，龙是邪恶的象征，他们无法理解中国人对龙的崇拜。根据许多中国语言学者的研究，这主要是因为前人在把“龙”引入以基督教文化为主流的西方世界时，错误地将其翻译成了《圣经》中代表魔鬼、撒旦的“Dragon”一词。《圣经》“启示录”的第十二章这样描述：“有一条大红龙，七头十角，七头上戴着七个冠冕。它的尾巴拖拉着天上星辰的三分之一，摔在地上。龙就站在那将要生产的妇人面前，等她生产之后，要吞吃她的孩子。……大龙就是那古蛇，名叫魔鬼，又叫撒旦，是迷惑普天下的……”因此，在中西方文化交流中要注意对龙引申意义的差异。比如“She is a real dragon，you'd better keep away from her”。如果把这句话译作“她是一条真正的龙，你最好离她远点儿”，那么在中文环境中我们便很难理解它的意思了。前半句“一条真正的龙”给我们的往往是积极的观念，那后半句就有些匪夷所思了。其实，这里的“real dragon”译为“母夜叉”应该更符合原意。虽然有违中国人的情感，但它反映了英语文化对“dragon”的理解，所以“亚洲四小龙”译作英文就不是“four dragons”，而是“four tigers”。

另外，两种文化中字面意义相同，而引申意义部分相同、部分有别的词汇也可称为冲突词汇，因为这种词汇容易导致理解错位。比如“rose”一词，在中西方都有爱情和浪漫之意，但在英文中“under the rose”却是秘密和沉默的象征。这源于，在会议桌上方悬挂玫瑰花，意味着所有与会人员必须保守秘密的古老传统。又比如“owl”（猫头鹰）一词在中英文中都有不吉利、凶兆等联想，但在英文中它还代表着智慧，中文中却无此褒义的引申义。如果一位英国友人称你如“猫头鹰”一般，你由此与对方起争端就是冤假错案了。

目前，在中西方文化的广泛交流中，双方都开始借鉴对方在一些词汇上的引申意义，所以某些以前泾渭分明的词现在有了融合。以白色为例，现在很多中国女孩子结婚会穿白色的婚纱，而许多从国外嫁到中国的新娘却更乐意选择红色的旗袍。

由于对不同文化的词语内涵缺乏了解，特别是在面对半空缺词汇或者冲突词汇时，很容易望文生义、犯文化错误，笑话百出或达不到交际目的的事例并不鲜见。比如一位中国女性在向她的美国朋友介绍自己的丈夫时说：“He's my lover”，结果朋友们都面露尴尬。因为“Lover”在英文中的含义并非中文“爱人”的意思，牛津词典把“lover”解释为“a partner（now esp. a man）in a sexual relationship outside marriage（婚外情人，通常指男性）”。美国朋友肯定无法理解中国人对待婚姻的“开放态度”，而其实这只是这位中国女性对英文望文生义闹出的误会。类似的词汇再比如：“Sweet water”并非我们直译的甜水，而是“淡水、饮用水”；“Confidence man”不是有信心的人，而是“骗子”；“Horse sense”指“常识”而非马的感觉；“Red tape”是指“繁文缛节”并非红色的带子；不要以为“do good”是“行善”，“do-gooder”就是行善者，其实指“不切实际的社会改良家”；“Birthday suit”也绝非生日那天的着装，而是“赤身裸体”的委婉表达，它本身隐喻的是一个人呱呱坠地时一丝不挂的情景，是美国惯用的一则幽默俚语；“Smell a rat”一定不是闻到了老鼠的味道，人类不会有猫那么灵敏的嗅觉，其本意为“感觉事情不妙”；“Have an axe to grind”当然不是要磨斧子，而是指“说话做事别有用心”，据悉此语源于美国的发明家、政治家和作家本杰明·富兰克林的亲身经历。

在富兰克林小的时候，一天一个人想利用他父亲的砂轮磨一下斧头，可是没有人替他摇转砂轮。于是，那人走到富兰克林面前，先说了一番赞美砂轮的话，然后要富兰克林教他如何转动砂轮。年幼的富兰克林欣然答应了他的请求，把砂轮旋转起来。那人趁此机会便在上面磨他的斧头，一边磨，一边花言巧语地夸奖富兰克林。富兰克林听得高兴，摇得更欢，以至于双手都打起了水泡，疼痛难忍。那人把斧头磨好后，却对富兰克林手上的疼痛一笑置之。原来那人甜言蜜语地赞美砂轮，奉承富兰克林就是为了磨他的那把斧头。根据这个故事，人们后来便常常用“have an axe to grind”一语来比喻人说话做事动机不纯、另有企图。①

类似有典故的习语在我们的文化中更是比比皆是，像“铁杵成针”、“暗渡陈仓”、“此地无银”、“邯郸学步”等等，都绝非字面意义所指，都需要结合词语背后的文化进行理解。所以无论学汉语抑或学英语，皆不可能脱离其生成的文化根基。

除了这些容易望文生义产生歧义的词汇外，让人啼笑皆非的还有“著名”的中式英语——*Chinglish*（Chinese English），如下述经典案例。在国外一家鞋店门口，竖着一块用英文书写的广告牌。牌子上的广告语“*Shoes for street walking. Come in and have a fit*”引起了许多懂英语的路人的注意。他们驻足店前，看后却捧腹大笑。在英文中，“street walking”并非字面“在街上行走”之意，而是指“卖淫女在街上游荡，物色嫖客”；“have a fit”也并非字面上的“试穿”之意，而是指“生气、发怒”。如此一来，也就无怪乎行人观后会感到滑稽可笑了。类似的案例比比皆是，有些Ch-

---

① 参考网页资料：http://www.cnblogs.com/zzp28/archive/2009/07/28/1533001.html.（最后访问时间：2010年7月14日）

inglish 完全是一种玩笑的表达，展现了中国人学习英文的幽默感，就像“四喜丸子”被译为“Four Glad Meatballs（四个欢喜的肉丸子）”一样。而有些就完全是误用，比如一家公厕的门口挂着的提示牌这样提醒大家：“*This WC is free of washing. Please leave off after pissing or shitting*（这间厕所清洗免费，请大小便后停止）。”[①] 外国朋友一定会对这样的提示感到无所适从。而该提示牌的本意为“此为免冲厕所，请便后离开即可（It is automatic flush toilet. Goodbye.）”。英文注释本来就是写给外国人看的，所以类似含混的 Chinglish 还是越少越好，以免引起交流中的误解。

其实，对于中国人而言，最容易理解的是日语，但最容易产生歧义的也是日语。由于日语与汉语的亲缘关系，我们彼此有很多重合，甚至有一些同形同意的词汇。即使我们对日语一窍不通，行走在日本的街头也不会完全不知所措。你会看到消火栓、銀行、医院、证券、薬局、飯店、眼鏡専科等的提示，甚至会看到“刀削麵”的广告。但也正因为如此，我们会更容易落入冲突词汇的陷阱，从而引发误解。因为我们太容易望文生义了。赵启正先生曾经讲过一个例子。[②] 20 世纪 60 年代中期，我国华中地区一个歌舞团赴日演出，日方派了两位日本女演员协助联络和报幕。某日，大家一起出行，经过一所邮局时，一位日本女演员手指窗外，示意一位中国演员，并在一张纸上写下一个“便”字。中国演员不解其意。这位日本女演员又写下“手纸”二字。如此一来，我们望文生义的结果，大家便可想而知了。中国演员赶紧问随行的驻日大使：“她是在向我要手纸吧？”其实，在日本，邮政叫“邮便”，“便”是寄送、传递之意，而称信为“手纸”。那这位女演员的意思便是“你给家

① 源自网页资料：http：//www.chineseenglish.com/2009/11/24/chinglish-this-wc-os-free-of-washing-please-leave-off-after-pissing-or-shitting/（最后访问时间：2010 年 7 月 14 日）

② 赵启正：《在同一世界——面对外国人 101 题》，辽宁教育出版社，2007 年版，第 114—115 页。

里写过信吗?”一经解释，全车人都大笑不止。幸好这位中国演员没有想当然地即刻从口袋里抓出张“卫生纸”给对方，而是敏感地询问了其他人，才免去了进一步的尴尬。

总而言之，此处对不同文化词汇意蕴的比较，旨在让大家培养起对异文化中词汇涵义之差异的敏感性。在学习一种文化的语言时，一定要注意结合该语言的文化背景，不要生搬硬套，应灵活运用。

三、汉英句法的文化差异

除了词汇之外，中英句法之间也存在显见的差异。句法是语法中联词成句的规则，即词和词之间的关系。贾玉新先生将其归纳为形态语和无形态语以及形合法与意合法的差异。下文我们就主要从这两个方面总结一下贾先生的观点。[①]

（一）形态语和无形态语

汉语是无形态语，即缺少形态变化的无标记语言。而英语及其他印欧语系的语言则形态丰富，是有标记的语言。比如：用词根或词尾的变化区分词性（形容词转名词：kind-kindness；形容词转副词：rapid-rapidly；动词转名词：act-action；名词转形容词：beauty-beautiful 等）；名词有数（即名词单复数）和性（比如母鸡—公鸡：hen-rooster；母牛—公牛：cow-bull；母羊—公羊：ewe-ram 等。现在这一区分已渐趋弱化）的变化；动词有时态（过去时，现

① 贾玉新：《跨文化交际学》，上海外语教育出版社，1997 年版，第 264—269 页。

在时，进行时等）的变化。

汉语则单音节、单语素、一字一音语素的现象比较普遍，但无词尾变化。虽然其在形态上变化少，但文字本身意义丰富，一字多义、一字多音、同音多义，使用起来灵活方便，字和词的次序、位置稍有变化就会产生新的意义。比如回文词：说明—明说，和平—平和，计算—算计，人气—气人，牙刷—刷牙，马上—上马等等，次序变化便带来了意义的改变。这也令操英语的人学起汉语来感到扑朔迷离。就有留学生弄混了虚心和心虚，本意是要赞赏别人“他总是很虚心”，结果却变成了“他总是很心虚”。在这位留学生看来，两个词长的就是一个样，怎么会在意思上差那么多？此外，让留学生头疼的还有多音字。有一位留学生曾非常兴奋地要陪自己的同乡到一个从未听说过的地方——“*yín xíng*”，后来才发现这个地方就是“银行”，是她的同乡把这个多音字弄混了。

另外，汉语中词的意蕴十分丰富，有时句法甚至要给丰富的语义让步，这一点在语态丰富的英语中则是十分少见的。比如《南方日报》曾列举过一个例子，说“中国队大胜美国队”，亦可说“中国队大败美国队”，美国人读后肯定会郁闷啦，怎么“胜”和“败”，赢的都是你们中国队啊。这类的例证还有：吃小灶、打扫卫生、恢复疲劳、晒太阳、饭吃了吗等等很多看似不合乎语义逻辑的句子。而这正是汉语灵活性特征的表现。

而西方印欧语系的语言形态变化虽多，但意涵较窄，需要符合特定语法结构，才能准备表达意图，鲜有语法给语义让步的情况。所以就英语而言，掌握细致的语法才能通顺表意。有心理学家研究发现，18 个月大的西方小孩子就已学会了-s，-es，-ed，-ing 等各种语法意义的 14 种语素。这是语言环境潜移默化的力量。

（二）形合与意合

就像西方的油画注重写实，中国的水墨画注重写意一样，英语强调的是形合，汉语强调的是意合。

英语是高度形式化和逻辑化的，与汉语相比，其语法缜密、严谨，以动词为核心，重分析轻意合，句子结构采用“形合法（Hypotaxis)”，即采取“空间搭架的形式，以主谓结构为主干，以谓语动词为中心，通过大量反映形式关系的介词、关联词……形式主语”等，把句子中的各个组成部分、各个“句子要素层层搭架，呈现出由中心向外扩展的空间图式”，[①] 而且各个组成部分也很少省略，尤其是主语，一些无主语的句子，如“下雨了”总是要加上逻辑主语，即“It is raining”，这充分说明了英语是形合法。可以说，英语乃至整个印欧语系都是非常形式化的。

汉语就不同，语词没有曲折的形态变化，句子结构采用“意合法（Parataxis)”，即“汉语的语法关系不靠形态来表现，而是采取提取意义支点的方法，依赖语义的搭配、语用的因素来反映词语的组合关系，了解句子的意思”。[②] 其主要借助语序来表达词语间的相互关系及其逻辑联系，很少采用关联词以及句法手段，重在意合。汉语多以主谓（宾）排序，但却不似英语那般以谓语动词为中心，而是以语序、语义为中心，也不强调句子的完整性，也无需使用连接词，只要表达意义就可以了。

正如连淑能所言：“英语注重形合，句子结构可以借助各种连接手段加以扩展和组合，形成纷繁复杂的长句；汉语注重意合，少

---

① 金惠康：《跨文化交际翻译》，中国对外翻译出版公司，2003年版，第13页。

② 林宝卿：《汉语与中国文化》，科学出版社，2000年版，第161页。

用甚至不用连接词语，因而语段结构流散，但语义层次分明。”① 这恰恰与西方传统绘画注重写实，而中国传统绘画注重写意是一个道理。贾玉新曾以马致远《天净沙》的原文和英译文为例对中英的句法结构做了比较，对照如下，大家可以从中更清晰地了解形合法与意合法的特征。

原文：

枯藤，老树，昏鸦。

小桥，流水，人家。

古道，西风，瘦马。

夕阳西下。

断肠人在天涯。

译文：

Crows hovering over rugged old trees wreathed with rotten vine

—the day is about done

Yonder is a tiny bridge over a sparkling stream,

And on the far bank, a pretty little village

But thetraveler has to go on down this ancient road,

The west wind moaning,

His bony horse groaning,

Trudging towards the sinking sun,

Farther and farther away from home.

此处的英文译文是根据《天净沙》的现代文翻译而成的，它明显以谓语动词或动词分词为中心，句式上用联词、介词等反映形式关系以求完备，如and，but，with，on…所以中文诗词中简单干脆

① 连淑能：《英汉对比研究》，高等教育出版社，1993年版，第69页。

的“枯藤，老树，昏鸦（枯藤缠绕着老树，树梢盘旋着夜幕归巢的乌鸦）”，变成了借用各种连接手段加以扩展和组合形成的纷繁复杂的长句“Crows hovering over rugged old trees wreathed with rotten vine-the day is about done”，其中“昏”还一定要加上形式主语“这一天（the day）”。而诗词原文所体现出的汉语特点却是：句法不必完备，主语和其他成分都可省略（但在译成英文的时候就需要补齐），句子可以无头无尾，但意义完整。

汉语这种简洁、明快、灵活和流散的特点还成就了中国著名的回文诗，就以清代女诗人吴绛雪写的咏四季为例。四首回文诗《春夏秋冬》，每首仅用十个字，却是七言绝句。

《春》诗：莺啼岸柳弄春晴夜月明。

《夏》诗：香莲碧水动风凉夏日长。

《秋》诗：秋江楚雁宿沙洲浅水流。

《冬》诗：红炉透炭炙寒风御隆冬。

上面每行都包含了一首七言绝句，即：

《春》

莺啼岸柳弄春晴，柳弄春晴夜月明。

明月夜晴春弄柳，晴春弄柳岸啼莺。

《夏》

香莲碧水动风凉，水动风凉夏日长。

长日夏凉风动水，凉风动水碧莲香。

《秋》

秋江楚雁宿沙洲，雁宿沙洲浅水流。

流水浅洲沙宿雁，洲沙宿雁楚江秋。

《冬》

红炉透炭炙寒风，炭炙寒风御隆冬。

冬隆御风寒炙炭，风寒炙炭透炉红。

总之，在句法上，英语重形式，汉语重语义而轻形式。对英语的理解，一方面靠上下文，最主要还要靠严谨的句法结构；而对汉语的理解要靠语境，靠说话人的心态等等，所以我们说英语靠“言传”，汉语靠“意会”。[①]

本章我们主要考察了汉英在语音、语词和句法三方面的文化差异。对这些内容的掌握，有助于我们更好地理解中西方在语言交流上的基本特征，以减少跨文化交流的障碍，避免不必要的误解。下一章我们将探讨在具体的语用环境中，跨文化语言交流应该注意哪些问题。

思考题

1. 汉英语音在哪些方面存在差异，请举例说明。
2. 汉英词汇在意蕴上存在哪些关系，请举例说明。
3. 汉英句法的文化差异表现在哪些方面？

① 贾玉新：《跨文化交际学》，上海外语教育出版社，1997年版，第268—269页。

KUA WEN HUA JIAO LIU LUN

第八章
跨文化语言交流之语用分析

语用分析，就是对影响语言行为（如招呼、回答、应酬、劝说）的标准和轮流发言的规则进行的分析研究。换句话说，其便是在具体的交流特别是口头交流环境中，考察人们按照哪些准则使用语言。在这一章里，我们将主要讨论表达方式的文化差异和礼貌规则的文化差异。

一、中西语言的“言辩”观

在具体介绍表达方式和礼貌规则的文化差异之前，我们先来大致了解一下中西语言哲学的传统，这便于我们对该问题有个更为系统的认知。我们主要从两位著名的历史人物来参看中西使用语言的差异：孔子与苏格拉底。

孔子在中国的地位自不必谈；而苏格拉底在西方的地位也是公认的，被称为“西方的孔子”。两个人的行为方式又有许多类比之处，比如他们都没有著作，他们留下的都是其弟子所记录下来的他们的话语。苏格拉底通过谈话去启发人们关心思想、关心智慧、追求真理；孔子也是通过对话去启发他的弟子关心伦理、道德和做人方式的。他们都以口头的方式阐述自己的思想，而且都把关心的焦点放在伦理、道德之上。通过对两位谈话方式的比较，可以帮我们窥见中西语言应用的一斑。我们主要评论一下两个人言说标准的差异。

有学者指出：“苏格拉底的言说标准在于言说本身，即言说本身是有标准的。‘说话’在希腊语里叫罗格斯（logos），后来发展出‘逻辑’这个词语，建立起逻辑学科，它是从说话方式，从语法中引申出说话的逻辑。”[①] 逻辑正是苏格拉底言说的标准。正如我们在前一章已经谈到的，英语的句法有着严格的逻辑标准。《美诺篇》就向大家展现了苏格拉底是如何用他的“助产术”（即用提问和辩论的方法去传授知识，探求真理），一步步让智者派的青年美诺自己发现“美德”的概念的，从中我们可以看到苏格拉底的语言逻辑。

比如苏格拉底问美诺什么是美德？美诺回答：美德人人可知，比如男人会治理国家、女人善于管理家务等等，随即列举了一系列类似的行为。苏格拉底就反驳说：“我只问你一种美德，你却将你知道的一窝美德全部端出来了，我要你回答的是美德是什么，而不是美德都有哪些具体表现。”

于是美诺将美德界定为，“赢得他人的力量”，但苏格拉底指出，那这力量的使用还有公正和不公之分。

美诺又赶快指出：“公正即美德。”苏格拉底接着问道：你说公正是美德还是一种美德啊？照你的意思，那勇气哩，耐力呢，也是美德喽……

最后，经过苏格拉底的不断反驳、不断修正，两人推衍出关于美德的一个普遍定义，即“美德是一种知识”（苏格拉底后来指出，应表明美德是一种什么样的知识）。

---

① 邓晓芒：《中西文化比较十一讲》，湖南教育出版社，2007年版，第141页。

苏格拉底正是通过这一方式，促使美诺实现了从经验和表象上升到本质，感性上升到理性的转变。可以说，是苏格拉底奠定了这种西方理性言说模式的基础。古希腊哲学家苏格拉底，及之后的柏拉图、亚里士多德等都是通过演讲、辩论说服别人或达到改造社会的目的的。在古希腊，作为一门独立学科的修辞学（Rhetoric），自问世之日起就是一门劝说和说服别人的学问。

相对应来看，孔子言说的标准却不在话语本身的逻辑，而是在言说之外，立足于个人的内心体验，在不同的场合使用不同的标准，也可以说无标准可言。① 所以中文的句法强调句义通就可以。比如《论语》中孔子七处与弟子论“仁”，每处皆不相同。孔子并不专注于给“仁”下一个像“美德”那样放之四海而皆准的定义，也不刻意强调语言之间的逻辑关系，更不看重通过“论辩”来启智，而是结合每个弟子的特点给出具有针对性的答案。比如当“多话”的司马牛向孔子问“仁”时，孔子回答：“仁者其言也訒（訒即不善言辞）。”面对遇事患得患失的樊迟问仁时，孔子就答：“仁者先难而后获，可谓仁矣。”其实除了“问仁”，孔子的弟子“问政”、“问孝”、“问君子”，孔子也往往会给出不同的答案。综上所述，孔子所关注的并不是言说方式本身，而是言说背后可以传达的东西。

可以说孔子的言说对苏格拉底而言必然是缺乏逻辑、不够周延、没有点出事情的本质、只在个别现象上打转的；而对于孔子来说，言说自不必拘泥于形式，不必争、不必辩，而针对具体个人、具体情境讲清楚道理，教会人如何做人才是最重要的。正如孔子所说：交流是为了会友，会友是为了辅仁。交流的目的是为了达到志同道合，对于志不同道不合者不要与之争辩，否则达不到合的目

---

① 邓晓芒：《中西文化比较十一讲》，湖南教育出版社，2007 年版，第 141 页。

的。[1] 他反而觉得能言善辩不符合“仁”的标准，比如他说“仁者其言也訒”、“君子欲讷于言而敏于行”等等。而中国历史上另一位伟大的思想家老子在《道德经》中更是提出“善者不辩，辩者不善”[2] 的观点。那么在他们看来，苏格拉底可是一个不仁不善之人了。

贾玉新先生将中西语言哲学的这一传统总结为“言辩”观的差异。具体而言，以个人本位为主要取向的西方人强调语言的力量，一般来说比较健谈，惯于表现自己，说话直接，喜好论辩，这有利于向外延伸自我。而以群体取向为主的中国文化则倾向于弱化言语的力量，人们不那么健谈，尽量少与别人对立、争辩，因此讲起话来婉转、隐含。还记得我们以前举过的“子贡问询孔子是否留在卫国做官”的例子吗，其就很好地说明了这一点。我们在交流时善于察言观色，对环境提示高度敏感，这也有利于我们发展群体取向的民族性格。所以我们看到的是慎言、简言的东方人，夸夸其谈、直言快语、喜欢争个水落石出的西方人。[3]

中西方这种不同的言语观、对言语行为的态度，以及言语社会功能方面的差异导致了这两种文化在交流行为、交流方略和交流风格上的差异。

二、表达方式的文化差异

正如竞技运动有自己的比赛规则一样，人们在交流过程中表达

① 贾玉新：《跨文化交际学》，上海外语教育出版社，1997 年版，第 228 页。

② 此处的“善”主要有两种解释观点：一者认为，善乃善良之意；一者认为，善并非狭义的“仁善”，而是有道之上善。有道者的“理论”风格是彻底的实事求是，必合于“大道至简至易”，其宗旨是知行合一，方有效验。因此不会搞繁琐哲学，更不会玩弄诡辩的概念游戏以惑人取胜。笔者持后一种观点。

③ 贾玉新：《跨文化交际学》，上海外语教育出版社，1997 年版，第 232 页。

自己也有一定之规，只是由于受不同文化的影响，各个文化有各自的交流规则。

（一）直接与婉转

语言的表达方式受民族文化的影响，表现出直接、坦率和委婉、含蓄的不同特征。东方人很少直接、明确地拒绝别人，交流方式注重委婉、情感含蓄，看重面子和人际关系。而西方人直率的交流方式情感外露，直截了当，讲究办事效率。

[案例][1]

马平在一家中美合资公司任部门经理，他的上司是美国人斯蒂夫。他们私底下是好朋友，关系很好。有一次，斯蒂夫召开会议，讨论一项由他构思的新方案。会议的参加人员大部分是中国经理，马平也参加了这次会议。会上，没有人提出任何异议。因此，斯蒂夫以为每个人都对该方案满意，并决定加以执行。令他惊讶的是，马平会后来到他的办公室，告诉他方案存在一些问题，认为该方案不太可行。斯蒂夫显得很不高兴，这令马平很纳闷，不知道自己做错了什么。

[案例分析]

该案例的矛盾在于美国上司和中国雇员用于交流的表达方式有差异。

在本案例中，美国上司和中国员工之间产生了一个误会。该误会是因不同的交流方式引起的，更深入地说，是因两种不同的文化

---

① 窦卫霖：《跨文化商务交流案例分析》，对外经济贸易大学出版社，2007年版，第325—327页。

引发的。斯蒂夫召开会议的目的是希望集思广益，通过大家的异议改善他的方案。但在座多是中国经理，中国人强调和谐人际关系的重要性，很少直接、明确地否定或拒绝别人，更何况斯蒂夫是他们的上司，大家都抵触当众表示异议。马平也是如此，虽然不太同意斯蒂夫的计划，也没有当场表明异议。马平事后单独找斯蒂夫说明，并不是基于上下级关系，而是基于两个人的私交。马平认为自己这样做是在维护斯蒂夫的面子，而斯蒂夫却并不领情，因为斯蒂夫身上体现的是美国文化。美国人不管是处理一件事情还是和人交往，都喜欢直截了当的方式。如果你有不同的观点，就要当面说出来，否则别人会认为你完全同意他们的观点。因此，当没有人在会议上提出异议时，斯蒂夫就理所当然地认为方案得到了一致同意，马平事后的态度让他很困惑。

两人要想解开疑惑，就应该加强对彼此文化的了解。作为马平的朋友，斯蒂夫可以坦然地问马平没有当面表态的理由，这样马平就有机会说明他的好意，斯蒂夫也可以向马平说明他的想法。通过这次教训，斯蒂夫也可以在公司内制定一套有关会议发言权的规定。

其实在说话委婉方面，日本人更胜中国人一筹，让日本人说“不”更是难上加难的事情，所以他们会想出各种具有创意的方式来回避说“不”。

美国幽默作家大卫·贝雷（Barry）曾在日本遇到一件令他啼笑皆非的事情。

贝雷要坐飞机从东京飞往大阪，并临时赶到机场购买飞机票。

大卫：请买一张从东京飞往大阪的飞机票。

服务员满脸笑容：去大阪的飞机票，请稍等。

大卫：多少钱？

服务员：从东京坐火车去大阪挺不错的，沿途可以看风景，来张火车票吗？

大卫：不了，我要买张飞机票。

服务员：嗯，其实长途巴士也可以的，设备齐全，豪华舒适，来张巴士票吗？

大卫：不用了，我只想买张飞机票。

几个回合之后，大卫才终于搞明白，原来机票已经售罄，服务员却不好意思直接说没有了，才转弯抹角地想用其他方法帮他到达目的地。[①]

（二）插话与沉默

在面对面的环境中，如何形成流畅的交流同样受到不同文化规范的约束。美国人的交流方式如同打网球一样一来一去：一个人提问，一个人回答；一个人评论，一个人反馈。所以如果一个击球太快的人，或者同时击出太多球的人，会让他们应接不暇，疲于应付。但如果一个半天不开球的人，或者接球后半天才回球的人则会让他们更加难以忍受。这正体现了表达方式中的插话与沉默的文化差异。

陈晓萍在《跨文化管理》中曾总结过三类接话方式，其与我们上文打网球的比喻相接合。欧美人，即盎格鲁·萨克逊裔采用的就是标准的击球方式。在交流过程中，A方说完，B方即刻进行解答和评述，接着A方就此进行反馈，然后B方再就此进行解答。一个回合接一个回合，你来我往，没人抢，也没人落下。

---

① 陈晓萍：《跨文化管理》，清华大学出版社，2005年版，第116页。

拉美人则属于击球比较快的人。在交流过程中，当A还没有说完的时候，B就插话，打断对方，然后B接着往下说。然后在B还没有结束的时候，A又插进来继续说。打断对方被拉美文化视为对对方的谈话感兴趣，同时自己还有很多感受需要分享。如果不插话，就表明对该话题不感兴趣。

而亚洲文化圈的东方人则属于接球缓慢的一类。A先开始说，B在接A的话时会稍微沉默一下。即一个人在接另一个人的话时，会有一小段停顿。这个停顿可能只有几秒钟，显示的是接话人在思考对方的话，思考之后再做回答，表示自己是慎重作答。这种沉默表现了对对方的尊重。同样B再接A的话时，也会稍作停顿。

如果A、B来自于同一文化，二人的交流就会舒畅无阻。但如果A、B来自不同的文化，对彼此的文化又不甚熟悉，欧裔美国人就会觉得拉美人没有礼貌，觉得东方人冷漠、无趣；拉美人会认为欧美人和东方人都对谈话没有兴趣；东方人又会觉得拉美人和欧美人都过于草率和唐突。

比如在外企工作的中国员工，总感觉自己没有“话语权”，因为总是自己还没开口说话，老外已经把说话的机会抢走了。这自然会影响中国员工在上司面前的表现。有人曾专门针对这类问题进行模拟电话会议的训练，结果发现无论是用英文还是用汉语，中国员工都很难掌握“话语权”。看来这并非语言问题，而是交流方式的问题。在这种情况下，如果把每次会议的自由发言改成轮流发言，便会发现效果大有改善。

专门就沉默而言，可以说这也是东西方文化差别最大的一个方面。沉默的价值因文化而有着巨大的差异。比如，与欧洲裔的美国人相比，亚洲裔的美国人就比较沉默寡言。亚洲人更乐意使用间接的表达方式传达意愿，所以沉默本身可能就是一种非常重要的信息。美国的印第安居民也很重视沉默的价值，慎言是他们之间交流最适当的模式。两个印第安人之间保持沉默，并不主动发起谈话是一种礼貌的表示。例如，一个印第安学生说："我连续两个月载这个印第安女孩上学，而我们从不说话——她知道我是谁，我知道她是谁。"① 又如在上课的时候，老师如果提问一个印第安学生，等到的往往是好几秒钟的沉默，不耐心的老师便倾向于再提问其他学生，但印第安学生表示，人们不应该不假思索地即刻回答那些重要的问题。

沉默是金的信条同样适用于日本人。在一次谈话中，由前一个说话的人决定沉默应该持续多久，听话的人应该尊重说话人希望保持沉默的意愿，特别是当说话人的年龄和地位高于听话人之时。

大家还可以想象一个打保龄球的场景。几个中国人一起打球，那么当其中一个人击球的时候，其他的中国人可以坐在一边，默不做声地看他击球，然后再换另一个人击球。对中国人而言，看球时的沉默不语是对击球者的尊敬。但如果是几个欧美文化中的人一起打球，你会发现，当一个人击球的时候，其他人坐在一边会聊得热火朝天，让他们几个人几秒钟谁都一言不发，那是他们无法忍受的。

上述信息一再告诫我们，当我们与一些异文化的人接触时，应保持对异文化的敏感度，不要以他们的说话方式来判断他们的性格。比如：看到对方喜欢抢话，而且喜欢用很大的肢体动作，就认为对方很好斗；而看到对方喜欢很安静的聆听，就认为对方很内向。其实，这些说话方式可能与他们所处的文化规则密切相关。不过还是要注意，每种文化规范下的人们都是有个体差异的，这也很关键，重要的是我们能灵活地掌握相关的原则。

---

① Wieder, D. Lawrence, & Steven Pratt, On being a recognizable Indian among Indians. In D. Carbaugh (Ed.), *Cultural communication and intercultural contact*, Hillsdale: Erlbaum, 1990, pp. 45－64.

三、礼貌规则的文化差异

在跨文化交流过程中，除了要注意表达方式的文化差异外，影响表达方式的礼貌规则也不容小觑。

礼貌是各个社会群体共有的普遍现象，但各个社会群体又都有着独特的礼貌规则，各有各的讲究。英国人讲究绅士风度，穿戴不整洁都是失礼的表现；中国人更是礼仪之邦，人际交往要“客气”，别人请吃饭，总要说“不要麻烦了”等等，要来回请个几遍方才接受邀请。而西方人却无暇客气，接受邀请往往都直截了当的。在这种背景下，中西方的人进行交往时，若各自按照各自的礼貌规则行事难免产生误解。比如一个留学生到美国学习，他的导师表示友好，邀请他周末到家里做客。这个学生说了一大堆“thank you”后说了句“I will try to your home”，这位导师实在是搞不懂学生咋想的，最后竟然直接问“yes or no?”这的确让人啼笑皆非。

中国社会中的礼貌规则是“礼”制约下的行为，而“礼”的概念在西方是根本不存在的，这也无怪乎中西的礼貌规则在某些方面可能大相径庭了。

(一) 中国社会中“礼”的概念

费孝通先生在《乡土中国》中指出，中国社会与西洋社会的差别是差序格局与团体格局的差别。“西洋社会有些像我们在田里的捆柴，几根稻草束成一把，几把束成一扎，几扎束成一捆，几捆束成一挑。每一根柴在整个挑里都属于一定的捆、扎、把。每根柴也都可以找到同把、同扎、同捆的柴，分扎得清楚不会乱的。在社会，这些单位就是团体。我说西洋社会组织像捆柴就是想指明：他们常常由若干人组成一个个的团体。团体是有一定界限的，谁是团体里的人，谁是团体外的人，不能模糊，一定得分清楚。在团体里的人是一伙的，对于团体的关系是相同的，如果同意团体有组别或等级的分别，那也是事先规定的。我用捆柴来比拟，有点不太合适，因为一个人可以参加好几个团体，而好几扎柴里都有一根柴当然是不可能的，这是人和柴的不同之处。我用这个譬喻是想使我们更具体地看到社会生活中人和人关系的一种格局。"[①] 费孝通先生称之为团体格局。就连西方的家庭也是一个界限分明的团体，如果有朋友说他将带他的家庭一起来看你，他是非常清楚和他一起来的是哪些人的。在英美，这将包括他和他的妻子，以及未成年的孩子。而如果他只是与他的太太一起来，就不会用"家庭"这个词。但在中国，这个"家"[②] 字可就大了，任何人都可以拉入"自家人"的圈子，之所以如此，正是因为中国遵循着一套有别于西方团体格局的关系格局，也就是差序格局。

"我们的格局不是一捆捆扎好的柴，而是好像把一块石头丢在水面上一圈圈推出去的波纹。每个人都是他的社会影响推出去的圈子的中心。被圈子的波纹所推及的便发生联系……我们社会中最重

---

① 费孝通：《乡土中国》，三联书店，1985年版，第22页。

② 在中国，"家"的范围甚至包括已经逝去的祖先。直到现在，许多中国人还保留着在传统节日祭祀祖先的传统，但这却是较早体现中西文化冲突的要素。根据李天纲的观点，清康熙、雍正年间发生的"中国礼仪"之争是中国较早也较深刻地体现中西文化差异的事件。这里的"中国礼仪"之争并非康熙年间俄罗斯使团来华期间所发生的简单的"觐见礼仪"之争。"觐见礼仪"所要求的"三叩九拜"只是中国皇帝们以"天国"之姿对待朝臣的心态，对待这些世俗的"仪"，无论是中国皇帝还是欧洲使臣都有通融的余地。但"中国礼仪"之争涉及的却是中国更为根本的"礼"，包括祭天、祭祖、祭孔。来华的欧洲天主教传教士完全无法接受这种带有"迷信"色彩的异教徒的"偶像崇拜"。1704年，当时的在位教宗克莱芒第十一颁布了通谕，通谕中明确禁止"祭祖"和"祭孔"两项礼仪，尽管没有公然禁止天子祭天，可在欧洲，天坛祭祀"上帝"的儒家礼仪是"中国礼仪之争"的关键内容，因为这里的"上帝"或者"天"都不能作为天主教"Deus"的对译，所以按照儒家"郊祀"之礼举行的祭天仪式都是非法的。"中国的礼仪之争"曾经直接导致了康熙年间中欧文化交流的困难和中断。（李天纲，《跨文化的诠释：经学与神学的相遇》，新星出版社，2007年版）

要的亲属关系就是这种丢石头形成同心圆的性质。亲属关系……从生育和婚姻所结成的网络，可以一直推出去包括无穷的人，过去的、现在的和未来的人物。我们的俗语里有[①]‘一表三千里（以自身为例）’就是这个意思”。“一表三千里”并非明确的三千里的关系，而是指一个广袤的关系网，它包括亲缘、地缘、业缘等等，如我们中国人出门在外喜欢认老乡就是这个道理。

“以‘己’为中心，像石子一般投入水中，和别人所联系形成的社会关系，不像团体中的分子一般大家立在一个平面上，而是像水中的波纹一般，一圈圈推出去，愈推愈远，也愈推愈薄。”[②]这就是我们社会结构的基本特性，也就是儒家最考究的“人伦”。这个伦是指，从自己向外推，由内向外，同凡是与己发生社会关系的人产生的差序，简言之就是有差等的次序。正如《礼记》祭统里讲的十伦：鬼神、君臣、父子、贵贱、亲疏、爵赏、夫妇、政事、长幼、上下，都是指差等。遵循这种人伦关系的上尊下卑正是“礼”的基本精神。

费孝通先生在其传世名著《乡土中国》中，将中国的传统社会关系概括为差序格局，人与人之间的亲疏由近及远，依次推演，人人各有其位、各安其分、不越礼、不逾规。长幼有序，尊卑有别，整个社会也就井然有序。这是一种儒表法里的社会治理方式，瞿同祖先生称之为以礼为法的礼法社会。

这种“上尊下卑”的礼貌原则在西方社会肯定是不受欢迎的，因为在主体上，西方是平等取向，人际之间建基于平行关系，是在同一水平线上的“捆柴”，这显然与中国的“身份制”和差序格局相悖。在西方文化中，强调自我实现，个人奋斗，高度重视个人的权利和隐私，人们各行其是，各展其能。人际之间强调的不是

① 费孝通：《乡土中国》，三联书店，1985年版，第23页。

② 同上书，第25页。

“别”，而是“同”、“平等”或“一致”。

（二）中西社会礼貌规则的差异

在礼的精神制约之下，中国社会中人际交往的礼貌原则，在许多方面都有别于西方的礼貌原则，比如礼貌内涵、礼貌准则的侧重、礼貌方略、礼貌在言行中的体现、积极面子和消极面子等。为了进行方便的比较，我们先参照一下英国著名的语言学家利奇（Geoffrey Leech）总结的礼貌准则。

利奇之所以提出礼貌原则，是考虑到之前美国著名语言哲学家格莱斯（H. P. Grice）提出的会话中的“合作原则（Cooperative Principle）”并不能解释语言运用中的全部现象。格莱斯的“合作原则”主要是指人们的言语交流总是互相合作的，谈话双方都有一个共同的愿望，即达成互相理解。因此，他们都遵守着某些合作原则，以求实现这个愿望。合作原则包括以下四个准则：质的准则（quality），即确保发出的信息真实可信，不提供虚假信息和缺乏足够证据的信息；量的准则（quantity），即确保发出的信息要适量，提供让对方理解信息的必要量；关联准则（relation），即提供的信息要与交流的内容相关；方式准则（manner），即选择听话者最易理解的方式编排信息，简明、有序。[①] 利奇认为格莱斯的合作准则只能约束我们在交流中直接说些什么，但无法解释为什么人们使用大量的间接言语行为。利奇举例指出：

A：We'll all miss Bill and Agatha，won't we?

B：Well，we'll all miss Bill.

① Grice，P.，*Logic and Conversation*，New York：Academic Press，1975.

案例中的A提到了比尔（Bill）和阿加莎（Agatha）两个人，可B只提到了比尔一个人，这便有违数量原则，显然B的言外之意是我们并不想念阿加莎。但如果遵循合作原则，B应该说“Well, we'all all miss Bill, but not Agatha”，但B出于对阿加莎的礼貌没有说后半句，这就违背了合作原则。所以利奇认为，在合作原则之外，需要对礼貌原则进行必要的补充。[①]

利奇把语用原则分为：“篇章修辞”（textual rhetoric），即布局谋篇、巧说俗话的策略；“人际修辞”（interpersonal rhetoric），即为人处世的策略，包括合作原则和礼貌原则。假设把言语分为“竞争类”（competitive），包括命令、请求等；“和谐类”（convivial），包括祝福、感谢等；“合作类”（collaborative），包括告诉、通报等；“冲突类”（conflictive），包括咒骂、威胁等。那么，相比较而言，“和谐类”本质上是礼貌的，“合作类”一般无所谓礼貌不礼貌，而“冲突类”本质上就是不礼貌的，所以“竞争类”才是最需要礼貌策略的行为。[②]

利奇的礼貌准则包括下述六大方面，[③] 每个方面都包括一个行为动机层和一个会话表达层。

➢ 得体准则或策略准则（Tact maxim——用于指令和承诺）：尽量减少他人付出的代价，夸大他人所得的益处；

➢ 慷慨准则或宽宏准则（Generosity maxim——用于指令和承诺）：尽量减少对自己的益处，夸大自己付出的代价；

➢ 赞扬准则或褒奖准则（Approbation maxim——用于表情和表述）：尽量缩小对他人的批评，增强对他人的赞扬；

➢ 谦虚准则或谦逊准则（Modesty maxim——用于表情和表

---

① 刘润清：“关于Leech的‘礼貌原则’”，《外语教学与研究》1987年第2期，第42—46页。

② 侯国金：《语言学百问和硕博指南》，四川大学出版社，2009年版。

③ Leech, G., *Principles of Pragmatics*, London: Longman, 1983.

述)：尽量缩小对自己的标榜，夸大对自己的批评；

➢ 赞同准则或一致准则（Agreement maxim——用于表述)：尽量缩小与他人的不同意见，夸大与他人的相同意见；

➢ 同情准则（Sympathy maxim——用于表述)：尽量缩小对他人的厌恶，夸大对他人的同情。

我国学者顾曰国针对其中的得体准则和慷慨准则做出了修订，使其更具逻辑性，修改内容如下：[①]

➢ 得体准则或策略准则（Tact maxim)：尽量减少他人付出的代价，尽量夸大别人给自己的益处；

➢ 慷慨准则（Generosity maxim)：尽量增大对他人的益处，尽量说小自己付出的代价。

笔者更赞同顾先生的修订意见，它更符合语境对互动双方的角色做出的规定。很明显，得体准则与慷慨准则讲的是一个问题的两个方面。得体准则是指如何对待他人，适用于请求或命令他人做某事的言语行为。比如下例：

Answer the phone.（接一下电话）

Could you answer the phone, please?（能接一下电话吗?）

I wonder if you mind answering the phone.（请问，你不介意接一下电话吧。）

这三句话中，话语表达的婉转性由弱到强，语言的强迫力由强渐弱，提供给听话人拒绝的空间由少到多；而说话人表达的礼貌程度是由弱到强，其中所隐含的命令程度则越来越不明显。这正体现了策略或得体准则。

---

① Gu, Y. G., Politeness phenomena in modern Chinese. *Journal of Pragmatics*, 1990, (14), pp. 237—257.

慷慨准则讲的是如何对待自己，适用于答应帮助他人做某事的言语行为，一般听上去不必那么礼貌。比如作为礼貌标志词的“please（请）”就无需出现，这旨在尽量说小自己付出的代价。例如：Of course，you can take my bike any time（当然，你随时可以用我的单车）。而如果用“please”，则往往是一种附加条件的行为。例如：Of course，you can borrow my car. I bought it last week，please drive carefully（你当然可以借我的车。我上周刚买的，请你小心驾驶）。这就显得不那么慷慨了。

相应的，赞扬准则和谦虚准则也是相对而生的。前者规定的是如何看待他人，后者规定的是如何看待自己。比如下例：

A：you have a beautiful voice.（你的歌声优美。）

B_1：Thank you. I used to have a good teacher in college.（谢谢，我上大学的时候有个很好的音乐老师。）

B_2：Oh，I am flattered. It is nothing but noises.（啊，你过奖了。那就是噪音罢了。）

上例中A采用的便是赞扬准则。无论是欧美文化还是东方文化，多数情况下大家都乐意赞扬他人，人们总不愿处处与人交恶，吝啬得连一点点赞美都不舍得。B_1和B_2的回答也都遵循了谦虚准则，但两种回答方式却体现了东西文化的差异。关于这一差异，将在下文详述。

赞同原则旨在减少与他人在观点上的差异。所以当我们与别人观点不同时，往往会采用一些迂回策略。比如：先将对方观点褒扬一番，再提出不同看法；或者先致歉，再阐述自己的观点以示礼貌。同情准则旨在表达与听话人有共同的情感，所以祝贺、吊唁也都属于礼貌行为。

尽管各种文化都在不同程度上援用这六项准则，但对各个准则的侧重还是有明显差异的，其中“得体准则”与“谦虚准则”比较突出地体现了东西差异。

对西方而言，“得体准则”是人们交际时最常采用的准则，特别是在使用“请示”、“命令”、“建议”、“劝告”等指示性言语行为时多遵循这一准则。采用这一准则可以尽量减少对他人消极面子的威胁，也就是尽量减少语力的强迫性。关于消极面子我们在文化模式一章已有涉及，简言之，即不希望别人的意愿强加于己，或自己的行为不受别人干涉和阻碍。消极礼貌策略就是满足对方的消极面子需求，说话人通过不干涉听话人的行动自由来满足对方消极面子的需求。比如在西方，人们请别人做事，无论对方与己的关系如何，即无论是亲属之间的长辈和晚辈，还是工作关系中的上级和下级，通常都倾向于采用一些间接、婉转的得体语言，例如：

Please pass me the salt.

Will you please pass me the salt?

Would you mind passing me the salt?

Could you please pass the salt? etc..

而中国人则不太注重对他人消极面子的维护，特别是在亲属关系中，指示的接受者往往把指示当作自己分内的责任，而不觉得对自己构成消极面子的威胁。中国人反而表现出一种积极面子维护有余，消极面子维护不足的状况。积极面子，简言之，就是希望得到别人的赞同和喜爱。积极礼貌策略就是指说话人通过表明自己与听话人有共同之处，以满足听话人的积极面子需求。换句话说，相对于西方人，中国人更加强调一致准则。

中国人尽管不注重“得体准则”，但却很看重“谦虚准则”，而中国人的谦虚又有别于利奇的“谦虚准则”。利奇的谦虚准则是要尽量减少对自己的表扬，所以上例中当有人称赞自己歌声优美时，西方人会采用转嫁、评价、弱化等方式（参见下文），如指出自己的歌声得益于大学时音乐老师的培养，以削弱针对自身的称赞。中国人的谦虚准则承袭“礼”的理念，强调“卑己尊人”，即为了达到尊重他人的目的而贬低自己，比如当有人称赞自己的歌声优美时，其会满口说对方过奖，还强调自己唱得很难听，不过是噪音而已。

《礼记·曲礼上》说：“夫礼者，自卑而尊人。虽负贩者，必有尊也，而况富贵乎?”也就是说对待任何人都应该“卑己尊人”，不论是商贩还是富贵之人。比如我们中国人送礼时会说：薄礼一份，不成敬意，还望笑纳。这就是典型卑己尊人的表现。而在类似的场合，西方人可能会说：“It's just a trifle，I picked it up in a bargain basement sale at Macy's last week. I thought maybe you could use it（这个没什么，这是我上周在廉价商品销售店买到的，我想你可能用得到）。”这种说法尽管符合我们卑己的手段，但其言外之意是“我买的便宜货适合你”，所以不能达到尊人的目的。而同时，中国人注重的卑己尊人，却可能给西方人带来面子上的威胁。比如清朝时，李鸿章出访美国，曾在美国餐馆设宴，席上他对客人说：“今天承蒙各位赏光，非常荣幸，我们备有粗馔，没什么可口的东西，聊表寸心，不成敬意，请大家包涵……”结果次日报纸登载该话译文之后，餐馆老板大为恼火，说李鸿章诬蔑了他餐馆的名声。[①] 还有一些现代的事例，比如有些领导讲话时开场会说“我也没什么好讲的”，或者说“我要浪费大家时间了”，这本是一种谦虚的表示，即“卑己尊人”，但在西方人看来会觉得莫名其妙，

① 贾玉新：《跨文化交际学》，上海外语教育出版社，1997 年版，第 296—297 页。

既然没什么好讲的，又在浪费时间，那还讲什么呢？这就是礼貌规则在文化上的差异。

（三）中西具体礼貌行为的差异

这一节我们将结合日常的问候、告别、拜访等诠释上述礼貌规则中的“得体准则”和“谦虚准则”。上文已经论述过中西在运用“得体准则”和“谦虚准则”上的差异。差异的存在并不是问题，问题在于语用迁移的存在会令我们误会百出。首先，我们来一起了解一下语用迁移的问题。

语言学家和心理学家发现，人们在学习第二语言的过程中，母语会产生很大的影响。通常情况下，当学习者想用第二语言表述自己的情感或想法时，其第二语言多少都会带上母语的味道，一些母语的语言规则和表达习惯会在无意识中转移到学习者的脑海中，这很容易使学习者说出或写出一些错误的句子，这种现象就被称为语言迁移（language transfer）或者母语迁移。用语言学家罗伯特·拉多（Robert Lado）的话说：当尝试说一种外语和融入另一种文化时，人们往往习惯于把他们的母语及本文化中的意义和语言形式转移到他所学的外语和文化中。[①] 记得一位留学生曾用汉语发短信问笔者上课事宜，第一句话便是“这是您的学生某某某”，而非我们通常使用的语言形式“我是您的学生某某某”。他这是把英语语境中打电话时用“This is xxx”自报家门的表述习惯用在了汉语的短信中。这便是明显的“语言迁徙”现象。语言迁移对学习第二语言的影响表现在很多方面，比如语音迁移、词汇迁移、句法迁移、语篇迁移和文化迁移等。

---

① 许卓艺：“语用负迁移导致的跨文化交际语用失误”，《中国科教创新导刊》2009 年第 16 期，第 72 页。

随着语用学的逐渐发展，人们渐渐转向从语用学的角度来研究语言迁移，即语用迁移（pragmatic transfer）。语用迁移是指第二语言学习者的母语、母语文化等有关的语用知识对第二语言中语用信息的理解、生成和习得所产生的影响。其包括语用正迁移（positive transfer）和语用负迁移（negative transfer）两类情况。

语用正迁移指的是：学习者将母语中关于某个言语行为的语用知识搬到目标语（target language）中来表达和理解同样的言语行为，这种从母语中迁移到目标语的语用知识，与目标语中已经存在的理解和表达该言语行为的语用知识一致。举例来说，中国人早上见面有问“早上好”的礼节，英语文化的人亦同，所以与英美人打招呼，我们尽可以用“good morning”。语用正迁移减少了我们掌握第二语言的阻碍，对跨文化交流起到了促进作用。相反，语用负迁移是指：学习者将母语中关于某个言语行为的语用知识，搬到目标语中来表达同样的言语行为，但这种从母语迁移到目标语的语用知识，不同于目标语中已经存在的理解和表达该言语行为的语用知识。例如，中国人相互打招呼喜欢用“吃了吗?”（通常回答为：还没/吃过了，你呢?）而英美文化的人会把它理解为共餐邀请，所以如果见面问美国人“have you had your dinner?”对方若还没吃，估计就会以为要与你一起共进晚餐了。其实与“吃了吗?”对应的可以是“how are you?”语用负迁移增大了我们掌握第二语言的困难，会干扰跨文化交流的顺利进行，是跨文化语用失误的重要原因。①

这种由语言的负迁移导致的语用失误也包括两个方面：语言语用失误（pragmatic-linguistic failure）和社交语用失误（socio-pragmatic failure）。语言语用失误是指学习者将母语中对某一词语或结

① 刘建怀：“跨文化交际中的语用负迁移”，《文教资料》2009 年，第 35—37 页。

构的语用意义，套用在外语上造成的语用失误，即语言本身引起的语用失误，比如前一章讨论过的因“半空缺词汇”或“冲突词汇”引起的误用。社交语用失误是指由于文化背景不同而犯的语用错误，比如上文提到的“问好”的案例。它牵涉到哪些话该讲、哪些话不该讲，人际关系的远近、人们的权利和义务等。也就是说，社交语用失误与谈话双方的身份、熟悉程度和语域有关。[①] 下文所要论述的中西具体礼貌行为的差异就涉及由语用负迁移现象导致的社交语用失误问题。[②]

1. 问候（Greeting）

首先以问候为例。英语中问候包括以下几种形式。

祝愿式问候，比较简单，就是问好和祝福。例如：Good morning，Good day，Happy New Year，Merry Christmas.

关心式问候，通常用于熟人之间。比如：How are you? 一般可以回答：Very well；Fine，thank you；Not too bad。如果的确感到不舒服可以说：I am afraid I'm ill。但在做出这一回答时，要明确本人和问候人之间的关系，并推断出对方是否真的对此感兴趣，否则即便真的不舒服也不要回答“我恐怕是生病了”。

交谈式问候，多用在开场白中。西方人采用交谈式问候时会尽量避开一些敏感的隐私性话题，而往往以天气、娱乐等不涉及隐私的中性话题作为开始。例如：谈论天气的一般特征，“It's a bit cloudy，isn't it?”；谈论温度，“It's ever so cold today，isn't it?”；谈论未来的天气，“It looks like rain”等等。除了天气之外，英美人还喜欢谈论体育、娱乐等话题，但一般不谈及健康、年龄、体

① 许卓艺：“语用负迁移导致的跨文化交际语用失误”，《中国科教创新导刊》2009 年第 16 期，第 72 页。

② 刘艳春：《语言交际概论》，北京大学出版社，2007 年版。

重、收入等隐私，而这正是我们会出现社会语用失误的领域。

某位内地学生到香港读书，因感冒发烧到校医院拿药，在药房门口正碰到导师（香港人）手缠绷带走出来。该生正要寒暄以示关切，导师却微笑着点了下头，尔后快步离开了。这令其大为困惑，不知自己有何不妥。

其实在当时的情境下，大家若相互问候、攀谈，难免会牵涉看病、看什么病等隐私问题。大家可能觉得问了、回答了也没什么。这是因为我们在以感冒发烧的大众病来推断，但患病有多种，若有所忌讳，就会甚为尴尬：是以诚相待，还是要有所隐瞒。这似乎是我们的文化较少考虑的内容，我们只是觉得嘘寒问暖是一种必须的礼节。

另外，中国人也特别关心他人的收入。亲朋好友见面常问的话题便是“挣多少钱啊”，特别是针对那些刚参加工作的人。如果你模糊地说“没多少”，有人必然夹枪带棒地笑问“干嘛呀！担心我们跟你借钱啊？”其实，当你的收入不是啥可炫耀的资本时，干嘛遍天下地广传自己的“寒酸”呢？不过老外自有另一番道理：“我挣多挣少都是我自己的事儿，与你何干！”

类似的情况还有询问价格。通常我们看到他人购买了某个物品，如一件衣服时，总会习惯性地询问“多少钱买的啊？”而欧美文化的人面对这类问题通常会比较尴尬。因为在他们看来，这也是一个跟个人收入直接相关的隐私问题。

所以赵启正先生告诫我们，面对外国友人时，最好收起多余的好奇心，那些关乎他们个人经历的事情少去打听，以免引人不悦。

称赞式问候，以称赞的方式向对方致以问候，如：You look very fine today; you look very smart in that sweater。

非语言问候：摆手、点头、脱帽、微笑等。

除了注意上述问题，在中西交流中，我们还要避免中国文化背景中可能违反“得体原则”的方面，即我们日常的问候语是否会让对方感到不自由、受到干扰。

比如我们司空见惯的问候语“where are you going?”就违反了“得体原则”，造成了语用失误。“你这是要去哪儿啊?”在汉语中只是一句客套的问候，通常问话的人并不关心被问的人到底要去哪儿，你可以回答“我去溜达溜达”。但这句话却让西方人甚为不悦，他们要认真地回答你，并感到你干涉了他的自由、侵犯了他的隐私。有西方人曾不无幽默地说，中国人都是FBI，时时刻刻监视你的行踪。在这个问题上，我们的确是被冤枉了。

另外，我们在见到别人看上去不舒服的时候，总是非常关切，问对方是不是生病了、应该吃点药、注意休息、多加衣服等等。但在西方，这种直接的方式“Are you sick? What's wrong with you?”只用于医患之间或者亲密的人之间。对他人身体健康表示关注要问得诚恳而委婉，比如“You seem rather tired，Are you OK?”“You look a bit pale. Are you felling all right?”而那些要别人注意多加衣服、多锻炼的话就不合适了，这都违反了“得体原则”，都是社会语用失误现象，对方会比较反感，认为你侵犯了他独立的权利，他们会觉得这些都是自己本就会做到的，你没必要啰嗦。其实我们只要表示一下祝愿就行了：“I wish you will soon bc well.”

2. 告别（Farewell）

在西方文化中，我们首先要确定什么时候告别，如果是日常生活中的碰面，告别是很随意的，但如果我们到外国友人家中拜访并共同进餐，何时告别就比较棘手了。因为在英美文化中，在别人家吃完饭或谈完事情之后立刻再见是很不礼貌的。如果是宴请，客人吃完饭后至少还要逗留半个小时方能告别，当然如果主人表现出不耐烦或者疲倦时应该主动告辞。

选好告辞时机提出告辞之后，告辞语常有：

Well, I'm afraid I must be going now.

Well, I think I'd better be going now.

通常文后再加一个理由，比如：

I must not hold you up any longer.

I'd better let you get on with your work. 等等。

然后主客双方会再攀谈一段时间，真正告别时双方会说一些感激和祝愿的话，比如：

Thank you. I have really had a good time/ really enjoyed this evening.

Thank you for coming.

I wish you a pleasant trip.

See you later. 等等。

但在中国文化中，宴请后的告别总是要遵循“卑己尊人”的原则。宴请方会说“不好意思，时间仓促，准备匆忙，没什么可口的”或者“招呼不周，还望见谅”等，这都会令西方人倍感困惑，他们不明白什么样的招待才会是周到的？因为他们在中国从没有得到过“周到的对待”，大家总会说“招待不周”。而被宴请方可能会非常客气地说“很抱歉打扰了/浪费了你的时间”，这本是一种“卑己尊人”的表达，但对方会很介意，他会想：原来一起进餐是在浪费时间，原来刚刚做的是一件毫无意义的事情。这种语用失误自然会平添无谓的误解。

3. 拜访（Visiting）

关于拜访，我们在文化模式一章介绍单向/双向计时制时曾强调过，在西方文化中，拜访他人之前要先做好安排，向被访人提出拜访建议，明确目的、时间和地点，而没有明确时间、地点的拜访建议只是客套话。

关于待客，我们也要特别注意中西文化的差异。

在中国文化中，我们喜欢以茶待客，来了客人我们会热情地说："赶快泡茶。"而英美等西方国家的习惯是先征询客人的意见，这就是"得体原则"的体现。比如向客人列举各种家中自备的饮品，然后问客人喝些什么。

在西方文化中，主人提供饮料的建议，客人一般都会立刻接受，要是客人一再拒绝，主人将不再提供饮料。但在中国文化中，即使我们很渴，也喜欢一再地推让、客气，说些"别麻烦了"之类的话；而主人一方总是执意要泡壶茶，哪怕最终客人没喝。所以我们遵循的是邀请——拒绝——邀请——拒绝——邀请的规则。可在西方文化中，一再推让的结果往往是我们啥都喝不到。他们遵循的是邀请——拒绝或者邀请——接受的规则。

当主人送饮料时，不要站起身接饮料。站起身接饮料，这在中国文化中是谦卑的表示，但在西方文化中则表明主人和客人的关系非常亲近。

而且按照西方人的习惯，端上来的饮料客人应全部喝掉，否则即表明客人不喜欢喝，会平添误会。饮料喝完之后，主人会询问是否再加点饮料，客人也要如实回答要或不要，哪怕再来半杯。而在中国，主人会不断地为客人续杯，总之杯子不能是不满的。所以我们会看到一幅很有意思的场景：一位美国友人到家里做客，我们为他倒好茶，他很快饮干；我们见势，赶快再倒满茶杯，他又很快饮干……如此重复几个回合，美国友人肯定要早早告辞了，因为实在是喝得肚子发胀了。这能责怪中国人太热情吗？只能说是文化差异惹的祸。

4. 恭维（Compliments）

西方人在日常生活中经常采用恭维语，因为恭维语的功能很多：

（1）充实或取代问候语

A：Well，you look cute today！You have such nice clothes.

B：Thank you.

（2）强化谢意

有时简单的Thank you无法表达感激之情，他们就倾向于采用恭维的方式。比如你收到一件礼物，打开一看是一款手表，你可以说“That’s so beautiful，Thank you so much.”因为在西方赠送的礼物要当面打开，所以会涉及到这种用恭维表示谢意的方式；但在我们国家，一般不当面打开礼物，而是等客人走后再看。

（3）恭维引起话头

英美人常常用称赞他人的方式开始一次谈话，比如The coat is so smart. Where did you get it?

恭维语还有缓和批评的语气、消除隔阂、鼓励和祝贺等功能。

在英美国家，人们可以在各种各样的人际交往中大胆、明确地表示赞美之意。在恭维别人的时候，主要涉及的话题包括外貌和所有物，以及成就和能力。要注意，他们对能力和成就的恭维与我们国家不同，我们对上级的能力和成就进行恭维，可以获得上级的好感，这个俗称“拍马屁”。但在西方，对能力和成就的恭维是非常严肃的，只有较高地位的人或者说更具能力和技术的人，才有资格评价他人的能力，换句话说，只有上级才有资格评价下级。

那么，当我们面对他人的恭维时，应该采用哪些反应策略呢？对恭维语的反应受制于“赞同准则”和“谦虚准则”，既要与对方表示一致，又不能显得自我吹嘘，这是很难拿捏的。的确有许多人，包括欧美人都承认，不知道怎么回应恭维话。通常美国人对恭维语的回应有下述两大类：接受恭维和拒绝恭维。依照赫伯特

(Herbert) 的观点，每一种又可以再分为六种应答形式。[1]

其中接受恭维，即赞同对方的恭维包括：

(1) 感激型 (Appreciation token)：不考虑对方恭维内容的真实与否，都以 Thank you 或者微笑回应等等。这是最简单有效的方式。

(2) 提高型 (Praise upgrade)：接受对方赞誉，同时指出其称赞的分量不够，如，

A：Looks like a good tan this year.

B：Thanks. Candy makes me look even more handsome, doesn't it?

这种回应通常发生在亲人或密友之间，否则自然会因为违背谦虚准则而破坏交流的语境。

(3) 评价型 (Comment history)：对被赞誉物进行客观评价。

A：That's so great overcoat.

B：Yes, it's really warm.

(4) 转嫁型 (Reassignment)：赞同对方的恭维，随即将其转嫁给第三者。

A：These are beautiful earrings.

B：Oh, they were my grandmother's.

(5) 回报型 (Return)：可同意也可不同意对方观点，但随即恭维对方。

A：I like your shoes.

B：Thanks. I like yours too.

(6) 评价来历 (Comment history)：以提供关于被赞赏物的其

---

① Herbert, R. K., The ethnography of English compliments and compliment responses: A contrastive sketch. In W. Oleksy (Ed.), *Contrastive Pragmatics*. Philadelphia: John Benjamins Publishing Company, 1989, pp. 3—36.

他信息作为回应。

A：You get a nice hat.

B：I bought it in China. /It's really cheap.

第（3）、（4）、（5）和（6）四种应答方式都是通过把针对被赞誉客体的注意力转移到它物，从而尽量减少标榜自己的做法。在西方文化中，这都是谦虚准则的体现。

拒绝恭维，即不赞同对方的恭维包括：

（1）弱化型（Scale down）：不赞同对方的恭维，指出被赞誉物的缺点。

A：That's a nice watch.

B：Oh，it always can not tell me the correct time，so I plan to get a new one.

（2）质疑型（Question）：向对方恭维语的客观性或对方的诚意发问。

A：That's a nice sweater.

B：What? Are you kidding? / Don't，come on!

（3）拒绝型（Disagreement）：说明所赞誉物不值得赞誉。

A：Your shirt looks so cute.

B：Nah，it's nothing special. / Nah，I don't think so.

质疑型和拒绝型同样多发生在亲人或密友之间，否则会因为违反一致准则而破坏交流的语境。

（4）限定型（Qualification）：仅认可赞誉物还可以，"it's all right"，不过常跟 but 引导一个从句。

A：You have a lovely house.

B：It's all right，but it will be brighter if there is a window in the south wall.

（5）沉默型（No acknowledgement）：对对方的赞誉不作任何

反应，仿佛没听见，或另起其他话题。

A：Mom，you are so pretty in this skirt.

B：Did you finish the assignment for today?

（6）要求型（Request）：有意或无意将对方的恭维看作一种比较含蓄的要求。

A：That's a nice bike.

B：Let me know if you want to borrow it.

以赫伯特的分类为基础，再结合贾玉新和霍姆斯的研究，将有关汉语和英语文化中对恭维语的应答方式做一文化比较，如下表8—1，即对恭维应答方式的跨文化比较：

表 8—1：对恭维应答方式的跨文化比较

应答方式	贾玉新，研究对象：中国人（包括英语学习者）	赫伯特，研究对象：美国人	霍姆斯，研究对象：新西兰人
接受	21.1%（7.4%，47%）	36.4%	48.1%
感谢	16%	29.4%	15.3%
评价	3.7%	6.6%	32.8%
提高	1.4%	0.4%	——
回避	11.8%	29.6%	24.3%
评价来历	8.4%	19.3%	8.8%
转嫁	2.0%	3%	11.7%
回报	1.4%	7.3%	3.8%
拒绝	41.7%	34.1%	27.5%
弱化	10%	4.5%	9.2%
质疑	5.7%	5%	3.3%
否定	15%	10%	6.7%

续表

应答方式	贾玉新，研究对象：中国人（包括英语学习者）	赫伯特，研究对象：美国人	霍姆斯，研究对象：新西兰人
限定	0	6.6％	—
沉默	0	5.1％	3.3％
认为对方索要东西	11％	2.9％	5％

注：表内资料根据贾玉新①和刘艳春②的研究整理。

上表显示了，中国人更倾向于以中式“谦虚准则”对待恭维，所以41.7％的人拒绝恭维，其中15％是直接否定。有位来自欧洲国家的人表示他不了解自己的一位中国友人为什么要贬低自己的家人。一次他去这位友人家做客，他夸友人的妻子漂亮，他的友人回答说：“她可一点都不漂亮。”他又夸友人的孩子聪明，他的友人竟然说：“他可不聪明，可笨了。”这让这位外国人不知道如何接话。他不明白中国人为何在任何方面都会自谦，包括对待自己的家人。而新西兰人倾向于以“赞同准则”回应恭维，所以有48.1％的人用感谢、评价的方式接受恭维。美国人的反应则居于中国人和新西兰人之间，不过最多采用的回应方式也是接受。另外，在三组中，中国人最倾向于认为对方的恭维是“索要东西”，有11％的人有此反应；而美国人最不倾向于这一选择，仅有2.9％的人有此反应。所以美国人到中国人家里做客，常常夸这个工艺品好，那个工艺品也好，临走的时候中国人可能拿他称赞过的东西作礼物相赠，这往往令美国人有些不知所措。

唐和张（Tang and Zhang）也曾针对中国人（多为留学生）和

① 贾玉新：《跨文化交际学》，上海外语教育出版社，1997年版，第379—382页。
② 刘艳春：《语言交际概论》，北京大学出版社，2007年版。

澳大利亚人（西澳科廷科技大学的学生）作过类似的比较研究。他们发现：相对于中国人，澳大利亚人更倾向于采用接受的方式应对恭维，后者比前者高出近三十个百分点；而相对于澳大利亚人，中国人则更倾向于采用回避和拒绝的方式应对恭维。不过唐和张采用的是应对恭维的另一套分类方式，所以不便把他们的研究与表 8—1 的结果直接进行比较。在她们的研究中，接受恭维的具体表现包括感谢、完全同意（I know. /I am glad you think so.）、弱化、回报；拒绝恭维的具体表现包括完全不同意、质疑诚意、怀疑准确性（Why?）；回避恭维的具体表现包括转嫁、评价（包括评价来历）、要求再确认（Really? /Honestly?）。[①] 尽管分类方式的差异影响了不同研究之间的相互印证，但两种分类方式在很大程度上存在重合性，些微差异并不影响我们确证中西在应对恭维时的不同表现形式：受欧美文化影响的人能更坦然地接受恭维；而中国人则需要尽量表现出谦虚的态度，拒绝或者回避恭维。

另外，考虑到中西文化的差异，我们在恭维他人的时候也要注意文化、习俗、价值观念的差异。比如西方人称赞他人的话"you're as wise as an owl"，这句话的直译一定会引发我们的不满，因为我们并不欣赏猫头鹰，但在美国猫头鹰则有智慧的象征。而我们在恭维他们时，一般不要涉及年龄（比如称赞对方老当益壮 hale and hearty）、收入（比如称赞对方收入丰厚、首饰一定很贵）等，以免出现语用失误等问题。

总体而言，与英美人打交道时，只要运用恰当，就不要吝惜你的溢美之词，也不要用过谦的形式应对英美人的赞誉。

除了上述几种具体的礼貌行为之外，还有"介绍、请求、邀

---

① Tang, Chen-Hsin, & Zhang, Q., A contrastive study of compliment responses among Australian English and Mandarin Chinese speakers, *Journal of Pragmatics*, 2009, (41), pp. 325—345.

请、寒暄、拒绝、询问”等也会涉及中西文化的差异，我们平时需要积累这方面的相关知识，以防在跨文化的交流中无意中冒犯对方。

综合考虑这些文化差异的因素，我们可以以刘艳春在《语言交际概论》中总结的下述三项作为跨文化交流的指导原则：[①]

（1）礼貌有别。礼貌是语言交际的重要原则之一，但在不同的文化背景下，交际者都有自己表示礼貌的独特方式，稍不注意就可能触犯对方。与西方人交往时，要特别注意“得体准则”。

（2）谦虚有异。人们在语言交际中不仅要彬彬有礼，还要尽量为人谦虚，而各民族的谦逊语往往也千差万别。中国人喜欢卑己尊人，西方人则不贬低自己，只是尽量缩小对自己的表扬，也不抬高别人。

（3）关怀有度。中国人相互表示关心会询问对方的收入、年龄、婚姻、健康状况，于我们而言这是人情味的一种表现，但西方人则可能认为你过度干涉别人隐私，是他们很忌讳的。

四、性别与语言

上述我们探讨了不同语言之间存在的语用差异，其实即便是同一种语言，其内部也是千差万别的，而性别差异就是显著的一例。近年来，研究者对性别差异造成的不同话语风格做出了丰富的研究。两性之间的交流亦可以视为不同亚文化之间的跨文化交流，其可能是我们生活中最经常遇到的跨文化交流。那么对于两性言语特征的把握必将有助于我们避免日常交流中的冲突。

① 刘艳春：《语言交际概论》，北京大学出版社，2007年版。

就两性之间话语的研究已经著述颇丰，特别是女性主义者对男性话语霸权的批判，更是将人们对这个领域的关注推向高潮。一些学者就男女话语特征做出了二元区分：男性与理性、积极、思想、理智、文化、权力、客观、规则、抽象相关，而女性则与非理性、消极、感性、情感、自然性、敏感、主观、联想、私人化相联。[①]当然这种区分并非教条的框框，也不是客观严谨的，它只是有助于我们更好地了解我们所处社会的文化，以及社会文化的预期对个体的塑造力。这种二元区分可能是刻板印象，可能是男女差异的原因，也可能是男女差异的结果。有些人否定存在这种二元差异；有些人指责这种二元差异；有些人则欣赏这种二元差异，认为它正体现了女性注重关系、关怀他人的特性等等。而无论人们如何评述这一差异，大量实证研究已经指出了差异的存在。具体而言，许多语言学家发现，在交流过程中，两性的差异主要体现在对话题的选择、话语量的大小、话语策略等方面。

（一）话题选择

就对话题的选择而言，总的来看，女性较多谈论的话题往往涉及个人（personal）、关系到当前的问题（immediate）；而男件则较少袒露自我（impersonal），与当前场景保持一定距离（distant）。比如女性较多会谈论自己的情况，袒露自己的情感，而男性较多谈论体育、政治、各种见闻等等。

而且，有研究表明，在异性交往中，女性一般比男性更为积极地提供交谈话题，可是到底哪些话题会被谈论，却基本上由男性来

① Olsen, F., Feminism and Critical Legal Theory: An American Perspective. In Frances E. Olsen (Ed.), *Feminist Legal Theory*, published by Dartmouth Publishing Company Limited, 1995, Vol. 1, pp. 473—474.

选择和决定。有研究者发现：交谈过程中，有三分之二的话题可能是女性提供的，而其中仅有一半得到男性的回应，没有回应的，女性只好放弃不谈；男性虽然只提供不到女性一半的话题数，但几乎全部会得到女方响应。费希曼（Fishman）认为，女性提出的话题多于男性，说明女性在努力寻找与男性说话的机会。不过，虽然女性为使谈话得以进行做了大量努力，但从中受惠的却是男性。

（二）话语策略

许多相关研究的结果显示：话语风格上的性别差异，更深刻地体现在两性的话语策略上。具体而言，交流中话语策略的差异主要表现在疑问句的使用以及打断对方谈话等方面。

首先，疑问句的使用。不少学者，如莱考夫（Lakoff）曾指出，在谈话过程中，女性比男性更频繁地使用疑问句的词尾。① 但后来有些学者的研究并没有支持莱考夫的结论（比如 Dubois &Crouch 的研究②），至少没有发现男女在使用疑问词尾上有明显差异。

进一步的研究发现，两性在使用疑问词尾的数量上尽管没有明显差别，但他们使用疑问词尾表达了不同的意图。疑问词尾具有表达不确定、促进交流（注重情感）、软化语气等功能。

表达不确定性，比如："You were missing last week, weren't you?" 这是说话者导向的，旨在确定信息。

促进交流，比如："Andrew this is our new neighbor, Frank. Andrew has just changed jobs, haven't you?"③ 这是听话者导向

---

① Lakoff, R., *Language and Women's Place*. New York: Harper & Row, 1975.

② Dubois, B., & Crouch, I., The Question of Tag Questions in Women's Speech: They Really Don't Use More of Them. *Language in Society*, 1975, 4, pp. 289-294.

③ Holmes, J., *An Introduction to Sociolinguistics*. London and New York: Longman, 1992, p. 318.

的，旨在发起进一步的交流。

软化语气，比如说“You are stupid，aren't you”就比直接说“You are stupid”的语气平和、弱化了很多。

霍姆斯（Holmes）的研究发现女性采用疑问词尾旨在促进交流，营造良好的氛围，而男性则主要用以确定信息，参见表8—2：①

表8—2：男女采用疑问词尾功能的差异

疑问词尾的功能	女性	男性
表达不确定	35%	61%
促进交流	59%	26%
软化语气	6%	13%
总合	100%	100%
人数	51	39

莫尔茨和鲍克（Maltz and Borker）的研究也发现了类似结论。他们指出，男女对交谈中提问的使用往往有不同的意图和理解。交谈中，特别是在对方讲话过程中，女性一般提问较多，目的常常是表示自己对谈话感兴趣，以使对方谈话的性质得以保持，换句话说，女性把提问当作维系与推进交流的 种策略。男性则不同，他们如果提问，旨在获取信息。②

就打断他人谈话而言，男女也有明显差异。异性之间交谈，无

① Holmes，J.，*An Introduction to Sociolinguistics*. London and New York：Longman，1992，p. 319。参考 Kunsmann，P.，Gender，status and power in discourse behavior of men and women. *Linguistik online*，5，1/00：http：//www.linguistik-online.com/1 _ 00/KUNSMANN.HTM.

② Maltz，D.，& Borker，R.，A cultural approach to male-female miscommunication. In John Gumperz（Ed.），*Language and Social Identity*，Oxford，1982，pp. 281－312.

论是成年人还是青年人，男性打断女性比女性打断男性要多得多。[①]最大的差异要数齐默曼和韦斯特（Zimmerman and West）对异性之间随意交谈的录音的分析结果：男性打断女性占所有打断的96%，女性打断男性仅占到4%。还有调查显示，当自己的谈话被打断时，女性比男性更倾向于以沉默相对。值得注意的是，如果是女性打断女性谈话，被打断者可能会为自己争取把话说完的机会，而面对男性的打断，女性则很少用言词抗议。这就如同成人打断儿童的讲话一样。毫无疑问，它表明了男性和女性都在下意识地承认男性控制谈话的权力。

后来，韦斯特还对医患之间的异性交谈做过研究，发现男医生打断病人的比例远高于其被病人打断的比例，而女医生打断病人的比例则远低于被病人打断的比例，参见下表8—3。[②]

表8—3：医患间交谈相互打断的比例

医生的性别	打断病人	被病人打断	总合
男性	67%	33%	100%
女性	32%	68%	100%

伍兹（Woods）在英国对男女同事之间的研究也发现了同样的结论，甚至是在男下属面对女上司时，也仍然是男性打断女性的时

① Zimmerman, D., & West, C., Sex Roles, Interruptions and Silences in Conversations. In Barrie Thorne and Nancy Henley (Eds.), *Language and Sex: Difference and Dominance*, Rowley: MA, 1975, pp. 105－129. And Tannen, D., *You just don't understand: Women and men in conversation*, New York: William Morrow, 1990.

② West, C., When the Doctor is a "Lady": Power, Status and Gender in Physician-Patient Encounters. In Jennifer Coates (Ed.), *Language and Gender: A Reader*, Oxford, 1998, pp. 396－412.

候多。[1]

如果把打断、接话视作话轮转换的方式，那么女性在接话时倾向于明确提及前面的人已经说过的内容，并尽量将自己要说的与之相联系，比较注意保持交谈的连贯和顺畅。因此她们往往会围绕一个话题谈论较长时间，话题转换比较慢。在说话过程中，女性比较注意听者的反应和参与，较多地采用“我们”、“让我们”等表达方式。当别人说话时，女性常有较积极的反应，会使用一些“嗯”、“对”、“是”等表现自己在注意倾听，但这往往令男性误以为女性对他们的观点持肯定态度。

相比较而言，男性在交谈中有较强的竞争性，倾向于由自己控制话题的选择和说话的机会，不肯轻易向别人让出发言权，因为男性更关心个人的独立。开始讲话时，男性较少提及前面的人说过的话，所以话题转换就会比较突兀，交谈中跳跃较多，不够连贯。自己说话时，男性也不像女性那么注意别人的反应和参与。在别人讲话时，男性打断别人的情况高于女性，打断时口气也比较直接。

（三）话语量的大小

长期以来都存在一种相当普遍和固定的看法，那就是女性的话比男性多。中国有句俗语叫“三个女人一台戏”，在某种意味上也暗指女性话多。然而事实是否果真如此呢？

其实，到目前为止，所有的实证研究几乎都得出与之相反的结论。在绝大多数场合，包括街市、家庭、饭店、咖啡馆、朋友聚会、社交活动、各种会议、电视讨论、体育比赛、音乐会等，男性

---

① Woods, N., Talking shop: Sex and status as determinants of floor apportionment in a work setting. In J. Coates & C. Deborah (Eds.), *Women in their speech communities*, London: Longman, 1989, pp. 141—157.

说的话往往多于女性。大家可以看几个例证。

美国有人对陪审团审议过程所作的调查显示，其中男性说的话占到4/5，女性只有1/5。伊金斯等分析了教职员会议的七个录音，发现男性获得较多说话机会，话说得也更长，打断别人的时候也更多。[①] 斯旺（Swain）曾对两个班的学生在课堂的言语表现做过观察和记录，发现男生的发言量和次数远超过女生等等。[②]

针对此，霍姆斯认为，这可能与场景有关。在正式、公共的场合，男性说话就多于女性；而在非正式、私下的场合，女性往往说话多于男性。她解释说，在公共场合讲话有提高说话人地位的潜在作用，是一种“展示性”的讲话，而男性更关心地位问题；女性则比较关注交际双方的一致性和相互联系，因而喜欢在那种社会距离比较小、交际双方关系较亲密和平等的情境中谈话。[③] 然而，实际情况又并非完全如此。比如在一次聚会上，有人曾连续三小时观察一对夫妇讲话，发现在此期间丈夫说话的时间是妻子的五倍之多。然而，事后向在场的人征询对夫妻二人的印象时，竟然人人都觉得丈夫说话不多而妻子非常健谈。[④] 这个事例一方面说明，人们评价男女采用的标准不同；另一个方面，也可能说明只是刻板印象在作祟。

而且，考虑到异性交往中话题选择与谈话策略的前提，男性也往往说得更多。因为男性总在说自己感兴趣的话题，女性则不是，而且男性比女性更可能抢到说话机会。

---

① Eakins, B., & Eakins, G., Verbal turn-taking and exchanges in faculty dialogue. In Betty Dubois and Isabel Crouch (Eds.), *The Sociology of the Languages of American Women*, San Antonio, Texas: Trinity University Press, 1976, pp. 53－61.

② Swain, M., Manipulating and complementing content teaching to maximize second language learning. *TESL Canada Journal*, 1988, 6, pp. 68－83.

③ Holmes, J., *Women, Men and Politenes*, Addison Wesley Publishing Company, 1995, pp. 67－69.

④ Chaika, Elaine O., *Language, the Social Mirror*, Newbury House Publishers, 1982.

当然，话语量的多少总会受到具体场合的影响，所以单纯以男性话多或者女性话多作为结论必然有失偏颇，需要结合其他因素一起考察。

另外，霍姆斯还曾综合考察过男女话语模式的差异，并总结如下：

- 女性和男性发展了不同的语用模式
- 女性比男性更关注互动中的情感功能
- 女性比男性更常使用话语策略增进一致性
- 女性倾向于以维持和增进一致性的方式进行交流
- 女性在文体上（stylistically）比男性灵活①

上述这些男性和女性之间不同的话语方式，势必会给两性之间的交流带来困难和问题，甚至可能导致误解和对立。在这种情况下，双方好像进入一场游戏，但却遵循各自不同的游戏规则，矛盾和冲突自不必言。两性之间话语风格上的这些差异，常令两性之间在对话过程中矛盾叠生。最突出的，可能就要数夫妻之间了。如罗梅恩（Romaine）所指出的，妻子对丈夫发出“why don't you listen to me?”之类的抱怨已经成为相当普遍的现象，而当今世界许多国家，夫妻之间交流的失败可以说是离婚率居高不下的重要原因之一。②

其实，以笔者个人的观点来看，男女话语方式的差异在很大程度上是因文化而异的（比如人们对男女性格特征的评价，认为男性好斗、善于领导；女性温良、善于抚育。但马格利特·米德对新几内亚群岛几个部落的研究却完全推倒了我们对男女理想模式的预

① Holmes，J.，Women's Talk：The Question of Sociolinguistci Universals. In Jennifer Coates（Ed.），*Language and Gender*：*A Reader*，Oxford，1998，pp. 462，463，468，472，475.

② Romaine，S.，*Language in society*：*An introduction to sociolinguistics*，Oxford University Press，1994.

想，参见后注[①])，当然也是因人而异的。但一般而言，男女之间由于普遍的性别差异文化的塑造，女性群体与男性群体在话语行为上的确存在某些差异。

笔者曾经为了写作一篇关于“法官话语”的文章，专门到法庭听审，主要是针对离婚案件。[②] 在法庭上，可以明显地看到女方当事人与男方当事人回答法官询问时的差别。比如，如果法官询问是非问题，像“你同意这样安排吗?”男方当事人通常直接回答“同意/是”或者“不同意/不是”。女方当事人则不喜欢直接回答是、否，而是要进行一些原因方面的解释，例如“我当初在购买房子的时候拿了一半的钱，而且……（潜台词是想表明不同意这个安排，要多争取利益)”。女当事人的回答方式旨在为自己的要求寻找一种合法性。

在人们的生活环境中，男孩子从小受到的教育是独立、竞争、自信；女孩子则在男性优越性面前希望得到保护、避免竞争、缺乏自信，即使女性在某个领域表现出色或者取得成功，她也会感到自己是在欺骗世人——其实我没那么优秀。[③] 于是女性需要不断为自己的行为寻找合法性，以证明自己无异于常人、自己的要求合情合理。她们希望通过对自我行为的解释获得他人更多的理解，所以她们偏爱细节，也因此一个单纯的“是”或者“非”不足以构成她们

---

① 马格利特·米德在《三个原始部落的性别与气质》一书中质疑了“性别生物决定论”。米德通过大量田野调查发现，新几内亚有三个部落存在截然相反的性别角色设定。蒙杜古马人(Mundugumor)：男女都表现出冷酷和残忍，带有强烈的攻击性，人格结构中带有的“母爱”也是微乎其微的，这里所有的男女近乎一种人格类型，而这种人格类型在我们的社会中只存在于那些缺少教养、野蛮暴烈的男性身上。阿拉佩什人（Arapesh)：男人和女人一样顺从合作、没有攻击性，易于为他人的需求提供服务，而且男女都不看重理性的作用。德昌布利人（Tchambuli)：与我们传统文化截然相反的性别态度。女人占统治地位，她们结成一个牢固的群体，群体团结不受个人情绪影响；但男人就少有责任心，并多愁善感，依赖他人。

② 陈雪飞：“离婚案件审理中法官的性别偏向”，《北大法律评论》2007 年第 8 期，第 386—411 页。

③ Mcintosh，P.，Feeling like a fraud. *Work in Progress*，No. 18，Stone Center Publications，1985.

叙事的完整性。波特等人提出，人们的自我认知必然依赖于日常生活所应用的、使我们自身和他人的行动有意义的语言实践。[①]

从这个角度来看，性别差异最终还是文化使然。男女作为不同亚文化的代表，他们之间所进行的跨文化交流同样需要引起我们的关注，而我们在本书中涉及的许多知识点也同样适用于跨性别文化的交流。

思考题

1. 请评价中西方的“言”“辩”观。
2. 中西方在表达方式上有哪些差异？
3. 请评价中西方的人际关系格局。
4. 中西社会礼貌规则的主要差异表现在哪些方面？
5. 举例说明中西方的礼貌行为有哪些差异。
6. 两性在交流中主要在哪些方面存在差异？

---

① Mcintosh, P., Feeling like a fraud. *Work in Progress*, No. 18, Stone Center Publications, 1985, p. 95.

KUA WEN HUA JIAO LIU LUN

第九章

跨文化交流中的非语言因素（Ⅰ）

非语言交流是指通过语言以外的方式传递信息的交流。依照伯古和塞恩（Burgoon and Saine）的界定，非语言交流是“不用言辞表达的、为社会所共知的人的属性和行动，这些属性和行动由发出者有目的地发出或被看成是有目的地发出，由接受者有意识地接受并可能进行反馈”。[①] 它包括面部表情、肢体语言、衣着、声音特质以及对时间和空间的利用等等。梅拉比安与费里斯（Mehrabian and Ferris）分析人们在交流过程中传递信息的方式时曾指出，人们在交流过程中所传递的信息，只有7%借助语言，而其余93%是依靠非语言，其中面部表情占了55%，副语言即声音特质等占38%。[②] 尽管受样本量和研究方法所限，这一统计未必精确，且因文化而异也未必放之四海而皆准，但它的确指出了非语言交流的重要意义。虽然跨文化交流过程中语言的差异最为明显，但语言却仅仅是庞大文化冰山上的一角。相对于语言来说，非语言更加丰富、细腻而不易觉察。它有时可以代替语言，创造此时无声胜有声的意境；有时可以修饰和渲染语言，两者相辅相成；有

① Burgoon, J. K., & Saine, T., *The Unspoken Dialogue: An Introduction to Nonverbal Communication*. Boston: Houghton Mifflin, 1978.

② Mehrabian, A., & Ferris, S. R., Inference of attitudes from nonverbal communication in two channels. *Journal of consulting psychology*, 1967, 31 (3), pp. 248－252.

时又可以强化语言。因而，非语言交流也是跨文化交流的重点和难点之一。

一、非语言交流的重要意义

有声语言是我们日常生活中进行交流的重要工具，它准确而清晰、指向性强、利于引导。相对于有声语言，无声的非语言尽管显得模糊而含蓄，但却具有有声语言不可比拟的重要意义。

（一）非语言交流的超文化性

热播的美剧《千谎百计（lie to me）》中有一集描述的是，主人公赖特曼（Lightman）的小组受聘参与保护韩国大使的行动。有消息称，有人将在大使儿子的婚礼上刺杀大使，赖特曼等人培训警卫们通过面部表情识别刺杀者的技巧："眉毛紧锁，上眼睑扬起，眼睛下方皮肤紧绷……一个预谋实施暴行的人就会有这种表情。"有人提出异议说："韩国人不喜欢表露他们的情绪，这是有损尊严的，谁说韩国杀手一定会露出那个表情？"赖特曼及其助手回答："你说的是情绪表达规则，比如在西方文化中，说话时直视对方的眼睛，而在韩国这将被视为不礼貌的，人们不会这么做。但这些（预谋实施暴行者的）表情不是选择性的，""它是无意识的，你控制不了的，这和国籍无关。"

美剧《千谎百计》并非凭空杜撰，而是根据美国心理学家保罗·艾克曼博士（Paul Ekman）的研究改编而成的。保罗·艾克曼是研究脸部表情辨识、情绪与人际欺骗的专家，1991 年获美国心理学会颁发的杰出科学贡献奖。

对于剧情中赖特曼这种所谓不分国界的、无意识的、不受控制的表情，达尔文在《人与动物的情感》（*The Expression of the Emotions in Man and Animals*）一书中就曾专门介绍过。达尔文认为非语言交流中最重要的有六种面部表情：生气、害怕、厌恶、惊讶、伤心和快乐，是人和动物共有的，而且通过对婴儿、孩子、成人的面部表情进行比较，他认为这六种表情是天生的，并非后天习得的。①

既然存在这种超越文化的非语言因素，那么在语言各异的跨文化交流中，这些非语言因素就显得分外重要，它可以有效地帮我们实现无声的交流。正如北京奥运会开幕式时，鸟巢体育场上空悬挂的2008幅来自世界各地、不同肤色、不同性别的儿童笑脸一样，这些外形各异的孩子只传达了一种信念，那便是快乐，我们无需言语。

（二）非语言交流的普遍性

我们在交流过程中，特别是面对面的交流时，是不可能避免非语言交流的，我们的一颦一笑、一个眼神都可以传递信息。即使在我们决定不说话的场景下，如我们在看电影、乘车时向坐在隔壁的人点头示意一下，对方就会给我们让开一点空隙，允许我们从他的前方走过。甚至，我们与对方之间的距离、我们围坐的方位、我们的衣着以及身体气味都能传达信息。而有些时候，我们自己都意识不到已经向对方传递了非语言信息。总之，只要有交流发生，非语言就无时无刻不在发挥着作用。

有心理学实验发现，让两个相互陌生的人共同做一个游戏，比

---

① Darwin，C.，Ekman，P.，& Prodger，P.，*The Expression of the Emotions in Man and Animals*（3rd edition），USA：Oxford University Press，2002.

如学跳舞，为了防止两个人交谈，其中一个人被蒙上双眼，另一个人嘴里要含一根稻草。结果，被试者在游戏进展中的笑声仍然激起了他们之间的爱慕之情。

（三）非语言交流的先在性

对于一次交流而言，我们其实在张嘴说话之前，已经通过我们的衣着和姿势等传递了许多信息。也就是说，非语言总是先于语言“暴露”了我们自己。有时，我们从衣着就可以判断一个人的职业、一个人的性格。比如你在一个比较休闲的场合看见一个穿套装的人，像男士着西装，女士穿套裙，你多半会断定此人做事讲究条理和体系，严谨中略带古板。从姿势则可以推测一个人当时当下的心态。比如你有机会可以观察一下准备面试的人，一定可以捕捉到他紧张甚至焦虑的细节。

非语言交流的先在性在两个初次见面的陌生人之间扮演了更为重要的角色，它有时候甚至决定着两个相遇的陌生人是否会进行言语互动。试想一下，你是会向一个穿西装的人还是一个着装类似美国嬉皮士的人问路呢?

（四）非语言行为的可信性

当非语言信息与语言信息相互矛盾时，非语言信息通常会更可信，因为相对于言辞而言，非语言行为更难受意识控制。一般而言，书面语最有时间润色，是最易控制和掩饰真情的一种方式，可信程度也越低；口语斟酌和修改的时间比书面语少，自觉控制的机会也少，可靠性会大一些，但仍有时间自我掩饰和控制，特别是事前准备好了台词的情况；而对非语言行为来说（除了经过特殊训练的人以外），一般最不容易对其进行有意识地控制，有时甚至完全处于无意识之中，如害羞时的脸红、害怕时的脸色苍白，还有心跳加速、身体发抖等更是难以控制。所以，比较而言，非语言行为最难控制，也最可信。《千谎百计》中的赖特曼小组就是利用这个原理，通过被怀疑对象回答问题时面部的细微表情、肢体动作，如耸肩、双手交叉等，来揭示谎言背后的真相的。

有一个著名的心理学实验。找两名被试者，然后让双方都用布蒙上双眼再进行交流，一段时间之后双方都出现了一定程度的焦躁，双方的交流也很难持续太久。他们都表示，尽管可以听到声音，但看不到对方，就无法确知对方真实的反映，不知道对方是喜欢还是厌恶自己的说法，所以自己也不知道如何恰当地反馈，几个回合之后就会因这种不确定性而感到分外焦虑。尽管在交流过程中我们还可以借助副语言（下文详述）传递信息，但依照梅拉比安等人的分析，副语言的作用远没有面部表情那样突出。

朱晓姝曾经提到，第二语言的学习者，特别是那些低熟练程度的学习者在异国他乡生活的时候，往往抵触打电话，有人甚至在最初将近一年的时间内都不敢接听电话，就是害怕因为一些语音非常相近的词而误解别人的信息。他们通常在面对面的对话中会有较大的安全感，因为此时可以借助其他非语言信息帮助他们顺畅交流。①

上述特性决定了非语言信息在人际交流中发挥着极为重要的作用。不过需要强调的一点是，其中的超文化性却不能一概而论，特别是在涉及非语言行为的表达方式及解读方式时绝对离不开文化这一变量。

① 朱晓姝：《跨文化成功交际研究》，对外经济贸易大学出版社，2007年版，第170—171页。

二、文化与非语言交流

前文我们在介绍《千谎百计》时提到过，赖特曼及其助手在解释有些表情不受意识控制时，也表示了情绪表达原则是会因文化而异的。换句话说，非语言的表达方式在一定程度上还是要受限于文化规约的。

（一）文化影响非语言交流

我们曾提到达尔文在《人与动物的情感》中将生气、害怕、厌恶、惊讶、伤心和快乐六种表情视为人类与生俱来的，而且是与许多动物共享的。其实除了这个结论之外，达尔文走得更远，他认为人类的表情基本都源自进化，所以他深信要理解人类的情感表达（除了面部表情，甚至还包括很多手势）离不开对动物的研究和了解。[①] 这样的结论实在有失偏颇，因为情感表达这种非语言符号在人类社会中还受到文化的影响，有不少还是文化习得的结果，所以也会因文化而异。

人类的确像其他动物一样，当受到外界条件刺激时，其生理和心理会引起本能的反映，并通过表情、动作和姿态等非语言行为表现出来。这是人类非语言动作的生物性特征，也正是这一点决定了非语言的超文化性。但是，人类的非语言动作不只停留在生物性特征之上，还具有社会性。在人类长期的交往和实践中，

---

① Ekman, P., Introduction to the third edition, in Charles Darwin etc., *The Expression of the Emotions in Man and Animals* (3rd edition), USA: Oxford University Press, 2002, pp. xxii－xxiii.

其非语言行为会慢慢地被“解读”成一套有意义的符号体系。这种符号体系一经出现，就被打上了社会文化的烙印。也就是说，人的行为举止必然要受社会行为规范的约束。所以非语言交流与文化密不可分，除了少数人类所固有的出自本能的表情和动作外，大多数非语言行为都是后天习得的，“是长期历史积淀而成的某种社会共同习惯”，不同的文化群落都有其特定的非语言行为模式。[①] 离开了文化的非语言交流是没有意义的，因为如果孤立地认知非语言交流而不结合文化进行理解的话，交流就有可能中断。由非语言的误解引发的冲突，远比用错了一个语法规则所犯的错误要严重得多。

竖起大拇指的手势在许多文化中都有表示赞许、很棒的意思。当然也有例外，比如在澳大利亚。有一对美国夫妇到澳大利亚旅游，因违反交通规则要接受交警的处罚。交警看到两人是外国人，违规行为又较轻，便打算不开罚单，教育两句了事。美国夫妇非常感激，纷纷冲交警竖起大拇指表示赞许，结果却触怒了澳洲交警，他愤怒地开了一张很重的罚单丢给两人。就因为这个单纯的手势，一团和气转眼变成了一团怨气。这对美国夫妇实在不晓得，冲某人竖起拇指在澳洲是粗鲁的谩骂行为。另外，在伊朗以及伊拉克等很多中东国家，竖大拇指也是一个挑衅的行为，几乎和西方国家常用的竖中指一样。中国外交部的“公民赴伊朗指南”中明确地说明，“向伊朗人称好的时候不能竖大拇指”。而该手势的其他文化的含义还有：在美国和欧洲部分地区，伸出大拇指表示搭车；在日本，大拇指表示“男人”等等。

莫里斯和科利特（Desmond Morris and Peter Collett）等人在探讨手势的起源和意义时，曾在40个地区投入大量问卷询问人们竖

---

① 徐德凯、杜博玉：“论非语言交际与文化”，《教书育人》2006年第2期，第61—62页。

起大拇指的含义，结果 738 人认为该手势与“OK”同义，即很棒、非常好、干得好；40 人认为该手势代表数字“1”；36 人认为该手势有性侮辱之意；30 人认为代表要搭车；14 人认为是指方向；还有 24 人给出了其他答案。①

小小的拇指就如此纷繁缭绕，更何况非语言因素涵盖的内容极其丰富。这提示我们，非语言交流的成功与否，在很大程度上是由一定文化环境决定的。

（二）非语言交流对跨文化交流的重要作用

很多人认为在跨文化交流中最重要的是学好对方的语言，却忽略了非语言交流行为的文化差异及其影响，结果在跨文化交流中频发文化误解和文化冲突。有研究指出，我们对另一文化的语言掌握得越熟练，对方就越无法容忍我们犯非语言交流的错误。对方会认为你对他们的文化很了解，从而误解你的冒犯是故意为之。所以在这个问题上犯错误，小了，影响人际关系；大了，影响国际关系。

比如，有一位美国的出口商去见一位沙特官员。进了该官员的办公室后，他在椅子上坐了下来，一只脚放到另外一只脚上，翘起二郎腿，鞋底对着沙特官员。然后，他用左手将文件递给沙特官员。接着，他又拒绝了该官员为他提供的咖啡。而这位美国商人因此付出的代价，便是丢掉了这笔一千万美元的生意。

如果能听听沙特官员的解释，这位美国商人一定会认同自己丢掉这担一千万的生意毫不冤枉。他从一走进办公室就一直在非语言行为上冒犯着沙特官员，几乎所有冒犯行为都触动了沙特文化的底

---

① Gestures：Their Origin and Meanings，引自网络资料：http：//bernd.wechner.info/Hitchhiking/Thumb/（最后一次访问 2010 年 7 月 18 日）

线。在阿拉伯文化中，用鞋底指向别人，是极端的侮辱；用阿拉伯人认为不洁的左手递东西给他们，是对他们的大不敬；而且沙特人很重义气，他们作为主人向客人提供的茶或咖啡，如果客人不肯喝，他们可能会认为这是客人对他的不信任。看来这位做出口贸易的美国商人，如果不好好补习一下沙特的非语言文化，将永远打不开沙特的销路。

影响国际关系的情况就更严重了，比如外交失误。前苏联总理赫鲁晓夫1959年访问美国时，一走下飞机，就把双手举过头顶并紧握在一起在空中前后摇晃，向到机场欢迎的群众致意，表示问候和友谊，然而这一行为却激怒了美国人。因为这在美国文化中象征着美国人被击败了——拳击时，赢的一方常用这一行为表示胜利。联想到赫鲁晓夫以前曾说过要埋葬美国资本主义的话，因此许多美国人认为这种手势表示他好像已经取得胜利，正在洋洋得意，难怪许多人感到不快。

上述事例表明，在跨文化交流中非语言交流所发挥的重要作用，正如霍尔在其跨文化交流学名著《无声的语言》中所说的，在跨文化交流中，“我们除了用有声的语言来表达思想外，还经常使用无声的语言——行为语言来交流自己的真实情感”。所以“进行有关别国的语言、历史、政治和习俗方面的培训，只是整个培训计划的第一步，介绍世界各国的非语言也具有同等重要的意义。非语言存在于世界各国和每个国家的不同群体之中”，[①] 同时贯穿于人们进行交流的整个过程之中。

简而言之，非语言交流的目的是为了在跨文化交流中更好地传递信息，让对方了解说话人所表达的意思，从而辅助、促进交流的进行，所以必须注重文化差异所带来的影响，尽量避免产生文化冲

① 爱德华·霍尔，刘健荣译：《无声的语言》，上海人民出版社，1991年版，（导言）第2—3页。

突，否则不仅不能帮助跨文化交流的顺利进行，反而会造成一些不必要的误解和不快。那么，有没有一些原则可以帮助我们便利地掌握非语言交流的文化差异呢?

三、非语言交流的文化差异

同词汇一样，非语言也包含两层概念：一层是非语言形式，一层是非语言意义。顾名思义，非语言形式就是通过面部表情、肢体动作、着装打扮、时空等因素展现出来的某种形式，比如微笑；而非语言意义是指这些非语言形式所传递的真实意思，比如微笑在表示快乐。在每种文化中，非语言形式与非语言意义都有相互对应的关系，但在跨文化的背景中，形式与意义又有何种对应关系呢？是否每种文化中的微笑都表示快乐呢？根据关世杰先生的观点，我们也把两种文化中非语言形式和意义的对应关系分为下述五种：重合关系、平行关系、全空缺关系、半空缺关系和冲突关系。[①]

（一）重合关系

重合关系是指某一文化中的非语言形式与另一文化中的非语言形式相同，且两种文化中的这一非语言形式所传递的意义也相同。比如摇白旗、双手举过头顶的非语言形式，表示的是投降的意义，这几乎在所有文化中都是通用的。再比如我们前文提到的几种带有超文化性的表情：生气、害怕、厌恶、惊讶、伤心和快乐，这在大

① 关世杰：《跨文化交流学》，北京大学出版社，1995年版，第265—267页。

多数文化中也通用，只是细节稍有差异。这类非语言行为一般不会给跨文化交流带来麻烦，大家通常都可以相互理解。

（二）平行关系

平行关系是指两种文化中的非语言形式虽然不同，但不同的形式所传递的意义却相同。

比如，各国表示问候和欢迎的习惯就不尽相同。许多国家的人们用握手来表示；日本人则以弯腰鞠躬的形式来表示；印度文化使用双手“合十礼”来表示；而阿拉伯、犹太、拉丁美洲和南欧一些民族，以相互涂抹或闻对方的气味表示问候；某些印第安人用拳头拍击彼此的头部或背部表示问候；新西兰的毛利（Maori）人则用“互相碰鼻子以分享生命的呼吸”的方式表示问候，他们称之为“*Hongi*”。

再介绍几种比较有意思的差异。比如：我们开玩笑时表示“丢人”、“没羞”等，是伸出食指，用指尖在自己脸上划几下，像搔痒，不过手指是直的；而美国人则是伸出两只手的食指，手心向下，用一个食指擦另一个食指的背面。还有我们表示“我吃饱了”，是用一只手或两只手轻轻拍拍自己的肚子；而美国人则是一只手放在自己的喉部，手心向下，表示已经吃到这儿了。

（三）全空缺关系

全空缺关系表示的是此无彼有或此有彼无的状态，即某种非语言形式及其意义只存在于一种文化中，在另一文化中没有相对应的形式，也没有相对应的意义。

比如，在欧美文化中用大拇指顶着鼻尖，其他四指上下扇动表示挑战和蔑视。

在欧洲，若用食指指向自己的太阳穴捻动并以不屑的眼光瞪向对方，表达的意思是："Are you crazy?"这一手势在欧洲的马路上常可见到。例如有行人在红灯时穿越马路，被迫紧急刹车的司机多会采用这一手势表达愤慨，如此虽不用摇下车窗破口大骂，照样可辱骂对方。

以食指指背刮下巴，犹如刮胡子一般，这是法国特有的手势，尤其是女性多用来对不喜欢的追求者表示拒绝。在咖啡厅若见到法国美女一面微笑一面以食指刮下巴，看似非常迷人可爱，而追求者一见，多会识趣地离开。这个动作的原始意思是令人厌烦的，因为在法语中剃刀与厌烦同义，所以法国人巧妙地以剃刀表达了自己的不喜欢之意。

中国的特殊文化也孕育了很多我们特有的非语言行为。比较经典的有叩桌谢礼。广东人在别人为自己沏茶添水时，常用食指轻轻敲桌子，以示谢意。现在，这种礼节在餐桌上已经非常普遍。据说这个习惯是有文化渊源的，来源于清朝乾隆皇帝下江南微服私访之际。当他给随从倒茶时，随从为了不暴露皇帝的身份，用这种方式表示向皇帝叩头，以谢主龙恩。还有，比如伸出两个竖起的食指在身前慢慢接近（往往在戏曲中出现），其意义是：男女相爱，匹配良缘。

总体而言，平行关系与全空缺关系都不会造成太大误解，更多的时候只是带来疑惑。所以，在跨文化交流中面对自己不熟悉的信息时，多问为什么、怎么样是很有必要的。

（四）半空缺关系

半空缺是指在两种文化中存在同样的非语言形式，但一种文化中存在与该形式相对应的非语言意义，而在另一种文化中却没有，该语言形式仅是一种单纯的行为。

例如我们所熟悉的微笑。微笑通常都具有愉悦之意，但在亚洲文化中，微笑还可以传递紧张、尴尬、歉意、不计较等意义。一旦用错文化，便会制造麻烦。

比如，一个美国人不小心摔了一跤，他会感到很困窘。这时身旁如果有中国人、泰国人、日本人，他们可能会微微发笑，而这将令摔跤的美国人觉得受到耻笑，非常生气。其实他们的这种笑并非是在嘲笑当事人，也不是幸灾乐祸，而有很多涵义，可以表示“别当回事儿”、“没关系”、“我们也常这样”等等，目的是想让当事人释怀。不过，对于不了解这些意思的人来说，这样一笑会使他们感到很不愉快，甚至厌恶发笑者。

再例如在中国，双手递物表示对接物人的尊敬，而在欧美文化中单双手都一样，就看怎么方便了。类似的还有在阿拉伯文化中，左手递物是对接物人的大不敬，因为在阿拉伯文化中，左手是人们如厕时清理身体的，所以被视为不洁，因此不能用来吃饭、递东西给他人等等。而在其他文化中，左右手则没有任何区分。自然，在这种情况下难免会引起误解，尤其是此方文化中的个体展示了一种在其文化中没有特别意义，而在彼方文化中却带有强烈负面意义的行为时。不过最易引发问题的还是下面这类情况，那就是冲突关系。

（五）冲突关系

冲突关系是指在两种文化中都有某一非语言表现形式，但就其在各自文化中的意义而言却极为不同，甚至相反的情况。换句话说，某一非语言行为在一种文化中传递的是正向的信息，而在另一文化中传递的却是负向的信息。这一类事例有很多。

以表示“是和否”的动作为例：多数国家表示“是”用点头，但印度和巴基斯坦则是用摇头，希腊人也是用摇头来表示“yes”；而多数国家表示“否”用摇头，印巴却反过来用点头，希腊人则用面部向前、头部向后仰的姿势表示“No”。据说，有个英国人赶到港口要乘船去一座小岛，便问港口的一个希腊人去小岛的船是否已经离开，希腊人摇了摇头表示“yes”，即已经离开，但英国人误以为尚未离开，于是苦等几个钟头未果。

再比如表示“O. K.”的环形手势。在我们的现代文化中，该手势表示“可以”、“没问题”、“一切就绪”等，这其实是受到美国文化的影响，而在我国的传统意义上讲，它指的是“零”。此外，该手势在日本表示“金钱”，在地中海沿海的一些国家有污秽之意，在法国则表示“微不足道”或“一钱不值”。如果在异文化错用了这一手势，可能会招来无谓的恼火。例如，有个美国人来到法国，他到餐馆吃饭期间，为他做菜的厨师走过来询问他饭菜是否合口味。这位美国人很满意，就做出了“O. K.”的手势，结果却招来厨师的一腔怨火。因为在法国厨师看来，这个美国人是在说“你的菜真是一钱不值”。

类似的还有表示胜利的“V”形手势，同样广为流传。该手势是由英国首相丘吉尔创立的，但在英国文化中，使用该手势时手掌向内和向外，表达的意思却差之千里。可是在许多借用这一手势的文化中，很少有人会进行区分。即便是在美国，也并非那么泾渭分明。一个美国学者说，她曾经看撒切尔人夫人演讲。演讲过程中，撒切尔夫人使用了手掌向内的“V”形手势，这位学者本以为她要表达胜利的意思，而其实她要表示的是：“见鬼去吧。”

这一类型的案例还有抚摸孩子的头、为自己鼓掌等等。在我们的文化中，人们见了很小的孩子都喜欢用手去轻拍孩子的头。这在中国人看来是表示对孩子的亲近和爱抚，即对小孩的喜爱。而西方妇女却不这样认为，这样的行为会让她们感到别扭，因为在她们的文化中，这种行为是无礼的，是会引起对方强烈的反感和厌恶的。如果在泰国，轻抚孩子的头更是令他们难以容忍。因为泰国人认为孩子的头是神圣的，除了国王和孩子的父母外，其他人是不能碰的。为自己鼓掌则是指在观众鼓掌的时候，表演者或演讲者也一起鼓掌。在中国文化中，这是相互表示友好感情的意思；而在英语文化中，为自己鼓掌是不谦虚的表现。

总之，一系列的阴差阳错会让这种冲突型的非语言行为给我们的跨文化交流带来诸多障碍。

要避免上述跨文化交流中的非语言误解，徐德凯等人曾总结过几大指导原则。①

首先，交流者应该对支配自己非语言行为的文化规则有充分的认识。因为交流者只有充分了解并学会遵循支配自己行为的文化规则，才能去了解并在交流中适应其他非语言行为的文化规则，知彼先要知己。

其次，正确解释异文化的非语言行为。非语言有其超文化性的一面，即适用于所有人的普遍性和共性。譬如人类表达情绪的本能方式大致相同，使得某些行为，如哭泣、皱眉等具有普遍相似的表意功能。但非语言交流在更大程度上具有的是特殊性和文化制约性。非语言行为往往能够直接反映出文化在各个层面上的特点。只有养成有意识地观察并正确解释支配非语言交流的文化规约的习惯，交流者才能够适应具体的文化、社会、场合、情景中的各种行为。

① 徐德凯、杜博玉："论非语言交际与文化"，《教书育人》2006年第2期，第61—62页。

再次，考虑到非语言的文化制约性，我们在进行跨文化交流的时候，要学会调节对非语言行为差异的情感反应。当异文化中个体的某一非语言表现形式让我们感到不舒服时，要控制好自己的情绪，之后再多了解相关的知识，这才是有效交流的关键所在。

第四，交流者在对自己的文化或异文化的非语言行为进行判断和推论时，应该避免过度概括的错误。先要进行细致的观察，然后做出试探性的解释，最后再进行全面和充分的概括。另外，交流者应该始终认识到，由于概括性的推论中总存在特殊和例外，因而无论你的概括有多全面，也总会存在局限性。

最后，通过多种途径努力提高观察、评价和恰当有效地实施非语言行为的能力。这些途径主要包括：在生活中通过读书、阅报、看电影等加深对本国尤其是外国文化的学习和了解；通过参加涉外活动，多与外国人接触，在实践中提高对非语言行为的敏感性等。

四、非语言交流的分类

非语言涉及的范围很广，类型也纷繁多样，要系统了解这一领域需要分类学的知识，对此毕继万在《跨文化非语言交际》中做了详细的整理。[①]

非语言交流的分类方法很多，最早的分类方法是鲁希和基斯（Ruesch & Kees）指出的根据非语言交流的基本成分进行的分类法，包括：（1）手势语言，例如表示词义、数字和标点符号的手势，从单个手势到完整的哑语体系都包括在内；（2）动作语言，如人的

① 毕继万：《跨文化非语言交际》，外语教学与研究出版社，1998年版。

坐、立、行、走都可能传达某种信息，就像匆匆的来回踱步表示焦虑或者紧张；(3) 客体语言，指有意无意进行设置的外在物体，如房间里的摆设、人的衣着等等。

纳普（M. Knapp）将非语言划分为七类，分别是：身势动作和体语行为（body motion and kinesic behavior）、身体特征（physical characteristics）、体触行为（touching behavior）、副语言（paralanguage）、近体距离（proxemics）、化妆用品（artifacts）和环境因素（environmental factors）。

之后，詹森（Jensen）又在总结有关学者对“无声的语言”研究成果的基础上，将非语言交流划分为四类：身体动作和姿势（body motion and gestures）、对时间的态度（attitudes toward time）、对空间的态度（attitudes toward space）和一般交际习惯（general habits in communication）。

最细致的则要数康登（J. Condon）的二十四分法：手势、面部表情、姿势、服装和发式、行走姿势、体距、体触、眼色交流、建筑及室内设计、装饰用品（如胸针、手杖、珠宝首饰）、标示图、艺术和修饰形式（包括婚礼舞会和政治游行）、体型、气味、副语言、颜色象征、言语与动作的配合、口味嗜好、气温适应、化妆用品（如香粉、口红、纹身）、各种信号（如鼓声、烟雾、工厂汽笛、警用警报器）、时间观念、语言行为中的时间调节和停顿、沉默。不过康登也指出，非语言交流是一门跨学科的学术研究，涵盖面非常广，我们没必要穷尽整个领域。

国内较多采用的分类方法是将非语言交流划分为体态语（body Language）、副语言（paralanguage）、客体语（object language）、环境语（environmental language）四大类。这种分类方法概括性高、简洁，而且也比较周延。下一章我们将结合这一分类方法，逐一介绍每一类型在跨文化交流中的特点。

简单而言，体态语是指人们在交际中有意或无意使用的姿态和动作，包括基本的姿态（姿势和身势）、基本的礼节动作（如握手、亲吻和拥抱、微笑、体触等）以及人体各部分的动作（如头部动作、面部动作、目光交流、臂部动作、手部动作、腿部动作等）所提供的交流信息。

副语言是指伴随语言的一切声学现象，包括沉默、话轮转接和各种非语义声音，以及语气、语调等等。

客体语是指对与主体有关的物质客体进行的一切有意和无意的展示，主要包括身体气味的掩饰、衣着和化妆、个人用品的交流作用，还有个人所使用的一些工具提供的交流信息等等。这些物品具备双重功能：实用性和交际性。从交际角度来看，这些用品都可以传递非语言信息，都可以展示使用者的文化特性和个人特征。因此，个人用品也属于非语言交际范畴之列。

环境语也可以说是一种客体语。不过，与人工用品相比，它与个人的结合不太紧密，不易移动，更具持久性。从非语言交流的角度来看，所谓的环境是指文化本身所造成的生理和心理环境，而不是人们居住的地理环境。环境语包括空间信息（如拥挤、近体距离、领地观念、空间取向等）、时间信息、建筑设计与室内装饰、声音、灯光、颜色、标识等等。这些环境因素都可以提供交流信息，因而也能展示文化特性。

本章我们主要为大家介绍了非语言交流在交流过程，特别是在跨文化交流过程中的作用，以及非语言交流的文化差异，旨在培养大家在跨文化交流中对非语言信息的敏感性，减少交流中的障碍和误会。

思考题

1. 非语言交流有哪些重要特征？请举例说明。

2. 如何理解非语言交流的超文化性和文化制约性?

3. 举例说明非语言交流的各种文化差异。

4. 减少非语言交流误解的指导原则是什么?

5. 简述非语言交流的类型。

KUA WEN HUA JIAO LIU LUN

第十章

跨文化交流中的非语言因素（Ⅱ）

非语言交流包括体态语、副语言、客体语、环境语等不同类型。那么，在跨文化交流中，每种类型又具有哪些特点？应该注意哪些问题呢？下文将一一解答。

一、体态语

体态语主要指传递交流信息的表情和动作。更准确地说，体态语是用以同外界交流情感的全身或部分身体的反射性或意识性动作。

据估计，人体可以做出 27 万种姿势和动作，比人体所能发出的声音还要多。这么多人体姿势和动作所表示的含义复杂多变：有的明确具体，有的却笼统模糊；有的用于交流，有的只是自我表达；有的传递情感信息，有的则反映个性特征。所以，体态语的分类也是纷繁多样的。其中，艾克曼和弗里森（Ekman and Friesen）的体态语分类法在非语言交流学界影响深远，他们把人的身体和脸部的连续动作按各种行为的起因、用法和代码分为五大类，分别是象征性动作、说明性动作、情绪表露的动作、调节性动作和适应性动作。[①]

（一）象征性动作

象征性动作是人们有意采用的以传递信息的动作，通常都有清晰明确的含义，如表示“O. K.”和胜利“V”的手势。它常用来代替语言行为，或者说可以翻译成语言。一般情况下，象征性动作都有明显的文化特征。例如表示自杀的动作，在日本是用手模仿匕首刺向腹部，体现的是日本传统文化中的武士道精神；在美国是用手比成手枪瞄准太阳穴，体现了美国私人拥有枪支不足为奇的社会文化背景；在新几内亚，将手架在脖子上表示自杀；而在中国，这种手势则是表示被人杀，是古代刑法中取人“首级”的体现。特别重要的一类象征性动作是手势，其所传达的信息在文化之间的差异比较大。

在一些颇受宗教文化特别是基督教文化影响的国家中，许多手势来自于他们所信奉的宗教。

比如在绿茵场上，巴西球员罗纳尔多、里卡尔多·卡卡在进球之后都有自己独特的庆祝动作。罗纳尔多一只手食指指向天空，另一只手指向地面，满场奔跑；卡卡则是双手食指指向天空。许多球迷对他们的手势很感兴趣。翻译成语言的话，它们都有感谢上帝和祈福的意思，也有告慰已故亲人的意味。这是基督教中天堂与尘世的标识。标准动作是一只手食指指向天空，其他手指蜷于掌中，另外一只手朝向地面，代表一个人落入尘世之后又重新升入天堂，也代表升入天堂之后又落入凡尘。

再比如，将双手张开举到身前，但并不举过头顶，就像手中抱

① 云贵彬：《非语言交际与文化》，中国传媒大学出版社，2006年版，第26页。

了一个球，这是赞颂的手势。美国前总统小布什和委内瑞拉总统查韦斯在演讲的时候都喜欢这一手势。还有，将右手张开，紧贴于胸前，是在表示忠诚。我们常看到一些运动员在升国旗的时候会使用这个动作，以表示对国家的忠诚。

另外，一只手或两只手的食指、中指交叉，举在胸前表示但愿如此或者祝你成功。过去这是基督教徒用一只手比划“十”字的手势，也是天主教徒在胸前划“十”字的简化动作。有时，人们说谎时，则会将食指和中指交叉放在背后或别人看不到的地方，以祈求上帝保佑自己免受谴责。

上述这些手势基本都源自宗教传统，而我们的文化中并没有这类手势。当然，我们现在也有一定程度的借鉴，特别是在年轻人当中，但要注意以尊重我们的固有文化为前提。比如中国某些运动员在升国旗、奏国歌的时候会将右手贴于胸前，其实这种“摸心礼”并不符合我们《国旗法》规定的“举行升旗仪式时，在国旗升起的过程中，参加者应当面向国旗肃立致敬，并可以奏唱国歌”，所以“摸心礼”并不值得推崇。

日常生活中也有很多体现文化差异的手势。比如英语国家的人在说话时，常爱用两手表示引号的动作。其做法是：将两手举到与头平行，掌心向外，勾动食指和中指，其他手指蜷于掌中。形象一点说，像是在表现自己有一对“兔耳朵”。该手势表示书写的引号，意思是所谓的、自称是或假冒的。这一手势也已经在香港文化中扎根。香港学生在做课堂报告，特别是在采用英文做报告时，甚至老师在讲课时都会不时地用到这个“兔耳朵”的手势。可见，要深入学习一种语言，难免要受到其文化的浸染。

其他的范例，如用手指钻捻太阳穴，在英语国家表示“你太愚蠢了”、“你太没意思了”，而在荷兰却有夸奖对方聪明之意。在我们中国，用食指指向太阳穴画圈则是要仔细考虑、仔细思考问题的意思。另外，英语国家的人还极为讲究掌心的朝向，特别是在握手的时候。伸出的手，手心向上，这是一种顺从的手掌姿势；手心朝下，这是支配、控制性的手掌姿势，霸道强权的人喜欢用这样的姿势。

（二）说明性动作

说明性动作往往与语言行为相伴而生，以说明或者例示语言信息，用于令所说的内容更形象具体，如指点一个物体或方向、描述一种空间关系、描述某一种身体动作等。举例来说，我们演讲时叩击桌子以强调演讲内容；一边告诉问路的人到某个场所的道路，一边用手指示眼睛看不到的路线，说明自己传递的信息；一边说“赞成”一边点头，或一边说“不同意”一边摇头。说明性的手势不像象征性的手势那么具有目的性，也不像象征性的手势可以翻译成话语。

由于说明性的手势是极为自然地伴随语言出现的，因此有人推测这类手势很可能具有万国通用的意义。但伯德惠斯戴尔（R. L. Birdwhistell）却说：迄今尚未发现在所有社会中具有共同意义的手势和其他人体动作。人类都会眨眼、摇头、点头，但这些动作传达的非语言信息却因文化和社会而异。语言学家指出，采用的语言不同，说话时使用的手势、动作的数量和样式也不同，带有很强的文化色彩。

20世纪30—40年代，弗奥莱罗·拉加迪亚时任纽约市市长，其父是意大利人，其母为犹太人，而他本人的大半生在纽约度过，所以他能流利地运用意大利语、意第绪语（属于日耳曼语族，全球大约有300万人在使用，大部分的使用者是犹太人）、纽约方言的英语这三种语言中的任何一种讲话。他会分别使用这三种语言对这三种语言集团的人做演讲，所以颇受市民好评。新闻报道的摄影机几乎每时每刻都在记录市长的言行，有时声形具备，有时却是只有画面的无声摄影。但尽管如此，精通这三种语言的任何人，都能仅通过新闻报道中他的手势，来判断他在用哪种语言演讲，因为拉加迪亚在身体语言的运用上也与这三种语言的集团相对应。通常使用英语的时候，其手腕部的动作要远远少于使用意大利语和意第绪语。[①]意大利的男性几乎一边不断运动两腕，一边说话，甚至一边运动手和手指，一边左右对称地大幅度挥舞两腕。犹太人在讲话的时候手部动作也比较随意。如果与德国人相比，犹太人的说明性动作就随意得多。所以第二次世界大战时期生活在德国境内的犹太人要尽量控制自己的手部动作，以免暴露身份。

再比如，有些文化中的人说话时比较平静，有些文化中的人则显得咄咄逼人，重要的是了解这都是“文化惹的祸”，不要据此随意判断对方的品性。

（三）情感表露的动作

情绪表露的动作主要是指表露情感或情绪的面部表情，表露情感的动作所传达的信息是个人的情绪状态或反应，或者两者兼具。其所传达的信息主要由脸上的表情体现，但脸以外的其他动作也传达着重要的补充信息。

与象征性动作和说明性动作相比，情感表露的动作更为自然，也更难受人意识的控制。虽然有几种表情，比如欢喜、悲伤、害怕、惊讶等在许多文化中通用，但人们在对情感流露的控制以及解读方面还是存在大量的文化差异。

① 云贵彬：《非语言交际与文化》，中国传媒大学出版社，2006年版，第31页。

比如，相对于南欧、拉美、中东文化，美国文化更强调对个人情感的控制，美国人在人前“哀形于色”会被看作一种不妥当的行为。

肯尼迪总统遭暗杀之后，当时的总统夫人杰奎琳出现在公众面前时，一直保持着冷静、沉着、刚毅的态度，一点也没有流露出心中的悲痛，美国人都对此表示赞赏和尊敬。但有的国家却认为，在人前毫不掩饰地表现悲伤的心情是理所当然的，对这些国家而言，作为总统的未亡人如此镇定自若实在是让人难以理解。有记者甚至直接表示，也只有美国人才会如此。

在美国，孩子很小就由父母带领着参加一些竞争性的游戏。为了让孩子能表现得“输得起”，父母同幼儿游戏时总是毫不客气地打败他们。超过 5 岁的孩子若在光明正大的游戏中输了而哭鼻子、耍脾气，就会遭到同伴的讥讽和嘲笑。在少年棒球比赛中，对于因防守出错、被判犯规而哭泣的少年选手，教练和父母往往会毫不留情地斥责，即便容许表达愤怒和不快，也不能让人看到其可怜巴巴的惨状。1982 年 7 月，美国电视观众第一次得到观看世界杯实况直播的机会。当看到半决赛势均力敌的法国队与德国队用点球决胜负，而法国队和德国队的球员都因射失点球伏在地上大哭时，美国观众都觉得不可思议，认为何至于此。

当然，事无绝对。在 2004 年雅典奥运会上，男子 50 米步枪三种姿势的决赛中，美国最具实力的选手埃蒙斯一路领先，只是在最后一发脱靶，把奖牌拱手送给我国选手贾占波。2008 年北京奥运会，也是在同一个项目上，历史奇迹般地重演，埃蒙斯同样在决赛中一路领先的情况下，在最后不可思议地打出 4.4 环，与奖牌失之交臂，我国选手邱健以高于第二名 0.1 环的成绩获得冠军。比赛结束后，埃蒙斯的妻子走上来安慰他，观众可以清晰地看到他的妻子为他擦试眼泪。可能，这一失败太具有戏剧性、太让人难以承受，所以“上帝”也要为他哭泣了。但总体而言，美国文化还是特别强调在公众面前掩饰悲伤情感的。

除了美国人之外，英国和日本文化也强调对情感表露的克制。从儿童时代起，日本人便得到训诫：要向朋友和附近的人隐藏自己的悲痛和苦恼，要时常显示出快乐的样子。在有教养的日本人看来，不能控制自己的感情是严重的耻辱。日本人会在 *honne*（本音，日文：ほんね）与 *tatemae*（建前，日文：たてまえ）之间做出区分。前者意为真正的音色、真话、真心话，指一个人真正的内心情感；而后者意为方针、主义、原则，是一个人向其他人表达的、以便和其他人保持一致的情感。这种区分说明，日本人可能很少向他人袒露自己的真情实感。

不过，在伊朗，即使是多愁善感的男性也不会被人看不起。比起逻辑推理来，伊朗的男性更多地依赖直觉，因而其有一种遇事冲动很容易流泪的倾向。但另一方面，伊朗的女性却被期待要有自制力，要保持脚踏实地的态度。这一点与美国正好相反。

我们还可以以微笑为例。诺贝尔和平奖获得者詹姆斯·卡特在任职美国总统期间，最著名的特征就是在任何时候都能立刻浮现的微笑。然而，卡特这么迷人的微笑在他在任时却不那么讨好，很多美国人不大相信人能不断产生那么全神贯注的微笑。

其实在卡特为人所知之前很久，非语言学家伯德惠斯戴尔就已经注意到，在美国，微笑的频率往往因地而异。他指出：在美国人中，南部人的微笑频率最高，加拿大和美国交界的五大湖地区的人们最不爱笑。在北部新英格兰的生活方式中，孩子们受到的教育是：节制的微笑是谦虚谨慎的极致。而南部的孩子们受到的教育是：微笑表示有礼貌和欢迎的心情。因此卡特家乡佐治亚州的人们已经习惯了这种卡特式的微笑，不认为这有什么问题；而北部不爱笑的美国人却怀疑这一点，常用敌视的目光看待卡特。[①]

我们在“文化模式”一章提及霜田等人对英国、意大利和日本三个国家人们情感表达进行的跨文化研究时也已指出，不同文化的人在解读其他文化中人们的表情时总是误会丛生。其中意大利人的情感表达最直接，日本人最含而不露，所以三个国家的人相比，人们对意大利人的表情进行解读的正确率最高，而针对日本人的误读率最高。这都表明了这类体态语的复杂性。

霜田等人的进一步分析还指出，“惊讶”的表情是英、意、日三国人解读正确率最低的表情，无论是解读本文化中的人还是其他国家的人，这就说明“惊讶”是人们最难解读的表情。而解读正确率最高的表情是“快乐”，说明“快乐”的表情在各种文化中具有更多的共同性。参见表10—1。[②]

表10—1：英意日三国人相互解读十二种表情的正确率（%）

表演者	英国人			意大利人			日本人		
（判断者）	英	意	日	英	意	日	英	意	日
惊讶	66	24	40	25	28	27	20	06	21
悲哀	42	39	42	36	51	59	20	25	31
忧伤	54	43	44	41	56	50	35	36	60
友善	67	70	76	60	69	61	72	58	28
顺从	61	51	52	71	73	72	16	17	32
生气	54	70	68	54	54	52	33	15	53
恐惧	88	63	62	39	53	45	48	30	47
快乐	65	*73*	*77*	*85*	82	*85*	*88*	*83*	88

① 云贵彬：《非语言交际与文化》，中国传媒大学出版社，2006年版，第36—39页。

② Shimoda, K., Argyle, M., & Ricci-Bitti, P., The intercultural recognition of emotional expressions by thress national groups—English, Italian and Japaness, *Eroupean Journal of Social Psychology*, 1978, 8 (2), pp. 169—179.

续表

表演者	英国人			意大利人			日本人		
（判断者）	英	意	日	英	意	日	英	意	日
焦虑	73	53	64	54	67	53	27	22	32
厌恶	50	42	53	73	*88*	82	13	10	24
高傲	*92*	61	64	81	75	70	48	43	69
敌意	36	47	47	54	50	53	26	10	29

（四）调节性的动作

调节性的动作多用在面对面的交谈中，以控制讲话的轮换和其他人际交流的过程，比如用点头让讲话人继续讲下去，用紧锁眉头让讲话人进一步解释，用清嗓子的方式提示对方自己要讲话等等，这些也是近几年针对话轮转换（turn-taking）的研究结果。

在谈话过程中，决定谁先说、谁下一个说都是比较关键的，如果不能很好地处理这类问题，就会导致谈话过程中同一时间多个人开口说话，或者很长时间的尴尬的沉默。在大多数谈话中，比较顺利的话轮转换是因为调节者很成功地运用了比如转头、目光凝视等身体动作。其中，目光接触与凝视是进行调节的一种重要形式。在交流中，人们可以运用目光的接触与避开、目光接触时间的长短、凝视、视线的控制、眼光的抬高和低垂等传递出多种信息。

但是在不同的文化中，对目光的运用和解读也存在较大差异。在交谈中，阿拉伯人和拉美人的目光接触多于西欧和北美人。因为阿拉伯人认为，紧紧凝视对方的眼睛才能领会对方的心灵，双目是个人存在的钥匙，如果你经常移开目光，那就意味着你对他的话题缺少兴趣或者更坏，是对他们缺少尊重的表现。所以说话时，他们会目不转睛地直视对方的眼睛。由于太习惯于交谈时注视对方的眼睛，他们甚至对肩并肩边走边谈时都感到不舒服，而可能会急走到对方前面，面对面地交谈。

北欧、印度、中国、日本、朝鲜、韩国等地的人目光接触少于西欧和北美人，不过美国本土的人，通常会避开直接的目光接触，比如纳瓦霍人（Navajos，美国最大的印第安部落）。他们即使在与自己很高兴见到的人握手时，也会避免直接凝视对方。在纳瓦霍人看来，保持一种直接的目光接触是在表示生气。

在日本，传统上，直接与长者目光相对是不尊敬、不礼貌的，所以孩子们从小便被教育凝视他们祖父母的Adam's Apple（亚当的苹果——喉结），因此日本人与人交谈时很少与人四目相对。当然，这并非一成不变的，现在许多日本青年已经较少遵循这一传统，与人交谈时，目光交流通常比较自由，只是在长辈面前略有些拘束。

而美国人和西欧人则认为，相识的人谈话，应保持适当的眼神接触。英美人有句格言："不要相信不敢直视你的人。"不过通常说话者不会与听者保持直接的、不变的日光接触，他们往往把脸扭向一侧，看某个虚在的物体，偶尔用目光扫一眼，以确认与听者的眼神交流。而听者却要很专注地看着说话者。孩子们从小受到的教育就是，"我（父母）和你说话的时候，眼睛要看着我"。有研究者统计，美国人在面对面谈话时，说话者有大概40%的时间在看着对方，而听者则有60%—75%的时间在看着说话者。所以，英美人在讲演的时候，发现中国听众常常要避开这种眼神交流，这会令外国演讲者产生误解甚至恼火，以为听众对演讲并不感兴趣。

所以，阿拉伯人、美国人和日本人在一起讨论问题时，若想顺利地实现话轮转换，只有多借助语言提示，以防因解读目光交流的文化差异造成不必要的误解。

目光除了在谈话过程中起到调节作用之外，还调节着陌生人之间的互动。目不转睛地盯着陌生人看（不管对方是否是美女），这无论是在中国文化还是在欧美文化中，都是不礼貌的举动，是对他人的不尊重。如果盯看的对象是异国人，又会因为文化差异平添更多误解。记得笔者某次在地铁时，发现前方有两位男同胞不时地往左后方观望，一直好奇他们在看什么。直到听见一个女孩用生硬的中国话质问："你们在看什么？你们看到鬼了吗？"我才注意到一个棕色头发的女孩正朝我们这个方向怒目而视。从女孩的外貌判断，她可能来自欧洲某国。两位男士赶紧收回目光，互相自嘲地笑了笑。其中一位还自我解嘲地小声嘀咕："鬼，真是见到鬼了。"这幅场景真可谓好笑又无奈。我们同胞那过剩的好奇心一定激怒了这个异域的女孩，让她感觉受到了侵犯。不少外国友人都有此尴尬的经历，在地铁、电梯或大街上像是展览一样被人"欣赏"。只是这个女孩被人"欣赏"时，没有像中国女孩那般回避对方的目光，而是迎面质问，想必这也是两位先生始料未及的。看来，这次跨文化的经历很难给双方留下正面的印象了。其提醒国人，"非礼勿视"的教诲不仅适用于对待我们自己文化的人，同样适用于对待其他文化的人。

（五）适应性动作

适应性的动作是一种无意传达信息而做出的自我调适性的动作，比如人们克制自己打哈欠的动作、搔痒时的动作，还有人们习惯性的坐、立、行走等姿势。有时，它只是人们缓解自己紧张、焦虑或其他情绪的一种手段，比如搔搔头、玩弄一下手指或铅笔等，并无意传达任何信息，更可能是下意识的动作。当然，这一类举动反而可以让对方捕捉到你当时的心理状态。我们说非语言比语言更可信，便是指这一类体态语所传达的信息更可信。

这类适应性的动作当然也是有文化差异的，比如人们习惯性的坐姿。欧洲男性坐着交谈的时候，喜欢将一条腿搭在另一条腿上，膝部重叠。美国男性却认为这类动作太女气，因为他们习惯于将一条腿的小腿或脚跟搭在另一条腿上，呈现阿拉伯数字“4”的姿态，而且穿裤装的美国女性有时也会采用这类姿态。然而很多欧洲人却认为这种坐姿很粗俗，并且如果女性这样，就容易被误认为是“女同性恋”。[①]

我们再来举几个英语国家的人比较典型的适应性体态语。

两手相钳，在英语国家容易产生一种负面效应。人们认为这一姿势表现的是一种受挫或敌视的态度。这一姿势有三个主要位置：两肘支在桌上，相钳的双手架在脸前面；相钳的双手平放在桌面上；坐时放在腿上，站时放在裤裆部位。手势的位置越高，表明情绪越不好。其在我们国家却无特别涵意。

还有尖塔形的手势，也就是将一只手的指尖相对应地轻轻接触另一只手的指尖部位，形成一个尖塔形的手势，就好像西方哥特式建筑那高耸的尖塔。你可以将通过指尖粘合在一起的两只手向内压或向外张。有研究指出，尖塔形的手势经常出现在上下级之间的交谈中，而这一手势代表的是信心或一种自信的态度。当上级指导下级，或是给下级提建议时，通常都会在说话时使用这一手势。从事会计、律师以及管理者工作的人更是对这一手势情有独钟。自信的高层管理人员也经常会使用这一手势，以此体现他们的身份和信心满满。尖塔形手势分为两种：指尖朝上的尖塔，人们通常会在发表自己的观点或意见时使用该手势；指尖朝下的尖塔，人们通常在聆听他人的观点和意见时使用该手势。比较而言，女性更加偏爱使用指尖朝下的尖塔手势，这应该与社会期望女性不要太张扬有关。[②]

适应性的动作通常不用来传递明确的信息，只是使用者的自我

---

① 云贵彬：《非语言交际与文化》，中国传媒大学出版社，2006年版，第47页。

② Pease, A., *Body Language*, Australia: Camel Publishing Company, 1981, pp. 39—43.

调适，所以在跨文化交流中引起误解的几率比较小。一般来说，这个领域是犯罪心理学家比较关注的。

二、副语言

形容副语言最传神的一个词是“阴阳怪气”。你能听到一句话的弦外之音便是副语言在发挥着作用。

副语言有广义和狭义之分。狭义的副语言有时也被称为“腔调”或“音调”，它包含着别人能够听到的言语内容之外的人声所产生的全部刺激因素。特拉格曾将副语言区分为两类：一类是音质，包括音幅、声调控制、韵律控制，像抑扬顿挫、音速等。另一类是发音，包括三小类：第一，声音特点，如哄笑、窃笑、忍俊不止的笑、抽泣、啜泣、呻吟、呢喃、哈欠、叹息等人们发出的带有特征的声音；第二，声音的修饰，包括声音从强到弱、由高向低的变化，以及声音的长短等；第三，声音的分割，例如嗯、啊、呃等。此外，沉默停顿、话语失误等都包括在内。

那么，人们的音调、语速、音长是如何传达信息的呢？我们用个实验来说明问题。

桥埃尔·汉·达维茨和他的妻子路易斯·吉恩在纽约哥伦比亚大学做过一个实验。他们选了以英语为母语的8个美国人为被试者，又召集了30个人作为这8个人声音表达的评判者，要求这8个被试者朗读10遍字母表，每一遍要表达一种不同的情感。然后让那30个人判定这没有意义的声音所传达的情感信息，结果显示命中率为：愤怒65%，不安54%，悲伤49%，幸福43%，同情38%，满足31%，爱情、恐怖、嫉妒都是25%，自豪为28%。[①]

从中，我们可以发现副语言所发挥的微妙力量。在我们汉语的表达中，也可以明显地看到副语言发挥的作用，同一句话只要改变语调、语气和所强调的词汇，整个语句所传达的意思就完全变了。比如下面这个例子：

我要谢谢你。（表达谢意）

我要谢谢你？（表达反义）

在跨文化交流中我们要特别注意沉默的态度。有关沉默的中西文化差异，我们在以前的章节已经多次讲到。一般东方文化或者说高语境文化中的人们善用沉默。人们用沉默表示对说话人的尊重，表示在考虑说话者的想法，以及掂量对要陈述内容的正面和反面意见，以便得出一个考虑周全的反馈。

但在西方文化中，由于欧美人都很喜欢一定的节奏以及陈述时的抑扬顿挫，所以当他们觉得对方陈述的内容很混乱，对于其提出的意见持否定态度甚至感到恼火时，他们才会表示沉默。

而两种文化对沉默的不同解读，必然要造成交流中的不快。相关内容，请参照前面章节，此处不再赘述。

副语言的其他方面，比如对音高和音量的控制也有明显的文化差异。英语国家的人在公开演说时可以开怀大笑，在轻松愉快的宴会上也常放声大笑，但在讲演、讲课、交谈、打电话时声音就要比中国人低很多。所以，英语国家的人在和中国人交谈时，或听到中国人打电话时，常感到不习惯。在飞机、轮船、公车和其他公开场合，中国人的高声交谈会使周围的西方人感到很奇怪。所以一些出

① 云贵彬：《非语言交际与文化》，中国传媒大学出版社，2006年版，第70—71页。

国须知上会专门注明：搭乘飞机时请注意与他人的谈话声音。中国人热情而友善，因此时常不注意就会将自己的话音提高或吆喝自己的伙伴，这样的行为很容易引起其他国家人士的误解，因此，在此特别要提醒您，在公共场所不要大声说话以及吆喝。不过，在阿拉伯社会中，音量大意味着力量和诚意，讲话细声细气则表示意志薄弱，他们只有在面对长辈的时候才会放低音量以表示敬意和谦逊。对于我们而言，最好都能做到入乡随俗。

至于语言中的语气、语调，这就要求我们在学习一门新语言时多听、多练、多悟了。

三、客体语

客体语是利用自身的外在物质传递信息的行为。比如利用衣着、装饰品甚至一个人的笔迹等，就如我们常说的“字如其人”。客体语的涵盖范围很广，我们主要以外貌、身体的气味和着装来介绍一下客体语的文化差异。

（一）美貌

同一文化中的人评价美的标准都各有各的不同，更不用说不同文化看待美丑的差异了。例如，我国有“环肥燕瘦”的形容，这就更加说明即使在同一历史文化传承中，不同的历史时期也有不同的审美标准。同样，在欧美国家，18、19 世纪的时候，白瓷娃娃式的肌肤曾被当作“贵妇而非农家女”的标志而受到推崇；而今，被晒得有些古铜色的肌肤则传达了无忧无虑的户外生活方式的信息，更加受到珍视。

就文化而言，从丑小鸭一跃成为美天鹅的名模吕燕，可以很好地说明东西方的审美差异。吕燕 2000 年 11 月在世界超模大赛上代表中国参赛，大爆冷门，荣登亚军的宝座，这是中国人在世界超级模特大赛上获得的最好成绩。在法国人看来，吕燕具有典型的东方女性的特征，是典型的东方美女。但从中国人的审美角度来看，很难将吕燕与东方美女划上等号。虽然这种对比展现了东西方审美的差异，但就吕燕本身而言，她的自信、开朗、坚定都足以诠释她的美丽。

对于吕燕美丑的争论，我们尚可说仁者见仁、智者见智，而有些地方对美丽的界定可能会令我们非常吃惊。比如缅甸南部的布岛族，以长脖子为美，圈美是布岛人之美。在布岛族男人的眼里，脖子上套最多圈（黄铜环）的女人是最美的女人。布岛族女人一生最大的心愿，就是想方设法往自己的脖子上多套几个圈圈。所以，以我们的眼光来看，布岛族的女性脖子与身体是不成比例的，但在布岛人看来那却是美丽的标志。

还有些文化以刺青为美。比如新西兰毛利族的男性都进行全身刺青。地位高的男性，从儿时起全身就用强烈的图案进行装饰。而且毛利人在刺青的时候都不使用麻药，有时刺青要持续几个月，所以刺青不仅是“扮靓”的方式，也是勇气的体现。

爱斯基摩人的男性则为了提高对异性的魅力，会在下唇的两端打洞，然后插入骨制的唇饰和钉状物等等。世界之大，所谓“异风异俗”俯拾皆是。

这些对美的不同界定的确令我们这个地球村绚烂多姿，我们唯一应该谨记的是，在这个舞台上尽量展示我们自己的美，同时尊重别人的美，实现“各美其美，美美与共”。

（二）气味

人体的气味也是人类交流的符号之一。不同文化的人，具有不同的气味。影响人体气味的因素很多，包括饮食、民族、年龄、卫生习惯、性别等。以饮食为例，比利时的一位医生曾对世界各地居民的饮食习惯和体味进行了多年的研究。他发现欧美各国不论男女，由于进食大量的肉类，体质呈酸性，导致代谢过程产生酸性物质过多，所以都有较为浓重的体味。相反，以进食蔬菜或其他素食为主的人，身上虽然也有体味，但要清淡得多，如亚洲大部分国家饮食以素食为主，所以他们的体味远不及欧美人那样强烈。[①] 另外，人体长期食用某些特殊食物后也会形成一种特殊的气味，比如大蒜，其经消化后的大蒜素会进入人的肺中，再由肺部呼出的气体带出体外，所以我们感觉地中海地区的人有大蒜味道便不足为奇了。

另外，不同文化的人对他人身体气味的反应也不同。在社交场合，英语国家的人非常忌讳口气强烈、腋处流汗、因衣着不洁或洗漱不勤而出现的身体怪味。而我们中国人对这类问题不是那么敏感。阿拉伯人却认为人体的气味是一个人人体的自然扩展。阿拉伯人在谈话的时候，会不断地吸对方的气味，他们认为吸对方的气味令人愉快，不让对方嗅到自己的气味是对对方的羞辱。这一点与美国人恰恰相反，其主要涉及到身体距离的问题，我们稍后会有所论及。

在跨文化交流中，人们总是对本文化人的气味习而不察，但对异文化人的气味却很敏感，如果我们不能妥善地处理，必然会给交流带来不快甚至中断，所以对待气味宜秉承下述原则：一是正确对

---

① 周德朝：“人体气味”，《生物学教学》1997年第5期，第41—42、43页。

待来自不同文化背景的人的身体气味，即使对方的气味令自己难以忍受，也不可做出掩鼻等夸张动作，可以调整一下与对方交谈的身体距离和方位；二是从自身方面来说，要有良好的卫生习惯，认真对待因某些原因而产生的自身特有的不良气味。

（三）服饰

我们在观察他人的时候，有80％—90％的注意力会集中在对方的服饰上，所以服饰与外貌具有同等重要的意义。恰当合宜的着装可以为你的外貌加分，俗语有云："人靠衣装，佛靠金装。"人们的衣着也会提供大量非语言信息，便于我们了解其隐藏的价值观。

在中国古代，服饰曾是用来区别高低贵贱的重要标志。比如隋朝的"品服衣"制度："三品以上服紫，四品五品服绯，六品七品以绿，八品九品以青。妇女从夫之色。"庶民多穿白衣（麻布本色）、蓝色或黑色的布衣。瑟尔伯认为，衣着可以传递出十种信息：经济水平、教育水平、社会地位、经济背景、社会背景、教育背景、是否值得信任、是否庸俗、成功水平和道德品质。[①] 衣着同样因文化而异，各个民族都有自己的特色服饰，特别是阿拉伯、中东、印度等地。

有时利用民族服饰的特点，可以成功塑造令人难忘的形象。最佳的代表莫过于被誉为巴勒斯坦民族之魂的阿拉法特。巴勒斯坦的民族服装为长衫、粗呢斗篷、黑色灯笼裤，以及戴白布盖头或缠头。法塔赫的现任领导人阿巴斯通常以西装革履示人，但前任阿拉法特则喜欢穿军装，并坚持戴盖头。那方格的头巾以及特别的披戴方式，几乎成了阿拉法特的标识。而他的头巾又别有深意。就颜色

① 关世杰：《跨文化交流学》，北京大学出版社，1995年版，第287页。

而言，阿拉法特自己解释说："白色代表居住在城里的居民，红白方格代表沙漠中的贝都因人，而黑白方格则代表农民。"至于披戴方式，据悉，从阿拉法特的右侧面看，像极了巴勒斯坦和以色列合并之后的版图。无论这是无心插柳还是精心设计，都体现了这位已逝的勇者企盼解决民族纷争以及巴以和平的夙愿。

再比如被香港人誉为"煲呔（bow tie）曾"的特首曾荫权。如果你仔细观察曾荫权参加各种活动的图片，就会发现他在所有正式场合中都会佩戴领结，除了非常早期的图片，你很难见到他佩戴领带。虽然这并非民族特色，但曾荫权的着装在很大程度上受了英国文化的影响。英国是一个非常讲求礼节的国家，所以到目前为止，在一些非常重大的场合还要求穿着相应的礼服。比如：参加婚礼穿晨礼服；参加晚六点后的晚宴穿小礼服；而特别隆重的场合，像国家庆典、外交活动等穿大礼服，也就是燕尾服。小礼服因要求佩戴黑色领结，又被誉为"黑领结"；大礼服因要求系白色领结，又被誉为"白领结"。从中不难看出，英国文化对领结的重视程度。而曾荫权借用领结独有的文化内涵也为自己塑造了"英国绅士"的美名。

如果能够很好地利用民族服装，的确可以为自己增色不少，但在跨文化交流中，忽略服饰问题也会制造不少麻烦。

2007 年 5 月 3 日晚，伊朗外长穆塔基拒绝参加一个大型晚宴，理由是为晚宴助兴的一位女乐手着装暴露。包括美国国务卿赖斯在内的数十位高级外交官都参加了这一晚宴。穆塔基坚称聚会在"伊斯兰标准"上存在一些问题。而在场的其他国家的官员，包括乐手本身都迷惑不解，她说她认为这套服装很好，她"特意为晚宴才穿这套衣服的"。

虽然这是在国际舞台上，但这的确算不上一个政治问题。伊斯兰国家的政权都严格遵守《古兰经》的教义，要求以长大的袍子、头巾将人体的手臂、腿部、躯干、头部严密包裹起来，妇女还要以面纱遮蔽面部。而与此相对，20世纪50年代之后，“健康地裸露”已经成为西方服饰文化的主流意识之一，这便是此次“冲突”的根源所在。[①] 如何能够解决这一类冲突呢？也许较为理想的方式是看两种文化的通融程度。如果一种文化把某一标准视为不可撼动的信仰，而另一文化把该标准视为几种标准之一，那何不迁就一下前者呢，这也是一种尊重的表达方式。

比如凤凰卫视的著名主持人陈鲁豫在节目中曾提到：在约旦采访时，她须仿效阿拉伯女性，身着传统服饰，将身体的大部分以及面部遮住，否则即被视为极大的冒犯。

2007年4月，以严肃庄重著称的英国女王在美国总统布什任职期间首次访美，布什政府就着装一事专门进行了设计。我们看到对服饰不拘小节的布什总统在欢迎女王的餐会上身穿燕尾服，配戴白色领结，即我们前文所提及的大礼服，以服饰语言向女王传达了欢迎之情，为两国政治关系的加强起到了积极的推动作用。[②] 在这里服饰的意义已经升华，它成了外交的语言。

基于此，我们应该注意，涉外着装要尊重外宾的习惯与东道主的要求。例如我国人员访问英国，接到的宴会请柬上会注明“in white tie/ full dress”或“in black tie”，这都表明我们要参加的是比较正式而盛大的宴会，如果条件允许，应该按东道主的要求穿着大礼服或小礼服。

目前，国际上公认的着装原则是TPO原则。TPO原则是日本

---

① 吴逸飞：“跨文化语境中的服饰信息解读”，《洛阳师范学院学报》2008年第1期，第95—98页。

② 王晓燕：“跨文化交际中的服饰适应”，《高等教育与学术研究》2007年第4期，第116—117页。

男装协会1963年提出的，其目的是推进男装“时装化”，后被广泛应用，成为一个国际上普遍因循的着装原则。这个原则既是有关穿着打扮最重要的原则，也是服饰礼仪的基本原则。其中，T即time（时间），指衣着要顺应时间、季节、时令、时代，比如一年中分春、夏、秋、冬装，不能不顾及社会规范过分强调个性、标新立异；P即place（地点），指衣着要适应地区习惯，置身室内或室外，国内或国外，单位或家中，着装的款式理当有所不同，切不可以不变应万变；O即object（目的），也有观点认为O代表的是occasion（场合），其实二者都强调人们着装应适合自己当时所扮演的社会角色。在每年召开一次的亚太经合组织领导人非正式会议上，多数东道主国家为与会人员赠送的民族服装都极好地体现了TPO的原则。

当然，服饰不仅涉及穿着是否合时宜的问题，有时它还可能引发国际纷争。

2009年环球小姐比赛中，“秘鲁小姐”在民族服饰表演单元展示的传统服饰惊艳四座，结果却引发了秘鲁和玻利维亚的一场外交争端，甚至差点闹上海牙国际法庭。玻利维亚的文化部长指出，秘鲁小姐当时穿着的服装是玻利维亚人在庆祝当地“鬼节”时女性经常穿着的一种传统服装，叫作“迪阿布拉达”，这是玻利维亚重要的文化遗产，秘鲁人不应该随便借用。于是玻利维亚向秘鲁政府提出严正抗议，并斥资1.6万美元在美国有线电视网播放一个有关“迪阿布拉达”相关历史传统的电视广告，为他们的民族服装作宣传。但秘鲁一方也不甘落后，其外交部长表示这些服装元素都是高原文化的一部分，所以应该是安第斯人共有的文化遗产，秘鲁小姐当然也有资格穿“迪阿布拉达”。[①] 双方各执一词，谁也不肯示弱。尽管这场外交风波只是2004年以来波利维亚与秘鲁两国关系恶化的

---

① 参见“‘环球小姐’着装引发外交风波”，源于网络资料：http：//v.cqnews.net/first/2009－08/22/content _ 875683.htm。

一种表现手段，但也着实体现了服饰语的外交能量。

总之，无论是我们的体貌特征还是穿着打扮，都在时刻向他人传递着信息，只有掌握好这门“语言”，我们才能展现一个更适宜的自我。

四、环境语

环境语也是非语言交流的一种重要形式，在跨文化交流中更是不可小觑，比如时空因素，会受到文化的极大影响。关于文化对时间的影响，我们在文化模式一章已有提及，此处就只以空间为例作一介绍。

霍尔认为，空间的变化会对交流发生影响，它可以增强交流的效果，有时甚至会超过言语的作用。人的空间观念是后天习得的，因此人们的领地要求和空间关系也存在文化差异。文化不同，人们对空间的需求和与空间有关的交往规则也不同，如体距差异；文化不同，空间范围所引起的联想和感受也不同，如对个人领地的不同态度；文化不同，对使用空间距离的价值观念也不同，如利用空间距离显示地位差异。正因为存在文化差异，在跨文化交流中，人们会因异文化的人对空间处理方式的不同而感觉受到冲撞和侵犯。

霍尔将空间范围分为三种类型：固定空间（Fixed-feature space），由固定的墙栏和物体构成的空间，如房间；半固定空间（Semi-fixed-feature space），由桌椅板凳之类较大的、可移动的物体构成的空间；非正式空间（Informal space），人们在与他人交往中每个个体所习惯维护的个人空间气泡（bubble of personal space）。非正式空间指人际交往中的近体距离和领地要求，具体可以分为拥挤、近体距离、领地性、空间取向等。[1]

（一）固定空间

固定空间主要是指建筑物的空间。一种文化的艺术风格、经济水平、文化价值等都决定了建筑物空间的运用。

1. 中西居所的布局差异[2]

如中国传统的四合院建筑，长辈、尊者居于中轴线的正房，偏房是晚辈和卑者居住的地方，这体现了尊卑长幼的有序和名份等级的区别。另外，在四合院里，房子与房子之间相隔并不严密，各家的隐私很难保障。通常，一家来了亲友，邻居常闯进来攀谈，而且把这看作是彼此关系密切的表现，而西方记者却把这说成是“中国居民随时处于邻居的窥伺和居委会的严密监视之下”，这不能不说是一种严重的文化误解。

传统上，日本人的房子也是房间之间不完全隔绝，只是用活动的纸门或木门隔开。在这种情况下，家庭成员的隐私也很难保障。而日本人的房子通常都由一个小院子与外面隔开，这种布局体现了日本人重视家庭而非个人的精神。在中国的农村地区，通常也是一家一个庭院，父母亲可以和已婚的儿子住在一个庭院，无论是否已经分家。这也体现了中国重视家庭的观念。只不过，与日本那种房间之间用拉门隔开不同，中国农村父母和已婚子女的房间是各自独立的。

至于欧美的房子，各个房间之间是完全隔绝的，房间就是个人的地盘，即使是父母也无权擅入子女的房间，父母的书房和工作间

---

① Hall, E. T., The Hidden Dimension, *New York: Doubleday, 1966*.

② 关世杰：《跨文化交流学》，北京大学出版社，1995 年版，第 295 页。

亦是如此。这是欧美个人价值观的体现，这种布局保证了个人的“隐私权”。其实，现在中国建筑四合院已基本要退出历史的舞台了，城市里鳞次栉比的高楼大厦也已经类似欧美的房间布局，特别是单位办社会的形式瓦解之后，单位基本已经不再提供宿舍，商品房大行其道，这也令对门不相识的情况甚为普遍。另外，20 世纪 80 年代后、90 年代后出生的一代人也开始强调自己的“隐私权”，只是父母执行起来没有欧美的父母那么自觉罢了。

总之，从人们居住布局传递的信息，我们便可以判断欧美人更加强调个人隐私，更加看重个人空间。

2. 空间朝向

不同的文化对方向也有着不同的偏好。

对自然条件的趋利避害使得中国人喜“坐北朝南”。中国的宫殿庙宇都朝向正南，帝王的龙椅也是坐北朝南的。

美国本土的纳瓦霍人则要将自己的居所朝向东方，那样就可以面对太阳升起的地方。依照他们传统的信仰，纳瓦霍人应该朝向太阳开始他们的每一天。

至于穆斯林，他们偏好麦加的方向。中国的穆斯林偏好西方，因为麦加在中国西方；而摩洛哥的穆斯林则偏好东方，因为麦加在摩洛哥的东方。一次，中东的一个国家要设置一个新的传播学院，他们请来不同专业的教授讨论课程的设置，还请来美国的一家建筑公司为建造学院教学楼的房屋设计结构图纸。就在他们打算把这个计划提交给教育部长审批的时候，发现了一个严重的问题，教学楼不是朝向麦加方向的。最后，图纸被转换了 90 度以纠正这一文化上的错误。①

---

① Rogers, E., & Steinfatt, T., *Intercultural Communication*, Waveland Press, 1999, pp. 180—181.

就英美国家的人而言，他们一般对于方向没有特殊的偏好。

（二）半固定空间

房间内可以移动的物体，如家具和室内陈设的空间安排构成了半固定空间。这种空间安排在人们的交流中也扮演着重要角色。最著名的例子是1968年越南与美国的谈判。当时越南北方、越南南方西贡政权、越南南方民族解放阵线和美国在巴黎举行旨在停止越南战争的和会。而这个和会却因为开会桌子的形状拖延了8个月。美国和南越西贡方面的代表主张用长方形的桌子，使会谈成为以美国和南越西贡政权为一方，以北越和越南南方民族解放阵线为另一方的双方会谈。越南北方和越南南方民族解放阵线则主张用正方形的桌子，形成四方会谈，意在把越南南方民族解放阵线提高到与其他三方同等的地位。各方争论不休，和会无法开始，致使战火依然不断，在敌对双方各死伤千人的8个月后才达成妥协，采用圆形的桌子进行谈判，各方可以用自己的方式对圆桌进行解释。可见半固定空间语的作用还是非同小可的。[①]

这种利用座位的安排表示各人地位和人际关系的方式在我们日常生活中也发挥着重要的作用。通常在中国的文化中，同辈人聚会时，大家会争相推让主人或者请客的人右边的位子，这个位子就是主宾的位置，自然代表着较高或者较受人重视的地位。

中西方在宴请席位的安排上存在一定的文化差异。英语国家的宴席座位排法有很多：座位事先固定或者不固定，大家随意入座；主宾座位固定，其他人随便坐，但男女必须岔开坐，尽量避免同性坐在一起；如果安排两桌，主、宾夫妇便不坐在同一桌上。中国的

① 关世杰：《跨文化交流学》，北京大学出版社，1995年版，第296页。

宴请形式相对而言较为固定，主人和主宾的座位通常也比较固定。如有两桌，则可能男女分桌而坐，分别由男女主人陪同。

就外交场合而言，各国外事宴请席位的安排都遵从国际习惯，排桌次以受邀者的地位高低来确定他们距离主桌位置的近远，同一桌上要按照个人职务高低排列以便谈话。如夫人一同出席，英语国家的理解是男女主人相对而坐，分坐在餐桌的两头，以女主人为主，主宾坐在女主人的右上方，主宾的夫人坐在男主人的右上方。中国的礼节通常以男主人为主，主宾坐在男主人的右上方，其夫人坐在女主人的右上方。不过在外交场合，我国遵从国际惯例。

另外，英语国家的人在平时交谈时也很注意座位的安排。他们更喜欢用方桌，一般两人邻近坐在一个桌角的两侧，表明这将是一次友好而随意的谈话，它允许两人有不受限的眼神交流，而且可以采用大量肢体语言。或者，他们同坐在桌子的一侧，这表明了两者是合作和互助的关系，采用这种方式，两人都会不知不觉地进入对方的领地，所以夫妻、恋人、密友会选择这种肩并肩的位置。从美剧《老友记(Friends)》中，我们会发现，在六位主人公常去的那家咖啡厅——中央公园咖啡厅中，他们通常的座位安排就是桌角式与合作式。但如果两人相对而坐，就形成了一种竞争之势，桌子成为一道屏障，两人也下意识地把桌子等分成各自的领地，不可相互侵犯，这几乎也是谈判的唯一模式。① 所以在与英语国家的人接触时，如果桌角式不会遭到抵触，就可以较为容易地拉近与他们的距离。

（三）非正式空间

非正式空间主要指人际交往中人们身体之间的距离，这也是空

---

① Pease，A.，*Body Language*，Australia：Camel Publishing Company，1981，pp. 125－132.

间语的一个非常重要的方面。在跨文化交流中，人们发现这种空间语可以增进交流的和谐效果。

像一个国家拥有自己的领土权一样，每个人都需要拥有自己的领地，都有一个无形的、不容许陌生人侵入的、自己身体周围的空间范围圈。这个范围圈就是人们感到必须与他人保持的间隔距离。

不同文化背景的人对交流时的间隔距离有着不同的偏好。在相互交谈时，英国人、盎格鲁—萨克逊裔美国人和瑞典人彼此站得最远；意大利人和希腊人站得比较近；南美人、阿拉伯人站得最紧。如果不注意这些差异，很可能在交流中引起误解。

西方学者的研究结果显示，英国、美国及加拿大的白人、新西兰和澳大利亚的中产阶级的空间范围圈大致相似，并可分为四个区域：

密切区，包括0—15厘米的最密切区，和15—46厘米的一般密切区，这属于亲人、密友的活动区；个人区，46厘米—1.2米，是办公室、社交场合、友谊聚会、鸡尾酒会等场合人们彼此保持的距离；社交区，包括1.2—2.1米和2.1—3.6米，前者是在办公室与同事说话时的距离，后者是和陌生人保持的距离，以及高级政府关于会谈和较正式的贸易谈判的距离；公共区，3.6米以上，是在较宽阔的公共场所人们保持的距离，比如公众演说中的演讲者与观众之间的距离。①

这样的区域划分是带有明显的文化差异的。霍尔说：一个美国男性跟一个他不太熟识的男性面对面说话时，身体距离大概保持在50厘米左右，而与一个自己不太熟识的女性面对面说话时，大概要保持60厘米左右的身体距离，男性之间仅有20—30厘米的距离，那简直就是挑衅性或着说侵犯性的。然而，对于拉丁美洲和中东地

---

① Pease, A., *Body Language*, Australia: Camel Publishing Company, 1981, pp. 20—28.

区的人而言，他们没有美国人那种带有性涵义的距离观念。对于距离，他们觉得应该怎么舒服怎么来。如果一个拉美裔的美国人与一个北美人讲话，又要采用北美人坚持的身体距离，拉美人便会觉得那简直像是隔了一座房子。[①] 他们会觉得北美人冰冷、疏远；而同时，北美人会觉得拉美裔的美国人有些让人不舒服的强求，或者有些太想亲密了。对于中东的阿拉伯人而言，除非你站的距离近得足以闻到对方牙齿上的大蒜味，否则便会觉得不友好。阿拉伯人通常保持的距离在18英寸（45.72厘米）甚至更近，这正是西方文化所规定的密切区。我们现在完全可以设想在一个商务洽谈中，一个阿拉伯人与一个美国人将遭遇到的尴尬。不过在阿拉伯国家，男士和女士一定要恭敬地保持较远的距离。

通过下面这个案例，我们就可以理解，如果不能很好地掌握其他国家的体距语言，我们将会陷入何种窘境。

一位美国石油公司的经理曾这样叙述自己与一位阿拉伯国家代表进行谈判的“遭遇”：

> 我曾会见石油输出国组织的一位阿拉伯代表，和他商谈协议书上的一些细节问题。谈话时，他逐渐地朝我靠拢过来，直到离我只有十几厘米才停下来。当时，我并没有意识到什么，我对中东地区的风俗习惯不太熟悉。我往后退了退，在我们两人之间保持着一个我认为是适当的距离——半米多点。这时，只见他略略迟疑了一下，皱了皱眉头，随即又向我靠近过来。我不安地又退了一步。突然，我发现我的助手正焦急地盯着我，并摇头向我示意。感谢上帝，我终于明白了他的意思，我站住不动了，在一个我觉得最别扭、最不舒服的位置上谈妥了这笔交易。

---

① Hall, Edward T., The Anthropology of Manners. *Scientific American*, 1955, 192, pp. 85—89.

上述这位美国经理的“遭遇”提醒我们：至于到底多远为远、多近为近，我们还是尽量入乡随俗为好。

与身体距离相关的一个问题便是拥挤。有不少学者提到，由于人口与地域比例的关系，英语国家的人刚来到中国时会感到非常拥挤。一旦遇到拥挤，他们会尽量马上回避，而中国人却较能容忍。英语国家的人认为，中国人大概以为自己的身体界限就可以起到很好的自我保护作用；而他们的身体范围却超出了自身之外，在别人尚未触碰到自己时就感到受到了侵犯，因此他们觉得中国人在排队的时候相互站得过近。他们说：“在人员密集到几乎会使英语国家的人发生流血事件的程度时，中国人却仍然感到怡然自得。”[①] 不过，上述这种说法也只是一种比较而言，并非放之四海而皆准，有时是环境使然，要视客观情况而定。

比如 2007 年 8 月 8 日，一场大雨导致纽约地铁严重积水，多条地铁线路大面积停运，早高峰时段上班的市民只能靠步行和搭乘公交车出行。7 号线地铁由于部分路段位于地上，从而成为仅有的几条能够在一定区间内运行的地铁线路，所以当时的 7 号线几乎被乘客挤爆。很多图片显示，乘客们都是前胸贴后背的。而且笔者在英国的时候，也曾经亲历火车站拥挤不堪的场景。所以说，人们对身体距离的要求更可能是针对客观条件的调节，在人多地窄的情况下，无论你是东方人还是西方人都不得不向客观条件妥协。

但就一般情况而言，在客观条件允许的时候，英语国家的人比我们国家的人要求更大的个人空间，比如排队彼此要保证一定距离等等，这是我们与英语国家的人接触时应该分外注意的一点。我们的出国须知上就有注明：“进入公共场所或到餐厅就餐、购票等需

① 毕继万：《跨文化非语言交际》，外语教学与研究出版社，1998 年版。

要排队，排队时请保持半个手臂的距离。”

另外，与其他文化相比，英美的确是这个世界上身体偶然触碰率最低的国家之一。如果你是一个北美人，在纽约的咖啡店中与朋友闲谈，一个小时之内，你们相互碰到对方的次数仅有一到两次；如果你是个英国人，在伦敦的咖啡店里与朋友闲谈，你们可能根本不会去触碰对方；但如果你是个法国人，在巴黎的咖啡店里与朋友聊天，你们可能在一个小时内相互触碰上百次。所以，从两个外国人交谈时的体距以及相互触碰的频率，我们大概可以推测他们来自哪个地区，这可以很好地帮助我们决定应该如何与他们进行交流。

总之，非语言无论是在日常交流还是在跨文化交流中都发挥着重要的作用。在跨文化交流中，我们应特别留心非语言的文化差异，要多从文化相对主义的立场理解异文化中的非语言信息，并尽量避免使用触犯异文化禁忌的非语言行为。

五、性别与非语言交流

如前文所述，多数情况下，非语言交流都会受到文化的影响，表现出多样的形式和不同的意义解读。但因为这个世界上的人口通常被区分为男人和女人，而且大多数文化迄今依然残留着男权文化的印记，因而某些受文化影响的非语言便具有了男人或女人的普遍形式。德博拉·鲍里索弗和莉萨·梅里尔曾专门撰文论述“性别与非语言交流”的议题。文中他们探讨了男性和女性在诸如空间、高度、触摸、手势、面部表情及目光接触等非言语使用和读解上的差异。此处，择其主要内容为大家做一介绍。[①]

---

① 德博拉·鲍里索弗和莉萨·梅里尔：“性别与非语言交流”，拉里 A. 萨默瓦、理查德 E. 波特主编：《文化模式与传播方式》，北京广播学院出版社，2003 年版，第 339—351 页。

（一）个人空间

女性的个人空间明显小于男性。不论在公共场所或私下里、在工作地点或大街上，女性的空间经常被侵占，而男性会更加积极主动地防御对他们空间的侵犯。因性别而不同的空间关系模式在儿时便已出现，人们鼓励男孩儿到户外玩耍，而女孩儿的活动范围常常局限于室内。[①] 威利斯（F. Willis）曾研究一个人靠近他人的最初距离，结果证实无论男女都会更加靠近女性。[②] 朱迪思·霍尔（Judith A. Hall）也发现人们靠女性更近，靠男性更远。当女性的空间被侵扰时，她们倾向于顺从这种入侵——正如她们经常顺从于被打扰。[③] 西尔韦拉（J. Silveira）的研究发现，当男人和女人在人行道上面对面靠近时，19 人中有 12 个女人会给男人让路。这可能是因为男性靠近意味着威胁，会引发更高的焦虑。[④] 但这样的文化意向塑造了男性更大的空间权力。由此推展，我们发现女性平时的坐立行走都会尽量少占用空间，比如女性坐椅子通常只坐一部分，而不像男性那样整个人把椅子填满等等。不过要十分注意空间距离深受文化的影响。比如在阿拉伯国家，允许同性站得很近，甚至有亲密的体触，但异性之间一定要保持很大的距离。而欧美国家则相

---

① Graebner, A., Growing up female. In L. A. Samovar and R. E. Porter (Eds.), *Intercultural Communication: A Reader*. Belmont, CA: Wadsworth Publishing, 1982. And Harper, L. V., & Sanders, K. M., Preschool children's use of space: sex differences in outdoor play. *Developmental Psychology*, 1975, 11, p. 119. And Valentine, G., "My son's bit ditzy." "My wife's a bit soft": Gender, children and cultures of parenting. *Gender, Place and Culture*, 1997, 4 (1), pp. 37－62.

② Willis, F., Initial speaking distance as a function of the speaker's relationship. *Psychonomic Sciences*, 1966, 5, pp. 221－222.

③ Hall, J., *Nonverbal Sex Differences: Communication Accuracy and Expressive Style*. Baltimore, Johns Hopkins University Press, 1984.

④ Silveira, J., Thoughts on the politics of touch. *Women's Press*, 1972, 1, p. 13.

反，比较忌讳同性特别是男性之间距离过近，但男女之间可以举止亲密。

（二）“身高协议”

就客体语而言，男女之间有一个普遍的“身高协议”，即男人应该高于女人。

高度也被视为用以给人权力又能对人有所阻碍的非言语变量。我们会用“仰慕某人”来表达尊敬或崇拜。“更高”通常被用来指“更好”或“更多”。这在许多文化中是通用的。在等级体系中，权力更大的人往往显得比实际身高更高。威尔逊（P. Wilson）做了一项试验，假定某男士具有五种学术级别之一，然后请学生猜他的身高。随着学术级别的升高，学生猜测的其身高也会增加。①

在人们的观念中，身高还与能力相关。美国宾夕法尼亚州匹兹堡大学实施的一项调查证实了这一观念的存在。在该大学的男性毕业生中，身高 1.88 米到 1.99 米者首次就业的工资比 1.83 米以下者高 12.4%。还有一项研究是针对 140 家需要招聘新员工的企业进行的调查，调查要求这些企业只凭阅读申请者的求职简历然后二选一。实际上，两份求职申请除了一个身高写着 1.85 米，另一个写着 1.65 米之外，其他几乎完全相同，而最终选个子矮者的企业不超过 1%。看来人事部负责人和招聘者明显认为个子高的人更有能力。②

就男女搭配而言，人们总认为男高女低是更和谐的表现。女性明显比男性高的搭配总让人侧目，仿佛他们颠覆了性别和权力的期

---

① Wilson，p. R.，Perceptual distortion of height as a function of ascribed academic status. *Journal of Social Psychology*，1968，74，pp. 97—192.

② 云贵彬：《非语言交际与文化》，中国传媒大学出版社，2006 年版，第 5—6 页。

望。我们一定会格外注意大街上女方比男方高出半个脑袋的情侣，因为这太“另类”。法国现任总统萨尔科奇经常被媒体讽刺与妻子布鲁尼合影时总是垫着脚尖，无论如何，这样的报道或者反映了萨尔科奇，或者反映了媒体对“男高女低”的偏爱。

在与男性伙伴谈话时，女性亦常常将头倾向一侧并向上看，以此来表现自己的女性气质。尽管头部倾斜对两性来说都是专注倾听的姿势，但女性面对男性时会比男性面对女性时更频繁地采取这种姿势。这不仅强化了倾听的概念，而且强化了女性在“仰视”男性的概念。

（三）面部表情

比较而言，女性更容易暴露自己的感情，喜怒哀乐往往写在脸上；男性却习惯于隐藏自己内心的真实想法。朱迪思·霍尔[①]与利泽斯（D. Leathers）[②] 都曾论述过，女性比男性的面部表情更丰富。通过关于情感表达准确性的大量研究，朱迪思·霍尔发现“女性作为表达者比男性优秀，她们的表达能更准确地被解码者破译”。[③] 拉弗朗斯和亨利（M. LaFrance and N. Henley）认为，女性培养和“表现”这些非言语信息的压力，源于男人在“日常社会交流中所拥有的比女性更大的社会权力”。[④] 正如女性比男性更爱微笑一样，而微笑在一定程度上反映了一个人的能力和地位，那些拥有较高地

---

① Hall，J.，*Nonverbal Sex Differences：Communication Accuracy and Expressive Style*. Baltimore，Johns Hopkins University Press，1984.

② Leathers，D.，*Successful Nonverbal Communication*. New York：Macmillan，1986.

③ Hall，J.，*Nonverbal Sex Differences：Communication Accuracy and Expressive Style*. Baltimore，Johns Hopkins University Press，1984.

④ Lafrance，M.，& Henley，N. M.，On oppressing hypotheses：Or differences in nonverbal sensitivity revisited. In H. L. Radke and H. J. Stam（Eds.），*Power/ Gender：Social Relations in Theory and Practice*，Thousand Oaks，CA：Sage Publications，1994，pp. 281－311.

位的人，其微笑的频率要远远少于地位低的人。

女性不仅自己面部表情丰富，还善于捕捉他人面部的细微表情，她们识别非语言信息的能力要高于男性。针对于此有多种解释。比如：罗伯特·罗森塔尔（R. Rosenthal）等人认为，女性照顾儿童的经验以及她们作为照顾者的敏感使她们具有更高的“破解”非言语信息的能力；[①] 朱迪思·霍尔指出，女性为了维持和谐的人际关系，总是十分在意对方所提供的关于赞成或反对乃至是否满意的细微信息；[②] 亨利提出了“压迫”理论，假定女性及其他权力较小的人必须学会“读解”那些权力大于己者的非言语信息，受压迫的人更需要去猜测和理解他人的非言语信息，这正是女性和其他地位较低的人会有更强的人际敏感的原因。[③] 这些理论都从某个方面解释了这一问题。单就“压迫”理论而言，尽管男女社会地位的差距越来越小，权力分配越来越平衡，但尚没有改变女性在识别他人非语言信息方面的“天赋”。

(四) 凝视

当代许多理论学家，特别是女性主义理论家都把“凝视”比作权力。凝视者即拥有权力的人，通常是男性，他们是主体，是看者；而女性即没有权力的人，往往是凝视的客体。这种客体化的概念，即一个人凝视，另一个人“被凝视”，是对目光接触的一种权力解读。在公众场合，女性更容易成为“凝视”的对象。男性“凝

---

① Rosenthal, R., Hall, J., DiMatteo, M. R., Rogers, p. L., & Archer, D., *Sensitivity to Nonverbal Communication: The PONE Test*. Baltimore: Johns Hopkins University Press, 1979.

② Hall, J., *Nonverbal Sex Differences: Communication Accuracy and Expressive Style*. Baltimore, Johns Hopkins University Press, 1984.

③ Henley, N. M., Status and sex: Some touching observations. *Bulletin of the Psychonomic Society*, 1973, pp. 91—93.

视”女性似乎比女性“凝视”男性更合理、更“合法”。

凝视除了与性别有关，也跟地位相联系。亨利在《身体政治学（Body Politics)》一书中，分析了被支配者的注视与支配者的注视之间的差异。亨利认为，在交流过程中，女性和其他地位较低者会较多地注视说话者，而一旦被别人注视时则会移开视线。这两种行为都是顺从的意思表示。[①] 地位会影响人们之间的凝视行为，但性别似乎更能说明问题。纳普（M. L. Knapp）和朱迪思·霍尔在研究中指出，当控制了社会地位变量以后（即在测量同一社会地位的男性和女性时——笔者注），男性倾向于使用地位较高者所采用的注视模式，而女性则倾向于使用地位较低者所采用的注视模式。[②]

同样需要注意的是，目光交流也深受各国文化的影响。正如前文举到的例子，我国的男同胞凝视异国女孩时引起了对方的斥责，而如果凝视的对象是个中国女孩，很可能对方就权当没看见了。

因为对行为的期望及解释存在差异，所以跨性别的及跨文化的交流就有可能出现很多误解。无论是男性还是女性，都需要有能力在具体的社会语境中准确地识别那些显得冒昧或欠妥的行为，及其与权力分配不均的联系。

思考题

1. 体态语有哪几种类型？请举例说明。
2. 就副语言来说，在跨文化交流中我们应该注意哪些方面？
3. 举例说明我们应该如何利用客体语？

---

① Henley, N. M., *Body Politics*, Prentice-Hall, 1977.

② Knapp, M. L., & Hall, J. A., Nonverbal Communication in Human Interaction (4th ed.), Fort Worth, TX: Harcourt Brace, 1997, p.456.

4. 简单介绍一下霍尔空间范围的三种类型。

5. 在跨文化交流中，利用非正式空间时我们应该注意哪些问题？

6. 性别是如何影响非语言交流的？

KUA WEN HUA JIAO LIU LUN

第十一章

跨文化交流的适应

当我们作为一个旅游者到异国短暂游览，作为一个旅居者（sojourner）到外国进行半年到五年的学习或工作，作为一个侨居者（expariate）在一个国家不限期地居住，或者作为一个移民（immigrants）成为一个新国家的公民时，我们都将在不同程度上面对一种新文化，它可能在政治、法律、人文等诸多方面都与我们的本文化相去甚远，那我们将经历怎样一个过程？我们又将如何去适应呢？为什么许多人认为一些国家的移民永远只是旅居者或者侨居者呢？

一、文化休克

（一）界定文化休克

一个人在新的文化背景中要面对许多陌生状况的挑战，此时我们的第一反应可能就是文化休克或文化震惊（culture shock）。文化人类学家奥伯格（K. Oberg）1960 年提出文化休克的术语，并将之界定为“由于失去自己熟悉的社会交往信号或符号，对于对方的社会符号不熟悉，而在心理上产生的深度焦虑症”。其症状包括：

过度清洗双手，过度关心所饮用的水、所吃的当地的食物以及被褥的清洁，心不在焉、盯着远方，没有胃口，过于依赖本民族在当地的永久居住者，对遭人欺骗和遭人抢劫充满极度恐惧，非常在乎皮肤上的一点点不适和轻微的痛感，想回家想得要断肠。[①] 在一些极端的情况中，人们甚至无法进行日常生活。如在哥伦比亚首都波哥大的某美国陆军军官的妻子，生生在床上躺了两天，只是因为对她所感到的当地空气中满布的细菌充满恐惧。这种紧张或者焦虑就是文化休克。如果你没有做好充分的准备，这种紧张感将会非常强烈。有研究指出，尽管有大约20%的侨居者在面对新文化时没有什么困难，而且很享受这一过程，但还是有大约30%—60%的侨居者会遭受严重的文化休克。[②]

所以，如果事前能对你将去国家的人文、治安、社会规范等做个大致的了解，会减少文化休克带给你的冲击，否则就会像下面这位CNN的记者一样。

某位CNN的记者要去尼日利亚的首都拉各斯报道一个重要的新闻事件。临行前，他的同事奉劝他，在他到达之前安排一项保安服务，他对这样的建议嗤之以鼻。他在夜间10点到达拉各斯的国际机场，一切都进行得很顺利。他在机场外打了一辆车进城。司机驾车离开机场几英里后便转入一个旁道，然后掏出左轮手枪，指向这位记者的太阳穴，让他下车，并让他脱光衣服，把裤子扔进车内。之后这位司机大笑着驾车扬长而去。[③]

如果这位记者听从了同事的意见，他应该不会落得如此困窘的

① Oberg, K., Culture shock: adjustment to new cultural environments. *Practical Anthropology*, 1960, 7, pp. 167—211.

② Jandt, F., *An Introduction to Intercultural Communication*, SAGE Publications, 2007, p. 290.

③ Rogers, E., & Steinfatt, T., *Intercultural Communication*, Waveland Press, 1999, p. 214.

地步。看来，他对自己的文化适应力过于自信了。

当然，并非所有到达异国的人都会经历文化休克，有些人虽然到了崭新的环境中，却不与东道国的主流文化接触，一直隔离在本文化人组成的圈子中，也就很少遇到文化休克。比如一个移民到美国的中国人，却一直待在唐人街，不与外界接触，自然不会感受到文化改变带来的不适。所以说，与东道主国家主流文化的接触是产生文化休克的必要条件，大多数人在这一接触中要经历或多或少的不适，而且要面对一个长期的调适过程。

（二）重返本文化休克

一个旅居者在外多年，已经很好地适应了东道主国家的主流文化，当他重返故里的时候同样会出现文化休克的状况，这被称为重返本文化休克（reverse culture shock）。其症状包括：突然之间发现自己成了熟悉的陌生人；曾经熟悉的环境发生了变化；大家感兴趣的话题各不相同；大家看问题的角度也差别很大等等。形成重返本文化休克的原因主要有下述几点：

1. 自己在本文化环境中原有的社会角色丧失了。

2. 怀旧的伤感。返回本文化之后，时过境迁，自己那些青春的美好记忆已无处可寻，故人也可能一一谢世，原来的人际关系网也发生了变化，原本是在自己如鱼得水的故土，现在却举步维艰。

3. 价值观的矛盾和冲突。在异文化中形成的一些价值观和故乡的价值观相互抵触。

4. 在异国他乡养成的生活方式和生活习惯令自己在故土屡屡碰钉子。

当然，这种重返本文化休克也是因人因具体情况而异的，有赖于人们离开本文化时间的长短、与故乡亲友联系的疏密、语言改变的多少等等。比如一位出生于美国的日本人第一次去日本的时候，在出租车上，司机从他讲的日语判断："我虽然不知道你从哪儿来，不过你肯定是已经离开日本很多、很多年了。"这位日本人的家人是19世纪迁往美国的，而从那时到现在，日本的许多语言都发生了改变，不过在美国的日本人还在使用那些古老的语词和语法结构。那么对于这位日本人来说，本来以为要回到自己熟悉的母文化中，现在看来，可能现在的日本比现在的美国相对于他而言更加陌生。①

那么当我们面对文化休克以及重返本文化休克的时候，都会经历怎样的过程？都有哪些应对模式呢？

二、文化适应的模式

（一）文化调整的U型与W型曲线

奥伯格曾经提出文化适应的四个阶段，分别是：②

1. 蜜月阶段，是人们离开本文化进入一个新文化之后的几个星期到几个月的时间内。这时人们心中满是新奇和刺激，异常兴奋，充满了很高的预期，每天都在脑中规划自己的蓝图。很遗憾，这些美好的预期大多最后都会归于破灭。于是，人们进入第二阶段。

2. 沮丧阶段，即文化休克阶段。慢慢地，旅居者会遇到各种各样的迷惑和挫折，原来认为是规范的良好生活方式在异文化中却频频碰壁，其甚至觉得自己与当地文化格格不入，可能还会经历一种失落和身份危机。因为身份是靠文化背景塑造和维系的，现在在新

---

① Martin, J., & Nakayama, T., *Intercultural Communication in Contexts*, The McGraw-Hill Companies, Inc., 2004, p. 294.

② Oberg, K., Culture shock: adjustment to new cultural environments. *Practical Anthropology*, 1960, 7, pp. 167－211.

的文化背景之下很容易产生身份问题。比如在你自己的文化中，你是一位优秀的管理者，但到了新文化之后，你发现自己的管理思想、所主张的管理模式得不到认可，你甚至连阐述自己观点的异国语言还不能纯熟地掌握，那么你肯定要怀疑自己的权威身份了。其结果就是，导致人们消极地看待问题，甚至对东道国的人以及规则产生敌意和偏见。

3. 调适阶段。经历一段时间的沮丧和迷惑之后，人们逐渐找到了对付新文化环境的方法，解开了一些疑团，熟悉了本地人的语言、非语言的符号、饮食、娱乐等等，这样他们与当地人的接触就会逐渐增多，心理上的迷失也会慢慢转淡，开始适应异文化的环境。

4. 适应阶段。到了这个阶段，人们心中孤单、疏离的愁云基本一扫而光，他们开始熟悉当地的文化和风俗并结交了很多当地的朋友，甚至形成了自己的圈子。人们感到能够较好地控制和处理与当地文化有关的问题，而且觉得在当地生活已经比较舒服。

还有一些学者总结了第五个阶段：双文化阶段（biculturalism），[①] 即人们可以非常自如地实现在母文化与新文化之间的观念转换。对于大多数人而言，这只是个理想状态，特别是当母文化与新文化差异较大时，此时的观念转换可能包含价值观、社会规范等方面的转换，这是很难实现的。比如留美学者回国后，在很多方面会被周遭人笑称为“香蕉人”，该案例体现的正是这个道理。

一些学者基于奥伯格的文化适应四阶段提出了U型曲线模式，如下图11—1：

---

① Alder, p. S., The transitional experience: An alternative view of culture shock. *Journal of Humanistic Psychology*, 1975, 15 (4), pp. 13—23. And Pedersen, P., *The five stages of culture shock: Critical incidents around the world*, Westport, CT: Greenwood, 1995.

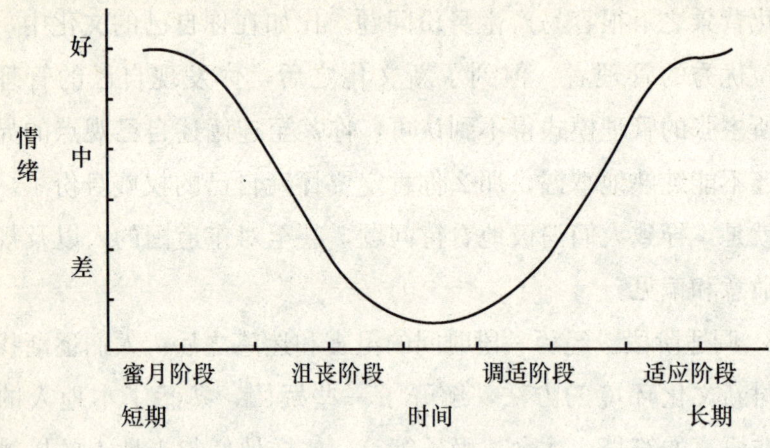

图 11—1：文化适应的 U 型曲线

该曲线体现了：个体在最初进入陌生文化时，带着新奇和期盼，情绪高涨；之后随着处处碰壁而感到失落、沮丧，情绪也随之跌入低谷；然后渐渐对新文化进行调适，情绪也开始好转；最后适应新文化之后，又开始热情四溢。

针对重返本文化休克的适应与针对文化休克的适应是类似的，也要经历从蜜月阶段到沮丧阶段到调适阶段再到适应阶段的过程，类似在 U 型曲线基础上的一次重复，被称为 W 曲线。[①] 如下图 11—2：

该图显示了个体在新文化中经历了一次“文化休克”，慢慢适应之后，再回归母文化又要经历一次“重返本文化休克”，然后再经过一段时间的适应期。

从经验上判断，U 型曲线模式的确具有重要意义，但目前尚无强有力的实证研究结论证明这一点。彻奇（T. Church）通过文献分析指出，对 U 型曲线假设的支持是无力的、非决定性的和过于泛化的。[②] 该模型之所以得不到有效证实，是因为每个旅居者的个体

---

① Gullahorn, J. T., & Gullahorn, J. E., An extension of the u-curve hypothesis. *Journal of Social Issues*, 1963, 19 (3), pp. 33－47.

② Church, T., Sojourner adjustment. *Psychological Bulletin*, 1982, 91, pp. 540－572.

情况差异很大，每个人的性格、出国的目的等各不相同，这都会令他们的适应结果产生巨大差异。有的人在新的文化环境中，长年累月实现的不是适应，而可能是被边缘化、被隔绝（后文详述）。同时，每个国家的具体情况也各不相同，有些国家对外来群体比较宽容，有些就充满偏见，这都会给个体在异文化的经历带来不可预知的影响。我们可以借用玛丽亚和她的妹妹从希腊移民到德国的经历说明这一问题。

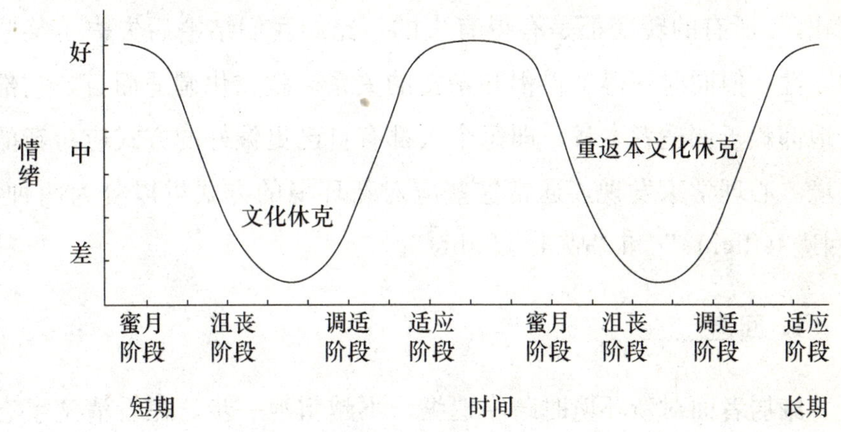

图 **11—2**：文化适应的 **W** 型曲线

玛丽娅说，她在德国大学拿到学位，并获准在德国工作，但只是因为她的民族问题，她总是收到应聘单位的拒绝信。她在英国也有相同的经历。所以，她只能指望找到一份临时工作。而她的妹妹被德国一家 IT 公司拒绝的理由竟然是口音和黑色的头发。所以玛丽娅认为，我们只有在先学会相互尊重的前提下，才有可能谈文化适应的问题。①

从这个角度来看，U 型曲线把文化适应问题过于简单化了，没

① Martin, J., & Nakayama, T., *Intercultural Communication in Contexts*, The McGraw-Hill Companies, Inc., 2004, pp. 282－283.

有考虑到个性与多样性。而转变模式（Transition Model）则较好地考虑到了每个转变者自身的特征。

（二）转变模式

珍妮特·班尼特（Janet Bennett）指出，文化休克和调适就像人们一生中要经历的一些成长转变一样，如我们到外地去上大学、结婚、初为人父母等，所以班尼特的观点又被称为文化适应的转变模式。① 所有的转变都是有得有失的，比如我们结婚后失去了某些独立性，但同时获得了伴侣和亲密的关系。就文化调适而言，它部分地仰赖于调适者本身，即每个人都有自己更偏好的方式应对新的环境。心理学家发现，通常这些应对新环境的方式可以分为两种："回避（flight）"和"战斗（fight）"。

1. 回避

旅居者面对新环境时踌躇退缩，不越雷池一步，在看清楚事态发展之前决不会投入其中。采用这种方法的人可能只有在确定自己说出的话没有问题时才会开口说话，当然这也不是一件坏事，可令人们暂时从与异文化互动的紧张中释放出来，即短暂的回避可以让旅居者从文化适应的挑战中获得必要的休息，只不过沉陷于这种回避就是一种无用功。比如，有些人到国外求学或者到国外生活，其同学、同事、朋友都是与自己出自同一文化的旅居者，大家平时交流都用母语，交谈的内容也多是对东道国的不满。这是一种明显的把自己与东道国文化隔绝开的态度，不利于本人在文化适应中的成

---

① Bennett, Janet M., Transition shock: Putting culture shock in perspective. In Milton J. Bennett (Ed.), *Basic concepts in intercultural communication: Selected readings*, 1998, pp. 215—224.

长转变。

2. 战斗

这一类旅居者有一种冒险精神，善于用试错的方法。他们会不失时机地练习东道国的语言，而不在乎自己的发音有多么不标准；他们可能会跳上一辆公车而不确定这辆车是否能载自己去目的地。笔者在香港读书的时候周围不乏这一类型的人。他们会利用一切可以学习香港文化和语言的机会。在公共场合他们会自信满满地说蹩脚的粤语，你心里可能会暗笑他说得甚至还没有你好，总觉得对方是丑态百出，但你却很少开口。等到临近毕业的时候，你会发现他们已经能说一口流利的粤语，由此也获得了更多的选择机会。

当然，这两种方式无所谓对错，它们可能与我们生活的家庭环境有关。一些父母会鼓励孩子自信、敢于尝试；有些家长可能鼓励孩子在新环境下多等等、多看看。不过采用战斗的方式，可以给自己带来更多机遇，令我们更快成长。

（三）交流体系模型

金（Young Yun Kim）同样把文化适应视为一个经历成长的过程。金认为文化适应是一个紧张、调适和成长（stress-adaptation-growth）的动态体系。就像人们在不适应的环境中经历紧张，其自然的反应就是寻求调适。这个调适的过程便是打破以前所持有的态度和行为的过程。调适之后人们会实现自身的成长，并形成一种整体性的视角。具体来说，指遇到问题不再单纯聚焦于某一事件，而是能从整体文化的角度进行理解（参见后文案例）。这里的调适是通过交流和互动完成的，也就是说，旅居者通过与新环境中的人进行交流，逐渐发展出新的思维和行动方式，由此达致一个新的活动水平并获得一种跨文化的身份，所以这亦被称为交流体系模型（The Communication System Model）。[1]

不过，并非所有的旅居者都能在交流中获得成长，一些人是很难调整到新方式的。根据认知不协调理论，人们在遇到跟自己以前的态度不相符的新观念或者行为时，通常有三种反应：（1）拒绝新思想，这样的人几乎不可能适应新文化；（2）努力将新思想装进自己旧有的解释框架，这样的人往往会面对很多误解和困惑。这个状态是不稳定的，如果人们坚持自己旧有的解释框架，就会导致我们面对很多事情时都无法赋予其有效的意义，最终我们可能退回到拒绝新思想的状态；另一方面，当我们面对一系列的困惑一筹莫展的时候，也可能会尝试改变，即尝试采用下面的第三种反应；（3）改变自己现存的解释框架，这通常可以提供给人们最好的调适结果。

但是，交流在人们的调适过程中就像一把双刃剑：旅居者在新的环境中与本地人交流越多调适得越好，同时他们感觉到的文化休克也越多。因为作为一个旅居者与本地人交流越多也代表他要花越多的时间，在更多不同的场合与本地人一起活动，如一起吃饭、一起做设计报告、一起参加社会团体等，他也因此会遇到更多由文化差异引起的误解和冲突，所以他们会经历更多文化休克。不过话又说回来了："no pains，no gains。"这种跨文化的互动可能会有很多困难，产生很多压力，但最终可以获得较高的回报。这也类似于转变模式中"战斗"的方法。

具体而言，交流是如何帮助旅居者调适的呢？这共分三个阶段：

---

① Kim，Y. Y.，Cross-cultural adaptation，in Richard L. Wiseman（ed.）Intercultural Communication Theory，SAGE Publications，Inc.，1995，pp. 170—193.

1. 对很多事物“想当然”的阶段

我们在“跨文化交流的心理障碍”一章提到过这种心态，简而言之，就是用自己母文化的思维和视角对待在异文化中经历的事情。而当我们用老办法处理新问题屡屡碰壁时，便开始意识到自己很多原来的预想或者假设都是错误的，都需要改正。

例如一个留学美国的中国人将在午夜到达未来的新大学，他没有任何担忧，因为他想当然地认为，跟中国一样，学校会给新生安排住宿的地方。当他在飞机上与一位美国女孩爱丽丝谈起此事时，爱丽丝告诉他不应该那么肯定学校会给他安排住宿的地方，在美国的大学，这是你自己的事情，学校没有责任为你办理。幸运的是，这位留学生在爱丽丝家借宿了一晚。这样的经历会让他好好地反思其余的那些“想当然”。

2. 慢慢理解新文化模式的意义

当我们面对新的文化模式时，可以通过互动和交流理解这些模式的意义。还是以上述那位中国留学生为例，他早就听说美国文化强调个人主义和独立，但从未有过切身的感受。现在，当他到达大学的时候，宿舍早已安排满了。国际生办事处的工作人员塞给他一张地图，让他自己到外面找房子，他说“现在我真正明白独立的意义了，也感到自己真正明白了美国”。这看上去将是一个不错的开始。

3. 开始理解新文化模式中的新信息

旅居者通过与当地人的交流与互动，将学会用新的文化模式解释他以前从未遇到的新信息。当他能够为在新的文化背景中的经验和互动赋予意义的时候，他也就开始以一种更加整体性的方式理解他的一些新经历，也就是能够把新信息放到新的文化模式中去理解。①

正如这位留学生，他一直与爱丽丝保持联系，但后来发生了改变，他解释说："一直都是我在与爱丽丝联络，她很少联系我……因为抽不出时间，我有很长一段时间没有给她电话，但现在我并不觉得内疚，因为不管怎样她似乎都不介意。我现在知道许多美国人乐意帮助他人，但也许此后也不会再见到这些他们帮助过的人。"从这一点来看，这位留学生已经明白了他与爱丽丝之间只是一种暂时性的协助友谊。这也是美国个人主义文化模式的体现。

我们中国人很强调人际关系，会时常通过走访、电话、信件来维系这些友谊。但美国人不一样，他们交朋友快、忘朋友也快，彼此感情比较淡。正如我们曾介绍过的U类交往模式，与美国人相识容易、相知难。美国人友好随和，世界上可能没有比结识美国人更容易的了，但与他们深交却很难。从表面上看，美国人常比其他国家的人都友好，这与其社会文化的多元性有关，他们从小就会与不同民族、不同种族的人打交道。而且美国人流动性也很高，据统计，美国人一生中平均要搬 11.5 次家，一年中每 6 人就有 1 人搬家。美国电视剧《绝望主妇（*Desperate Housewife*）》就反映了美国人这种典型的流动性。故事中主人公的生活就集中在紫藤街上，而街上总是不断有人迁进迁出，当然每一次迁出都代表一个故事的结束，每一次迁入又代表了一段新故事的开始。街上的"房屋中介"——风情万种的伊迪收入颇丰，而且总是忙得不亦乐乎。由于这种频繁的搬迁，他们总是对陌生人很友好。比如一个新故事开始

---

① Martin, J. N., & Nakayama, T. K., *Intercultural Communication in Contexts* (3rd edition), NY: McGraw-Hill Companies, Inc., 2004, pp. 286－287. Quoted from Chen, L., How we know what we know about Americans: How Chinese sojourners account for their experiences. In A Gonzalez, M. Houston, & V. Chen (eds.), *Our Voices: Essays in Culture, Ethnicity and Communication* (3rd ed.), Los Angeles: Roxbury, 2000, pp. 220－227.

的时候，有新的人迁入，主妇们都会用各种不同的方式前去表示问候和祝福，但这段故事结束时，这家人可能随即搬离，他们也可能不会再有机会相遇。这也限制了人们去建立深厚的友谊。

那我们回到原来的话题，就这个来自中国的留学生而言，现在他已经可以用美国的文化模式去理解自己遇到的新信息，这种理解圈（sense-making cycles）的形成也代表了他的成长。

金总结了这种成长过程中彼此相关的三大方面：①

1. 功能上的适应。旅居者进行成功调适之后，在与主文化社会中的人进行交流以及与之发展令人满意的关系方面，便达到了一种预期的熟练水平。功能适应的主观指标包括生活满意度，在主文化社会中生活的积极情感、归属感以及在主观认知方面与当地人有了越来越高的一致性；客观的社会经济指标包括职业和收入地位等。

功能上的适应特别强调日常生活中与人交往的适应力，如日常的吃、穿、住、行。一些初到香港求学的学生就会很排斥到餐厅吃饭。餐厅里通常会设置一个提示板，上面写着当日提供的菜品，你可根据自己的需要到各个窗口点餐。有的餐厅设有多个窗口：有卖点心的、有卖炒菜的、有卖面的、有专门提供饮料的等等，你有时甚至找不到该去的窗口。而且记住那些通常都有七、八个字的奇奇怪怪的菜名的确颇费脑筋。站在橱窗前，服务人员总是很匆忙地询问“你要嘢咩呀?”当你又不知道如何用粤语表达时，就只能冲着那些能看到的菜一通乱点，“啊，这个，这个，还有这个……”只有经过一段时间，熟悉了各个餐厅的环境，也熟悉了那些不太经常更换的菜品，可以讲一点广东话之后，你才不再有那么强烈的抵触情绪。其他方面亦是如此，当你知道在哪儿可以买到物美价廉的衣服，乘车外出怎样才会最快捷方便时，你才不会再抱怨：“我怎么

① Kim, Y. Y., Cross-cultural adaptation, in Richard L. Wiseman (ed.) Intercultural Communication Theory, SAGE Publications, Inc., 1995, pp. 179－180.

到了这么一个'鬼地方'。"

2. 心理上的健康。心理健康关注的是旅居者的情感状态，通常直接与人们的交流能力及其在主文化社会中的功能适应程度密切相关。当然也与东道主文化的开放性有关：在一个受欢迎的氛围中总比一个受排斥的氛围让人觉得舒心。

3. 最后，与功能适应和心理健康相伴而生的是跨文化身份。旅居者不再受限于或者隶属于某一种文化，而是能够有意识地让自己既不完全属于某一给定的文化，也不完全脱离于这一给定的文化。[①]此时，人们最初的文化身份开始失去独特性和刚性边界，而自我呈现则越来越具有延展性和弹性。[②] 由此，他们对其他文化会更加敏感和宽容。许多留学生表示，他们除了跟东道国的人打交道外，还需要与来自其他文化的留学生交流，这种多文化交织的经历可以让他们更加理解彼此。

当然文化边界的淡化（特别是过度淡化）并不一定都能塑造出成功的跨文化身份，有时候太多的文化冲突会让我们无所适从、不知道相信什么、不知道如何发展自己的伦理观或者价值观，因为我们缺少文化认同所提供的个人的、社会的和文化的指导，此时人们只可能被边缘化（具体参见下文：文化调适结果的类型）。

金特别强调，这种紧张—适应—成长的过程在我们对新文化进行调适时是反复出现的，而且我们的成长历程决不是一帆风顺的线性回归，而是表现为一种螺旋式的弹簧模式，就像是进两步退一

① Alder, p. S., Beyond cultural identity: Reflections on cultural and multicultural man. In L. Samovar and R. Porter (Eds.), *Intercultural Communication: A Reader* (2nd ed.), Belmont, CA: Wadsworth, 1976, pp. 362—378.

② Kim, Y. Y., & Ruben, B., Intercultural transformation: A systems theory. In Y. Y. Kim and W. Gudykunst (Eds.), *Theories in Intercultural Communication*, Newbury Park, CA: Sage, 1988, pp. 299—321.

步，如下图 11—3。[①] 笔者的一些学生在看到金的螺旋模式时，都深以为是，认为该模式很切实地反映了他们在一个崭新的环境中所经历的心态变化。这也说明了该模式具有很强的实践意义。

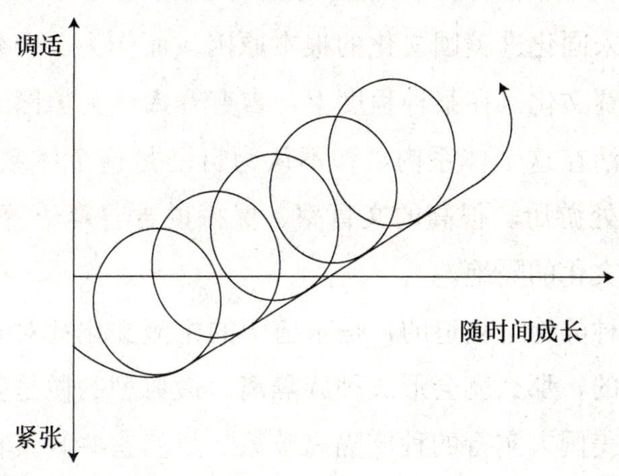

图 **11—3**：紧张—调适—成长模式图

三、文化调适结果的类型

对于文化适应 U 型曲线的主要质疑之一，就是与异文化的互动并不必然带来“适应阶段”这一个结果，它还可能带来旅居者的边缘化以及与东道主文化的隔绝。而且，文化适应也有同化与整合之分。

（一）隔绝

隔绝有主动和被动之别。如果来到一个新文化中的移民选择保

① Kim, Y. Y., Cross-cultural adaptation, in Richard L. Wiseman (ed.) Intercultural Communication Theory, SAGE Publications, Inc., 1995, p. 178.

持他们原来的文化，避免与其他群体接触，这是一种主动隔绝。比如美国的吉普赛人，目前全世界大约有 1/12 的吉普赛人生活在美国，他们靠给人算命、卖二手车等职业为生。大多数吉普赛人不识字，也不喜欢与非吉普赛人接触，这种民族中心主义成为吉普赛人许久以来都未同化进美国文化的根本原因。而作为一个外人，也很难进入吉普赛文化。在某种程度上，吉普赛人成为美国永远的陌生人。他们生活在这个体系内，却不认为自己是这个体系的一部分。他们通过到处游历、很高的文盲率、保持说吉普赛语等来“捍卫”自己与其他文化的隔绝。

如果这种隔绝是被迫的，是东道国的主流文化针对某一移民群体强制实行的，那么就会形成种族隔离。最典型的便是美国曾一度针对非洲裔美国人实行的种族隔离政策。虽然这些政策在官方层面早就被丢进了故纸堆，但它深藏在人们观念中的遗毒依然横亘在美国黑人和白人之间。

（二）边缘化

边缘化是指移民的个体或者群体既没有兴趣与原来的文化保持联系，也没有兴趣与东道国的主流文化保持联系的状态。比如美国的战时新娘（war brides），她们在战争期间嫁给了在她们本国作战的美国士兵，战后跟随这些士兵回到了美国。结果她们发现自己在语言、文化上与丈夫的生活圈格格不入，特别是来自菲律宾、日本、韩国和越南的新娘，所以无法参与到美国的文化中。同时，她们又很难在周围找到可以与她们分享本国文化和语言的人，结果成了边缘人。如果她们还遭到丈夫家庭的排斥，那么她们将进一步被边缘化。

严文华在《跨文化沟通心理学》中曾提到一则案例，刻画了现时代在异文化中被边缘化的现象。

一位女留学生在德国求学。她已经在德国待了四年，但仍把在德国的生活称为炼狱般的日子。她最不能适应的就是精神上的孤独；每天都是两点一线，从宿舍到学校，再从学校到宿舍，几乎没有娱乐，也很少找人聊天。她不找德国人，也不找中国人。她认为大家都很忙，学习压力都很大，顶多在教室碰到几个中国人说两句话。她考试前忙着考试，顾不上孤独；考完试后，面对空空的宿舍就有种要发疯的感觉。①

这是一种较为典型的边缘化类型，有不少留学海外的学子有类似的感受。这多数情况下与个人的性格相关，对此我们将在“影响文化适应的因素”一节展开论述。

（三）同化

在同化模式中，个体希望与新文化中的群体建立起联系，东道国在一定程度上也对移民持欢迎态度。同化的核心问题在于移民的个体或者群体不再保留自己原来的文化传统。

同化也分为两种类型。如果同化是主客双方共同的意愿，就会形成“大熔炉（melting pot）”的局面。比如许多迁居美国的欧洲裔移民，他们往往与美国人语言相通、生活习惯相近、宗教信仰类似，所以很容易同化进美国的文化，而且为美国文化增添新的生命力。但如果这种同化来自于东道国的强制力，特别是针对那些与东道国的文化差异较大的个体或者群体时，就会形成“高压锅（pressure cooker）”的局面。比如下述这位西班牙裔学生的苦恼：

① 严文华：《跨文化心理学》，上海社会科学院出版社，2008年版，第118页。

我是西班牙裔的美国人。可能因为我的外貌，我的同学常常问我如何说西班牙语，而其实我并不会讲。不过我的父母会讲，而且很流利，他们的英文也很流利。但他们从不教我以及我的兄弟姐妹西班牙语，因为他们不希望我们在上学的时候遇到他们当初遇到的语言问题（即英语不流利）。①

在影片《刮痧》中，我们也看到了类似的内容；已经同化进美国文化的女主人公简宁为了让孩子丹尼斯上学的时候语言不受限，坚持一家人时时刻刻说英文，即使在丹尼斯的爷爷——一位来自中国、不会半点英文的老人面前，简宁也坚持要丹尼斯讲英文。

有研究显示，在东道国越受到种族或民族歧视的移民，越不会坚持自己原来的文化传统。所以鲁杰罗等人（K. Ruggiero etc.）就认为，强大的歧视会极大地挫伤移民保留原始文化实践的意愿。②

（四）整合

整合意味着移民个体或者群体既有兴趣保持其原来的文化和语言，也很乐意与新文化中的群体进行日常互动。很明显，与同化不同的是，整合坚持要维护移民者的母文化。比如从加纳移民到美国的麦丽说：

在我们家，只有在那些根本无法理解我们加纳语的人面前，

① Martin, J., & Nakayama, T., Intercultural Communication in Contexts, The McGraw-Hill Companies, Inc., 2004, p. 273.

② Ruggiero, K. M., Taylor, D. M., & Lambert, W. E., A model of heritage culture maintenance. *International Journal of Intercultural relations*, 1996, 20, pp. 47－67.

我们才会说英语。我的父母也不强迫我说英语，如果我用英语说话，他们往往用加纳语回应我。但如果一旦我的加纳语表现得不够流利，我妈妈就会很介意。在她看来，忘掉了自己的母语就是剪断了最后的脐带。[①]

当然麦丽也描述了她的家庭是如何在其他方面参与到美国式的生活之中的，比如他们都很欣赏美国的音乐等。再比如一些身在异国的移民，往往通过过本国或本民族传统节日的方式保持着与母文化的联系。

通常情况下，整合的实现也要视东道国的开放度以及对其他文化的包容程度而言。东道国的文化越开放，移民越容易实现整合式的适应；东道国的文化越封闭，越可能把移民推向被隔绝、被边缘化和被迫同化的境地。

我们以“强调与新文化中的群体建立联系的价值”为纵轴，以“强调维护母文化身份的价值”为横轴，就可以在该坐标系中标定文化调适结果四种类型的位置，并且可以令这四种类型的特点一目了然。如下图 11—4：[②]

四、影响文化适应的因素

影响文化适应的因素有很多，我们主要总结了个人与文化两个层面，前文已略有涉及。

---

① Martin, J., & Nakayama, T., *Intercultural Communication in Contexts*, The McGraw-Hill Companies, Inc., 2004, p. 274.

② Jandt, F., *An Introduction to Intercultural Communication*, SAGE Publications, 2007, p. 310.

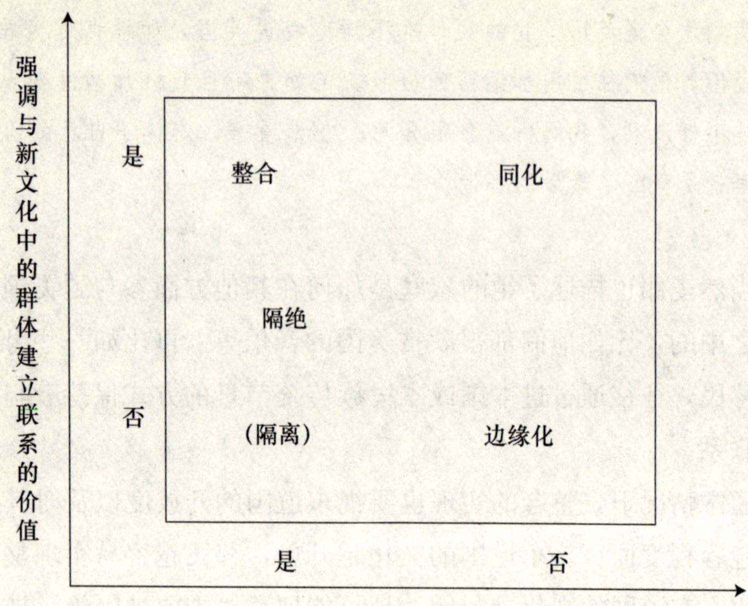

图 **11—4**：文化调适的四种类型

（一）个人的影响

就性格而言，有些人比较有弹性、乐于冒险，又比较自信，他们对异文化的适应就会比较快；而做事缺乏弹性、遇事喜欢回避的人，其对异文化的适应就会比较慢。

从年龄来看，老年人因为固有的观念深厚，“积习难改”，通常很难适应新文化。而年轻人原文化的积淀比较浅，思想、信仰、观念都尚未固定，他们乐于接受新事物，所以会比较容易适应新环境。

另一方面便是对适应的心理预期，即过度乐观和过度悲观的心理预期都会给文化适应带来更多的困难。比如美国人在英国会比在其他欧洲国家感受到更多的文化休克，就是因为他们往往预期自己与英国人的生活没有差别，所以他们会遭遇到更多“同质文化圈的理解限制”；[1] 而那些过度担心新环境中文化适应问题的人，就会有更深的焦虑感，这同样会给他们与当地人的交流制造麻烦（详细内容请参见本书第六章）。

（二）文化背景的影响

文化适应也有赖于文化背景。

首先，从文化的同质性与异质性来说，在同质性的文化中更容易调适，而异质性的文化更难让人接受。如果移民者的母文化与东道国的新文化在许多方面都比较类似，那么适应起来便会相对容易，因此在一般情况下，到美国的加拿大移民就会比日本移民更快、更好地适应美国的生活。

其次，从文化的容纳性与排外性来说，有些国家不那么欢迎外来者，像穆斯林社会对外就比较封闭。在这些社会中，内外群体的区分非常明显，外来者很难融入其中。而像欧美文化，特别是美国，本身就是个多民族、多种族聚居的国家，自然对异文化的容纳力比较强，外来者可以尝试从不同的间隙融入当地文化。

另外，歧视和偏见的存在，也令一些文化适应变得异常艰难。举例而言，非洲人，比如非洲移民、非洲留学生等，在几乎同时期经历过黑人奴隶制度的美国和巴西，其文化适应就大为不同。在美国还有许多地域残存着严重的针对黑人的种族歧视；而在巴西，欧洲移民、非洲裔美国人以及巴西本土人之间的通婚非常普遍，所以大约有 40%的人口都是混血后裔，其不存在黑、白之间的二元对立。究其原因：首先在历史上，巴西的奴隶制度是在 1888 年和平终结的，而美国的奴隶制度则是在 19 世纪 60 年代通过南北战争结束

---

① Weissman, D., & Furnham, A., The expectations and experiences of a sojourning temporary resident abroad: A preliminary study. *Human Relations*, 1987, 40, pp. 313−326.

的。其次在巴西，黑人与白人在经济上相互依赖，非洲后裔都被视为非常有价值的雇员。另外，巴西社会长期追求一种同化政策，即所有人，包括非洲后裔共享同一文化，无论是在身体还是在文化上都能达到相互融合。相反的，美国的“熔炉政策”往往排斥非洲后裔，尽管它期望你在文化上的融合，但法律上一直严禁美国白人与黑人的通婚，该条例只是在最近几十年才废止的，[①] 但许多人在观念上对黑人的偏见和歧视依旧根深蒂固，就连与美国毗邻的加拿大，其种族关系都比美国平和得多。当然，巴西并非不存在种族偏见，一般浅肤色的人还是占据着社会经济的高位。但相对于美国而言，巴西可以为非洲人提供更多受尊重的空间，自然也为后者提供了更多文化适应的便利。

我们前文也用玛丽亚的例子说明了这类问题。此处再次借用玛丽亚的话为这一章划上句号：“我们只有在先学会相互尊重的前提下，才有可能谈文化适应的问题。”

思考题

1. 如何理解文化休克与重返文化休克？
2. 奥伯格认为文化适应分为哪几个阶段？
3. 文化调适的U型曲线有哪些优缺点？
4. 如何理解文化适应的交流体系模型？
5. 文化调适的结果都有哪些类型？请举例说明。
6. 有哪些因素会影响文化适应？

---

① Rogers, E., & Steinfatt, T., *Intercultural Communication*, Waveland Press, 1999, p. 239.

KUA WEN HUA JIAO LIU LUN

第十二章

跨文化交流的能力

一、如何理解跨文化交流的能力

在本书的第三章，我们讨论过交流与跨文化交流的差异。而在本章开篇，我们需要澄清一个与之相关的问题，即在同一文化背景中的交流能力与跨文化交流能力是否相同？因为这一问题涉及两类观点："文化普遍"观与"文化特定"观。

（一）"文化普遍"观与"文化特定"观

"文化普遍"观认为，交流能力是具有普遍性的，在一种文化中有效的交流方式在另一种文化中也适用，因而一般的交流能力就等同于跨文化交流能力。

"文化特定"观则认为，跨文化交流能力与一般交流能力有区别，前者强调交流能力与特定的文化情境相联系，在一种文化中有效的交流方式在另一种文化中就未必有效，因而交流能力也是相对的，没有在所有文化中都适用的交流能力。

通过前面章节的介绍，我们已经知道各种文化不仅有各自不同的语言，而且有各不相同的表达方式，它们对语境、空间、时间、关系、非语言等等各有各不同的解读，而这一切都要求跨文化交流能力应该具有不同于一般交流能力的特性。也就是说，“文化特定”观应该是跨文化交流中应该秉承的一种文化观点。那我们应该如何去界定跨文化交流的能力呢?

（二）界定跨文化交流的能力

跨文化交流的能力是指能够适当而有效地与异文化的个体或群体进行交流的能力。而适当性和有效性正是跨文化交流能力的主要指标。

1. 适当性

适当性主要针对交流过程而言，是指交流行为对语境来说是合适的，这里的合适一般是指没有严重违反已经确定的或约定俗成的关系原则、规范和期望。[①] 比如在具体文化情境下，能够采用合适的方法进行交流，知道如何反馈、如何提问，知道何时该说什么；在跨文化情境中，能够回避不适宜的交流反应，例如与日本人交流尽量少去直视对方的眼睛，与美国人交流尽量不要沉默不语等。[②]

2. 有效性

严文华指出，交流的有效性应该包括两层含义：一是能够按照信息发送者的本意来理解编码；二是能用对方理解的方式表达自己的意思。[③] 这在基本层面上还是指交流过程应该遵循哪些原则的问题，因此依然属于适当性的范畴。比较而言，斯皮茨伯格（B. Spitzberg）的观点则更凸显了交流的效果：有效性指的是重要目标

---

① 布赖恩·斯皮茨伯格：“跨文化传播能力的一种模式”，拉里 A. 萨默瓦、理查德 E. 波特主编：《文化模式与传播方式》，北京广播学院出版社，2003 年版，第 411—426 页。

② 严文华：《跨文化心理学》，上海社会科学院出版社，2008 年版，第 99—100 页。

③ 同上书，第 100 页。

的实现或者相对于付出和替代选择而言的回报。交流的有效与否与人们对交流结果的满意程度有关。有时，适当的交流方式未必获得令人满意的交流效果。在这种情况下，交流的有效性就是把对交流效果的不满意降到最低。比如你跟自己的朋友不得不分道扬镳，那就不可能有任何令人满意的或者有效的结果（即挽回友谊），但你可以采取一定的交流方式达到某些其他目的，比如还能保持联系或者拿回你曾留在对方那儿的珍贵物品等等。某些时候有效性就等于“效率”，即进行直接而高效的交流，这种交流耗力少，因此也更有效。不过需要注意的是，高效率的交流却并不一定都能达到预期的结果。

以这两个标准来衡量跨文化交流的能力，会产生四种结果。一是既缺少适当性又缺少有效性的交流，这样的交流只会招来彻头彻尾的失败。二是适当但效果不佳的交流，这类交流尽管不令人生厌，但却不会达成任何个人的目的。这又被称为满足型，即人们只能满足环境的最低要求，而不能再完成什么更高的目标。三是不适当却有效的交流，比如用欺骗、威胁、恐吓等手段达到相应的目标，指的是人们为了满足自己的目的而不惜损害他人的利益。这样的能力只能算是在特定情况下有效的有限能力，不可能适用于任何情境。第四类也就是我们所主张的、在跨文化交流过程中应该具备的、适当而有效的交流能力，也是最有益于跨文化交流的能力，即我们可以以符合语境（包括文化、关系、情境等）的方式完成自己的行动目标。[①] 那么我们将如何提高这一能力？了解一下跨文化交流的能力要素或许可以帮助我们找到答案。

---

① 布赖恩·斯皮茨伯格：“跨文化传播能力的一种模式”，拉里 A. 萨默瓦、理查德 E. 波特主编：《文化模式与传播方式》，北京广播学院出版社，2003 年版，第 411—412 页。

二、跨文化交流的能力要素

许多学者对如何构建跨文化交流的能力做出了尝试，根据鲁本(B. Ruben）的观点，人们跨文化交流的能力由下述七个要素组成：

（1）向对方表示尊敬和对其持积极态度：交流者需要用语言和非语言行为向对方表示感兴趣，以确立有效交流的基础。

（2）采取描述性、非评价性和判断性的态度：交流者尽量不要用自己文化的标准对对方的行为评头论足（参见下文 D. I. E. 练习)。

（3）最大限度了解对方的个性：跨文化交流首先是个体之间的交流，其次是人际之间的，最后才是文化之间的交流。所以在交流过程中，我们首先要把对方看成是富有个性的个体，认为他有自己独特的交际风格。我们首先要对对方的独特个性非常敏感；其次要考虑人际交往中的共性；再次考虑其文化上的独特性。

（4）移情的能力：尽量设身处地替他人着想（详见下文）。

（5）应付不同情景的灵活机动性：即能够在完成角色任务的同时，又能与对方达成一致、建立和谐的关系，还能充分展现自己的个性，不受控于人。

（6）轮流交谈的相互交往能力：能解读轮流交谈过程中话轮转换的提示，并积极合理地对对方的要求进行评估。

（7）能容忍新的和含糊不清的情景，并能从容不迫地对其做出反应（详见下文）。[1]

自鲁本提出上述跨文化交流能力的要素之后，不少学者从不同

---

① Ruben, B. D., Assessing Communication Competency for Intercultural Adaptation. *Group and Organization Studies*, 1976, pp. 334—354.

角度作了很多补充，比如斯皮茨伯格和库帕克（W. Cupach）在他们的七维度模型中就特别强调建立关系的能力，并提出“自我意识”的概念，主张交流者要有意识地做自我监控，这样才能很快适应新环境。[①] 维曼（J. Wiemann）提出了“社会放松”理论，指出任何人在跨文化交流的最初阶段都会经历不同程度的焦虑，交流者应具备克服心理焦虑的基本能力。[②] 我国学者贾玉新先生还补充了在跨文化交流中补救失误的策略能力等。这些都非常具有参考价值。[③]

本书将主要介绍一下马丁和中山（J. Martin & T. Nakayama）的观点。两位学者在前人研究的基础上将跨文化交流的个人能力总结为动机、知识、态度和行为四个方面，简洁而具有启发性。[④]

（一）动机

交流能力中首要的一个因素可能就是动机。如果没有与人交流的动机，关心其他要素就变得毫无意义。在跨文化交流中，动机更是个重要的问题，因为有各种各样的原因会令人们不愿意进行跨文化交流。

首先，强大的群体认为没有必要了解其他文化。尽管力量较弱的群体有动机与强大的群体建立联系，怎奈对方没有响应。在这种情况下，跨文化的交流常常由强大群体的意愿来决定，所以增加了不可预期性和不平等性。有时，通过对其他文化的了解，可以增加

① Spitzberg，B. H.，& Cupach，W. R.，*Interpersonal communication competence*，Beverly Hills，CA：Sage，1984.

② Wiemann，J. M.，Explication and test of model of communication competence. *Human Communication Research*，1977，(3)，pp. 195－213.

③ 贾玉新：《跨文化交际学》，上海外语教育出版社，1997年版。

④ Martin，J.，& Nakayama，T.，*Intercultural Communication in Contexts*，The McGraw-Hill Companies，Inc.，2004.

我们与之交流的动力。

其次，跨文化交流让人感到不自在。正如我们以前讨论过的，在跨文化的环境中，陌生人会给我们带来不确定性，因而引发焦虑、恐惧等心理反应。人们在异文化环境中，会有一种远离朋友和亲人以及害怕受歧视的担忧，这都挫伤了人们交流的积极性。而其实，这种逃避的心态让我们失去了了解他人如何思考、如何行为、如何看待我们自己的机会。

再次，历史和政治的原因阻隔了个体进行交流的意愿。比如以色列人与巴勒斯坦人之间、塞尔维亚人与克罗地亚人之间、希腊的塞浦路斯人与土耳其的塞浦路斯人之间就缺少相互交流的动机。

所以说，一个交流者能力的好坏也许并不在于他如何应用交流技巧。对于一些人而言，发展跨文化交流能力的第一步是与异文化个体建立联系的动机。

（二）知识

正如斯皮茨伯格所言，一个舞台演员要有把戏演好的动机，才能被视为有能力的演员。但是，仅仅拥有想表演好的意愿，还远远不够，演员还需要知道剧本、舞台的布局、观众类型等。同样，交流者对于如何进行成功的交流知道得越多，他就越有能力交流。[①]这也就是要掌握好交流的知识。

知识要素属于交流能力的认知方面，它包括对自我、他人以及交流各个方面的认知。在跨文化环境中对自我的认知是最重要的方面之一。对自我的认知就是知道自己是如何被视为一个交流者的，以及自己的优势和弱势。

---

① 布赖恩·斯皮茨伯格："跨文化传播能力的一种模式"，拉里 A. 萨默瓦、理查德 E. 波特主编：《文化模式与传播方式》，北京广播学院出版社，2003 年版，第 415 页。

聆听其他文化的人如何说，以及观察他们怎样看待我们将有助于我们更好地了解自己、了解我们的文化。正如一位意图成为优秀的跨文化交流者的学生所言：

> 坦率地说，我觉得它（跨文化交流）始于你自己。我感到，如果我们阶级中的每一个人都能把眼睛睁得比他们平日再大一点就会大不相同。（其他）阶级的确打开了我的视域，让我了解到其他人的观点和感受。①

对自己的了解可以增加个体的自我效能感。自我效能感是指对自己履行一套特定行为的能力的自我认知。举例来说，演员越坚信自己能够完成一套有价值的或者有积极意义的动作，他们就会越乐意去做，跨文化交流亦是如此。自我效能感通常是针对具体任务而言的，它取决于我们对任务和语境的熟悉程度。

对他人的认知——知道别人如何想、如何做也有助于我们成为更有效的交流者。不过在认知他人的时候不能仅凭刻板印象提供的抽象信息，而应该通过建立关系的方式更好地了解彼此的经验。我们与来自不同背景的人一起经历的事情越多，就越有可能相互尊重和理解。

当然，我们不可能通过与所有文化的人建立关系的方式来获得对他们的认知，但我们可以通过对文化差异一般性知识的了解来拓宽我们的视域，如我们曾介绍过的不同的文化模式、不同的语言和非语言交流方式等。只要不把这些知识固化成刻板印象或者偏见，而是把它们作为我们进行跨文化交流的一种指导性知识、一项准备性工作，这都将提升我们跨文化交流的能力。

---

① Martin, J., & Nakayama, T., *Intercultural Communication in Contexts*, The McGraw-Hill Companies, Inc., 2004, p. 410.

另外，语言知识也是跨文化交流的一个重要方面，当我们有了学习和掌握第二门或第三门语言的经历之后，将很容易理解旅居者或者移民在语言方面遇到的困窘，这有益于增加我们的移情能力（详见下文）。比如，当我们有过学习一门外语的经历后，再让我们面对一个学习汉语的外国人时，我们就会更加耐心、更加用心地聆听他用汉语与我们进行交流。

在斯皮茨伯格看来，增加交流知识的过程就是一个实践的过程，你不能单纯地知道“是什么”，还要知道“如何去做”，而只有切实去实践了，你才有可能积累交流的知识。斯皮茨伯格指出：①

首先，随着与交流任务相关的程序知识的增加，交流者的知识也会相应增加。程序知识指的是“如何进行”社交活动，而不是“进行什么”。正如一则笑话“讲了什么”是它的实质内容，而如何通过使用各种语调以及对时间的精确控制讲好这则笑话，则是关于这则笑话的程序知识。和其他知识相比，这种知识属于典型的“无意识”。当我们开始牙牙学语的时候，还会在意程序知识；但当这些知识被无数遍的重复后，我们每次再使用它时，也就不再经过我们的大脑了。就像我们按照最熟悉的路线回家一样，谁还会在意路上的那些景致。当我们身处一种新的文化，慢慢地可以无意识地应用程序知识时，我们的交流能力就在增长了。因此，人们对于一种文化环境的习惯和行为规范越熟悉，那么在这种文化中同他人交流时的知识就越丰富。总之，人们同一种文化接触得越多，他们关于相关事物、主题、语言形式，以及程序能力的积累也会随之增加。

其次，对于交流技巧掌握得越多，交流者的知识也会随之增加。人们可以通过多种途径去了解在不熟悉的语境中该做什么以及如何去做。比如，我们可以通过提问题、观察他人、违反一些地方

---

① 布赖恩·斯皮茨伯格：“跨文化传播能力的一种模式”，拉里 A. 萨默瓦、理查德 E. 波特主编：《文化模式与传播方式》，北京广播学院出版社，2003 年版，第 416—417 页。

习俗以观察对方的反应来判断不同行为的价值、求助当地人作为信息提供者等。交流者对于这些技巧知道得越多、实践得越多，就越有能力获得进行成功交流的相关知识。

再次，随着身份和角色种类的增加，交流者的知识也会随之增加。一个人所接触的人的类型、角色和自我形象越多，也就越能理解在特定文化中的不同角色和角色行为。有些人终生都生活在一种文化中，活动范围很小，扮演的角色也很少。另一些人体验过许多不同的社会活动和不同的角色。如果一个人拥有折射多种社会角色的自我形象，那么他也能更好地理解在另一种文化中遇到的各种行为类型。

（三）态度

许多态度有助于提升跨文化交流的能力，比如对含混不清的容忍力（Tolerance for ambiguity）、移情（empathy）、不做评判（nonjudgmentalness）等等。

1. 对含糊不清的容忍力，指的是人们在处理一些几乎一无所知的情况时所持有的态度。无论我们身处国外抑或国内，当我们与一些看上去与我们不同、做事方法又很奇怪的人打交道时就需要具有对含混不清的容忍力。这的确不是件易事，因为人们往往喜欢可预见性，而尽量避免不确定性，特别是对于高不确定性规避文化中的人而言。但在跨文化的紧张情境中，这种容忍力是非常重要的。比如尼克，一位交换到墨西哥的美国学生的经历：

> 我在市场丢了钱包，所以就让我妻子电汇一些钱给我，可我实在搞不清楚我到底应该去哪个邮局取钱。于是我赶到中央邮局，结果对方告知我的钱已经递送出去了，而那个目的地我

也弄不明白在哪儿。我当时感到很沮丧、厌烦、忧虑，我的语言能力也迅速退化。幸运的是，我克制住了自己，努力让自己有耐心，还跟邮局工作人员开玩笑。最后我花了6个钟头拿回了我的钱，而且还在邮局交到了一些新朋友。[①]

在异文化环境中，不知道是什么、不知道说什么、不知道该去哪儿的情况司空见惯，而对这些“不知道”的容忍力可以让我们保持清醒，因为往往只有我们自己才可以解决问题，如果自己都不能指引自己，我们也就很难成为一个成功的跨文化交流者。

2. 移情，是指知道“穿着别人的鞋子走路”的感受。移情是德国美学家罗伯特·菲舍尔首先明确使用的美学概念，意思是直观与情感直接结合从而使知觉表象与情感相融合的过程。从心理学的角度看，移情是指通过对情感的知觉使自身产生与他人的情感相接近的情感体验，具体而言就是对别人的处境、情感和动机的认同与理解。

移情与同情（sympathy）这两个词看上去很相近，但其实有本质差异。班尼特（M. Bennett）曾指出，同情是“黄金律（Gold Rule）”，即“我们以我们对待我们自己的方式对待他们（Do unto others as you would have done unto you）”；而移情是“白金律（Platinum Rule）”，即“我们以他人对待他们自己的方式对待他们（Do unto others as they themselves would have done unto them）”。[②] 同情似乎更体现了一种天下一家的情怀，而持“文化普遍”观的人一定深以为是。但在跨文化的背景中，你同情别人，别人却未必领情。最浅显的例证就是，作为汉文化的人可以吃猪肉，

---

① Martin, J., & Nakayama, T., *Intercultural Communication in Contexts*, The McGraw-Hill Companies, Inc., 2004, pp. 412－413.

② Martin, J., & Nakayama, T., *Intercultural Communication in Contexts*, The McGraw-Hill Companies, Inc., 2004, p. 414.

但你可以用猪肉招待穆斯林文化的人吗？因此说，在跨文化背景中，移情的态度才是更适合的。移情是更具有文化相关性的，是持“文化特定”观的人所强调的态度。简言之，移情就是把自己设想成另一文化背景中的另一个人的能力。

但正如前文提到的，移情不等于同情。同情很多时候只涉及情感，但移情还会涉及认知。有时，移情需要突破你固有的认知或者信念，这并非易事。笔者造访英国的时候领教了一下那里的温带海洋性气候，每天如果不多少下点雨就似乎有些反常，而且天气变化十分频繁，刚才还是艳阳高照的，瞬间就会变成大雨倾盆，所以遮雨的工具是出门必备的。当时正值 7 月份，天晴的时候太阳也比较强烈，为了防紫外线的照射，我的伞就雨天遮雨、晴天遮阳。但晴天的时候，你会发现当地的女性是不打伞的，反而是非常惬意地享受阳光的直射，偶尔还会向打着伞的你投来不那么友好的目光。同行的伙伴劝我不要在晴天打伞，说当地晴天少见，而晴天打伞会招来阴雨。不过我当时比较固执，坚持认为防紫外线肯定比“迷信”来的实际。当时我可以同情他们受多雨的困扰，但却很难移情地按他们的方式去做。

故此，如果我们不理解异文化人们的经验和生活，也就不可能以他们的视角来看待这个世界。通过多种途径了解其他文化的经验和生活是获得跨文化移情能力的有效方法，其中最有效的还是与异文化的个体建立深厚的友谊，并在交往中分享互动的意义。这种分享不仅包括对方的思想还包括对方的感受，我们必须能够理解对方所说的，而且能够理解他们是如何感受的。[①]

我国很多学者都强调从语用的角度研究“移情”。其中最早把

---

① Broome, B. J., Building shared meaning: Implications of a relational approach to empathy for teaching intercultural communication. *Communication Education*, 1991, 40, pp. 235—249.

"移情"引入语用学的是何自然先生。何先生认为，移情在语用学上指言语交流双方情感互通，能设想和理解对方的用意。[①] "语用移情"与我们在第八章介绍的"语用迁移"遥相呼应。"语用迁移"中的"语用负迁移"是造成语用失误的重要因素，而"语用移情"则正用以解决这一问题。

"语用移情"包括"语用—语言移情"和"社会—语用移情"两个方面。

"语用—语言移情"指说话人运用语言刻意对听话人表达心态和意图，以及听话人从说话人的角度准确领悟话语的用意。语用移情的微妙之处是说话人或听话人总能从对方的角度进行语言的编码和解码：说话人要以听话人明白的话语阐述自己的意思，而听话人要从说话人的角度来领悟话语，所以双方都不能忽略对方的心态，这就是移情。"社会—语用移情"主要指言语交流双方都设身处地尊重对方的思想情感和看法，从而能在言语交往过程中达成默契，实现预期效果。社会—语用问题涉及到言语交流双方的社会、文化、背景和人际关系，当然也涉及到语境。[②]

王媛则强调在跨文化交流中语用移情应该遵循如下四大原则：[③]

(1) 等同原则，指说话人把自己看成是听话人中的成员，并在言语中表现出来。这使得听话人感到更亲切、更容易沟通。比如受到别人邀请而乐意赴约时，回答"I am very glad to *come*"就比回答"I am very glad to *go*"更合适。在汉语中这一原则主要体现在指示语的使用上，比如"你应该明白，我们是学生，我们的主要任务就是学习"。例句中的"我们"实质都是在指"你"，但说话人把自己也放到听话人之中，会让语言听上去少有强迫力，而更具亲

① 何自然："言语交际中的语用移情"，《外语教学语研究》1991年第4期，第11—15页。
② 同上。
③ 王媛："跨文化交际中的语用移情"，《安徽文学》2009年第7期，第324—325页。

切感。

（2）合理原则，即合乎情理，要求说话人在对待听话人时，其思维、态度都要替对方着想，为对方的情感、利益考虑，其语言必须合乎情理。这一原则要求说话人充分理解、考虑听话人的心态、处境等。例如，比较“You are sure to succeed”与“I am sure you will succeed”，后者就明显表现了说话人的主观和不留余地。

（3）礼貌原则，即应该符合利奇提出的策略准则和慷慨准则、赞誉准则和谦虚准则、一致准则以及同情准则（参见第八章）。

（4）信息原则，即为了实现第一、二个原则而对语言的结构信息进行处理。这与谈话的论题、已知信息和未知信息有关。比如说“John hit Mary”，表明听话人同时认识 John 和 Mary；“John hit his wife”，表明听话人只认识 John；“Mary's husband hit her”，表明听话人只认识 Mary。我们需要根据这些结构信息调整我们的言语。①

综合而言，在跨文化的交流中，移情需要我们在认识上承认文化之间存在着普遍差异；在情感上愿意站在他人的立场思考；在行为上乐于全神投入，以求比较全面地获取对方提供的信息。

3. 不做评判，这是指不对别人的行为做出判断和评价。这似乎是很容易的，我们会认为自己完全可以不依照我们的文化框架去评价其他人。但事实却并非如此，就像中国人与美国人谈话时，美国人会感到中国人比较被动，而且总是对话题不感兴趣；而中国人却会感觉美国人总是很急切，太过强势。这种依照自己的文化标准评价他人的态度是如此微妙而自然，令你几乎意识不到自己本来是带着有色眼镜的。

D. I. E. 的练习可以有效地帮助我们纠正妄下断言的态度。它主

① 何自然：“言语交际中的语用移情”，《外语教学语研究》1991 年第 4 期，第 11—15 页。

要是帮助我们在信息加工的过程中区分描述（description-D）、诠释（interpretation-I）和评价（evaluation-E）。描述性的句子传递的信息是可以通过感官直接判断的客观事实，例如描述一个人多高、穿什么衣服等；诠释性的句子就给被描述的客观事物追加了意义，例如他一定缺少经验；评价性的句子则明确地表达了我们对事物的感受，通常都带有是非或者好恶的倾向，例如我对一个缺少经验的人没信心。其中只有描述性的句子是非评判性的。而这个 D. I. E. 的练习就是要帮助我们认识到，我们在处理信息的时候是在描述层面、诠释层面还是在评价层面。比如下面这个例子：

• 你的意大利朋友说话的时候双手的动作幅度很大。(描述)

• 你的意大利朋友说话的时候双手的动作幅度很大，他一定很爱表现自己。(诠释)

• 你的意大利朋友说话的时候双手的动作幅度很大，他一定很爱表现自己，我不喜欢跟这样的人交往。(评价)

很显然，描述性的介绍更有益于我们的下一步交流。D. I. E. 的练习说明，即使对方的某一性格特征是我们喜欢的，能促进我们和对方的交往，但如果之前我们依照自己的主观评价已经形成某种刻板印象，就会误导交流的过程。

尽管我们不可能总是保持在描述的层面，但知道我们什么时候在描述、什么时候在诠释、什么时候会进行评价也是很重要的。

(四) 行为

行为能力是跨文化交流过程中一个可见的要素。许多学者曾探讨过是否存在在所有文化中都通行的交流行为。比如交流学者鲁本就总结了一些具有普遍意义的行为（或者态度），包括尊敬、互动管理（interaction management）、移情、互动的姿势等。但其实这些行为能力只是在宏观层面上具有文化普遍性，比如无论什么文化都应该对别人表示尊重、友好和礼貌等；但在微观层面上，这些行为却是通过文化特殊性的方式实行的。例如，在所有跨文化互动中，尊敬别人总能起到良好的作用，许多学者认为这一技能很重要，但表示尊敬的方式却是因文化、因情境而异的。例如欧洲裔的美国人通过眼神交流表示尊敬，而一些美国的原住民则通过避开眼神交流来表示尊敬。能够意识到行为的这两个不同的层次，而且能够依照对方的文化背景做出适当的调整，这是一种非常重要的跨文化交流能力。

以上就是马丁和中山总结的跨文化交流能力的四个重要方面，其中动机是前提条件，知识是基础，态度是催化剂，行为是指导原则。从这四个方面入手，我们可以逐步改善自己的跨文化交流能力。

除了跨文化交流的能力要素以外，一些学者也探讨了跨文化交流能力强弱的问题，但其实并没有客观的标准，所以结论也就莫衷一是。不过大家都比较赞同跨文化交流能力需要从整体上进行把握。豪厄尔（W. Howell）指出这种整体性的分析甚至要超脱于意识之外，并提出了四种跨文化交流的能力：无意识的无能力、有意识的无能力、有意识的能力和无意识的能力。[①]

无意识的无能力正好与“文化普遍”观相切合。在这种情况下，我们感受不到差异，也不需要以任何特殊的方式行事。当然，持这种态度的人在与自己同文化的人交流时是有效的；但在跨文化背景下，意识不到差异，意识不到自己的无能，这就是不适当又无效的交流。

有意识的无能力是指人们在交流过程中意识到存在问题，但不

---

① Howell, W. S., *The empathic communicator*, Belmont, CA: Wadsworth, 1982.

能确定有什么问题，以及为什么有问题。很多人有过类似的经验，感到彼此的交流总有那么一点不对劲，但又说不上问题出在哪里。比如一个日本人与一个北美人聊天，大家总是觉得不和拍：北美人抛出的话题日本人似乎都不感兴趣；而日本人总是在打算深入讨论一个话题之前，北美人就转换了话题。这是现象，是两个人都感受到的现象，但他们却不知道现象背后的原因：两种文化的表达方式不同。以打网球的击球做比喻，北美人是一来一去的标准击球式，而日本人则总是要慢半拍（参见第八章“表达方式的文化差异”）。

有意识的能力是指我们在交流过程中有意识地遵循一些指导原则，这些指导原则有助于我们进行分析式思考以及学习新的信息。比如我们会考虑与自己交流的人来自于什么文化、其文化模式的特征是什么、要注意哪些非语言禁忌等等。要成为一个有能力的交流者必然要达到这一层面。但豪厄尔认为这还不够好，最充分的能力是无意识的能力。

无意识的能力是指交流者可以非常顺畅地与异文化的人进行交流，几乎不会遇到任何问题，通常都能适当地达到有效的目标，而这个过程却不需要意识中的思考和分析，很多时候它就像是下意识的过程。也就是上文提到的，在异文化环境中能够无意识地应用程序知识的状态。但笔者认为，要达到这种能力必然需要一个人在异文化的环境中生活相当长的时间，十年、二十年甚至更长。当异文化的元素慢慢替代了原来母文化的位置，个体对异文化的熟悉已经到了脱敏的程度，这种无意识的跨文化交流能力便“炼就了”。所以说，即使具备了无意识的能力，也必然是针对某种或者某类文化的，不具有普遍适用性。

而在一个多元而非二元的文化环境中，能够始终保持对异文化的敏感性，保持一种有意识的能力则是跨文化交流能力所必需的。

三、跨文化敏感

跨文化敏感是与跨文化交流能力极为相关的一个概念，有些学者把它作为跨文化交流能力的要素之一。陈国明等人强调跨文化敏感是有能力进行跨文化交流的先决条件，不能与跨文化交流能力混为一谈。他们认为跨文化敏感偏重于情感，而跨文化交流能力偏重于最终表现出来的行为，二者既相互区别又相互关联。[①]

其实无论是跨文化敏感抑或是跨文化交流能力，都不可能在情感和行为方面做出泾渭分明的区分，正如在马丁和中山对跨文化交流能力要素的总结中，动机和态度就都包含了情感的成分一样。不过陈国明等人的观点提升了跨文化敏感的重要地位，凸显了现在跨文化研究领域越来越重视跨文化敏感的趋势，特别是目前许多跨文化的培训项目都把跨文化敏感训练作为重要的组成部分。因此，本书也把跨文化敏感作为独立内容进行介绍。

（一）什么是跨文化敏感

尤里·布朗芬布伦纳（Urie Bronfenbrenner）等人指出，[②] 社会认知的两种主要能力形式是对于一般化他人的敏感和对于个体差异的敏感（如人际敏感）。对于一般化他人的敏感是“一种对于个

---

① 陈国明、威廉·斯塔罗斯特：“跨文化敏感”，拉里 A. 萨默瓦、理查德 E. 波特主编：《文化模式与传播方式》，北京广播学院出版社，2003 年版，第 448—457 页。

② Bronfenbrenner, U., Harding, J., & Gallwey, M., The development and validation of a scale to measure affective sensitivity (empathy). *Journal of Counseling Psychology*, 1958, 18, pp. 407—412.

体所存在的团体的社会常规的敏感”;[①] 人际敏感是发现他人在行为、认知和感觉上同我们有什么不同的能力。陈国明和斯塔罗斯特认为布朗芬布伦纳等人所说的人际敏感与跨文化敏感是对等的，而且进一步将跨文化敏感界定为一种能力——“它能够形成理解和欣赏文化差异的积极情绪，从而促进跨文化交流中适当而有效的行为。”（即跨文化交流的能力）[②] 通常，跨文化敏感度高的人都有一种激励自己去理解、欣赏和接受文化差异，并从跨文化交流中取得积极结果的愿望。他们能够接受个人的复杂性以及交流的多变性，能在互动中保持清醒的头脑，并乐于交换思想。

（二）跨文化敏感的要素

陈国明和斯塔罗斯特认为跨文化敏感主要由自尊、自控、思想开放、移情、互动参与和延迟判断六个方面构成。[③]

1. 自尊

自尊是一种自我的价值感。自尊感比较高的人，认为自己是有价值的人，值得他人的尊重，也能接受自己的不足之处。另外，自尊感强的人通常很乐观，这种乐观的态度会把自信注入到与他人的交流之中，[④] 而且他们更容易考虑别人，并希望被他人接受。[⑤] 在跨

---

① McClelland, D. C., Review and prospect. In D. D. McClelland (Ed.) *Talent and society*, New York: Van Nostrand, 1958.

② 陈国明、威廉·斯塔罗斯特：“跨文化敏感”，拉里 A. 萨默瓦、理查德 E. 波特主编：《文化模式与传播方式》，北京广播学院出版社，2003 年版，第 452 页。

③ 陈国明、威廉·斯塔罗斯特：“跨文化敏感”，拉里 A. 萨默瓦、理查德 E. 波特主编：《文化模式与传播方式》，北京广播学院出版社，2003 年版，第 453—456 页。

④ Foote, N. N., & Cottrell, L. S., *Identity and interpersonal competence*, Chicago: University of Chicago Press, 1955.

⑤ Hamachek, D. E., *Encounters with others: Interpersonal relationships and you*, New York: Holt, Rinehart, & Winston, 1982.

文化环境中，人们要完成交流任务或者建立关系，都不可避免地要感受到心理压力，而自尊可以帮助我们提高确认和尊重文化差异的积极情绪。

2. 自我控制

自我控制指的是个体根据客观条件的限制规范自己的行为，并进行有效对话的能力。自控能力强的人对于他们的社会行为和在社交中自我形象的适合性特别敏感。[①] 在互动过程中，高度自控的人更加专心、注重他人，并能适应多种交流条件。他们很注意进行印象管理，总是要选择适当的装束、言辞、表情、姿势或动作，以期在对方的心目中留下一个独特的好印象。另外，在跨文化交流中，具有高度自我控制力的人对其同伴的表达也会更加敏感，并知道如何利用环境线索来指导他们的自我表现。[②] 这些都表明了自控力使我们具备了灵敏的监控环境线索，并进而培养出一套适应环境的恰当行为的能力。

3. 思想开放

思想开放指的是个体愿意进行公开适当的自我解释，也愿意接受他人的解释。具有高度跨文化敏感的人认同某种观念可以有多种解释方式。他们拥有一种内化的、广泛的世界观，因此他们思想开放，愿意认识、欣赏和接受各种不同的观点，从而令他们在多元文化环境中更具有适应力。史密斯（H. Smith）也强调，敏感是指能

---

① Snyder, M., Self-monitoring of expressive behavior. *Journal of Personality and Psychology*, 1974, 30, p. 528.

② Gudykunst, W. B., Yoon, Y. C., & Nishida, T., The influence of individualism-collectivism on perceptions of communication in infroup and ourgroup relationship. *Communication Monographs*, 1987, 54, pp. 295—306.

考虑他人，能接受他人的需要和差异，并能将情绪转化为行动。[①]这种开放的思想能够催生跨文化交流过程中的积极印象。

4. 移情

移情不仅是构成跨文化交流能力的要素，而且是跨文化敏感性的本质特征。移情允许我们感受他人的内心，所以坎贝尔（R. Campbell）等人称之为“情感的灵敏性”，[②]加德纳（G. Gardner）又称之为“心灵感应或直觉敏感”等。[③]

陈国明和斯塔罗斯特总结了许多人的研究后指出，善用移情的人能够准确把握其交流对象的行为和内心情绪，移情让人们互通情感、积极倾听，并最终达到相互理解。正是因为具有跨文化敏感性的人更善于利用移情的方式，所以他们倾向于寻找能够让他们分享他人经验的交流信号，能根据新环境的需要采用不同的角色。可以说，正是因为移情，我们才会变得敏感。

5. 互动参与

互动参与是个人在互动过程中感知话题和情境的能力，主要包括响应、感知和专注三个方面，这三个方面都要求我们对互动中的他人保持高度敏感。如何能够恰当地对对方的问答做出回应、如何能够理解对方所阐述的内容、如何能够最大化地接收对方传递的信息，这些都需要我们对互动的高度参与，只有这样，我们才能保持自己的敏感力。

---

① Smith, H., *Sensitivity to people*, New York: McGraw Hill, 1966.

② Campbell, R. J., Kagan, N., & Krathwohl, D. R., The development and validation of a scale to measure affective sensitivity (empathy), *Journal of Counseling Psychology*, 1971, 18 (5), pp. 407－412.

③ Gardner, G. H., Cross-cultural communication. *Journal of Social Psychology*, 1962, 58, pp. 241－256.

6. 延迟判断

延迟判断要求我们在跨文化交流过程中认真倾听他人的讲话，在获得充分的信息之前不妄下断言。不敏感的人往往在尚未从交流中获得足够信息就轻率地做出了结论，而延迟判断正可以避免对他人传递的信息匆忙下结论。同时，延迟判断也让对方获得了心理上的满足，他们会因自己的话语得到积极的倾听而感到愉悦。

对于我们而言，不妄作判断，而只是多一双眼睛去观察，多一双耳朵去倾听，从中感受多元文化的纷繁和魅力，尽量多地汲取有益的信息，这样才会让我们感受到跨文化交流的快乐。

在一个不断发展的多元社会中，跨文化敏感是我们和谐而有意义地开展生活的前提条件，自然也是我们在今天应该具备的一项重要能力。所以说，你的跨文化敏感力就可以先从这六个方面开始。当然，你也可以借助“跨文化敏感量表”先来具体了解一下自己的跨文化敏感水平，从而有针对性地训练自己。

(三) 跨文化敏感的测量

跨文化敏感研究是跨文化交流研究的一个重要部分，从一开始提出就受到学界的重视，但因为缺乏有效的测量工具，该领域曾在很长一段时间都未获得新的发展。

从 20 世纪 80 年代伊始，就陆续有学者开始探索测量跨文化敏感的工具。1986 年，班尼特创建了跨文化敏感发展模型（Developmental Model of Intercultural Sensitivity—DMIS），用于解释人们如何构建文化差异。该模型主要由两个维度构成：民族中心主义

(*ethnocentrism*)与民族相对主义(*ethnorelativism*)。[①] 但该模型无法进行心理测量,于是哈默(M. Hammer)、班尼特与怀斯曼(R. Wiseman)基于DMIS又发展出了跨文化发展测量表(Intercultural Development Inventory—IDI)。[②] 跨文化发展测量表包括下述五大因素:

否定/防御因素(Denial/ Defense),即认为只有自己的文化是真实的、可行的。该维度包含14个项目,例如"It is appropriate that people do not care what happens outside their country(人们无需关心本国之外的世界发生了什么)";

反防御因素(Reversal),即认为其他文化优于自己的母文化。其包含9个项目,例如"People from our culture are less tolerant compared to people from other cultures(其他文化的人比我们文化的人更为宽容)";

最小化因素(Minimization),即把自己的文化观当作普适的文化观。其包括10个项目,例如"Cultural differences are less important than the fact that people have the same needs, interests and goals in life(人们共同的需要、利益和目标比文化差异更为重要)";

接受/适应因素(Acceptance/ Adaptation),即认为自己的文化是诸多平等共存的文化中的一支,在经历另一种文化之后,会调整自己的认知和行为以适应该文化。其包含14个项目,例如"When I come in contact with people from a different culture, I find I

---

① Bennett, Milton J., Towards ethnorelativism: A developmental model of intercultural sensitivity. In R. M. Päige (Ed.), *Cross-cultural orientation: New conceptualizations and applications*. NewYork: University Press of America, 1986, pp. 27—70.

② Hammer, M. R., Bennett, M. J., & Wiseman, R., Measuring intercultural sensitivity: The Intercultural Development Inventory. *International Journal of Intercultural Relations*, 2003, 27 (4), pp. 421—443.

change my behavior to adapt to theirs（当我与来自异文化的人接触时，我发现自己会改变行为以适应对方）”；

密闭边缘化因素（Encapsulated Marginality），即像陌生人一样隔离于文化之外。其包括 5 个项目，例如“I feel rootless because I do not think I have a cultural identification（我感到我是无根的，因为我觉得我没有一种文化认同感）”等。

该量表来作为一种比较有效的测量方法，在美国、亚洲和欧洲广为应用。比如莉萨（A. Lisa）等人就曾采用哈默等设计的跨文化发展测量表评估儿科实习医生跨文化敏感度的变化；[①] 戴维（A. David）在测定国际学校学生的跨文化敏感度时也援用了哈默等人设计的这一量表。[②]

其他的量表，如卡什纳（K. Cushner）为了测量人们对不同文化的敏感性而创建的跨文化敏感测量表（Inventory of Cross-Cultural Sensitivity—ICCS），[③] 以及巴乌克和布里斯林（D. Bhawuk & R. Brislin）所开发的用于测量个人主义和集体主义的跨文化敏感测量表（Intercultural Sensitivity Inventory—ICSI），都因信度或效度较低而遭到广泛质疑。[④]

陈国明和斯塔罗斯特基于他们对跨文化敏感的界定，强调跨文化敏感不仅包括认知因素，还应该包括情感因素。本着这一理念，

---

① Lisa, A., Sussman, N. M., & Kachur, E., Assessing changes in intercultural sensitivity among physician trainees using the Intercultural Development Inventory. *International Journal of Intercultural Relations*, 2003, 27, pp. 387－401.

② David, A. S., Assessing the intercultural sensitivity of high school students attending an international school. *International Journal of Intercultural Relations*, 2003, 27, pp. 487－501.

③ Cushner, K., *The Inventory of Cross-cultural Sensitivity*, School of Education, Kent State University, 1986.

④ Bhawuk, D. p. S., & Brislin, R., The measurement of intercultural sensitivity using the concepts of individualism and collectivism. *International Journal of Intercultural Relations*, 1992, 16, pp. 413－436.

他们开发了跨文化敏感度测量表（*Intercultural Sensitivity Scale*）。[①] 相关的实证研究证明该工具具有很高的信度和效度。

陈国明和斯塔罗斯特发展的“跨文化敏感度测量表”一共有 24 个项目，反映了跨文化敏感的五个因素：互动参与度（ interaction engagement）、差异认同感（ respect for cultural differences）、互动信心（interaction confidence）、互动愉悦感（ interaction enjoyment ）和互动专注度（ interaction attentiveness）。

其中互动参与度是指参与者在进行跨文化交流时所产生的参与感，包含 7 个项目，例如“I enjoy interacting with people from different cultures（我乐意与来自异文化的人交往）”。

差异认同感是指参与者在进行跨文化交流时理解、接受并尊重文化差异的程度，包含 6 个项目，例如“I respect the ways people from different cultures behave（我尊重异文化人们的行为方式）”。

互动信心是指在跨文化交流中交流者的信心程度，包含 5 个项目，例如：“I feel confident when interacting with people from different cultures（与来自异文化的人交往时我感到很自信）”。

互动愉悦感是指交流者在与来自不同文化背景的人沟通时所产生的愉悦程度，包含 3 个项目，例如“I often fell useless when interacting with people from different cultures（我常常觉得自己不擅长与异文化的人交往——该题目反向计分）”。

最后，互动专注度是指交流者在交流过程中理解对方所传递的信息，并有效做出回应的意愿，也包含 3 个项目，例如“I try to obtain as much information as I can when interacting with people from different cultures（与异文化的人交流时，我会努力获取尽量

---

① Chen，G. M.，& Starosta，W. J.，The development and Validation of the Intercultural Sensitivity Scale. Paper presented at the *Annual Meeting of the National Communication Association*（86th，Seattle，WA，November 8－12，2000）.

多的信息)”。

整套量表采用的也是从“非常同意”到“非常不同意”的五点应答法。分值越高表明跨文化敏感度越高，反之亦然。

“跨文化敏感度测量表”的意义在于能让我们对“跨文化敏感”这个笼统的概念有一个更加具体形象的了解，并能够清晰地认识到哪些方面是问题的关键，就此提出有针对性的策略，所以具有很强的实践意义。但目前我国学者在这个领域开展的实证研究还比较有限，根据黄斌兰与李红的统计，[①] 仅有几位学者就跨文化敏感做过实证研究，比如彭世勇通过对英语专业和非英语专业本科生的抽样调查，研究了英语水平对陈国明和斯塔罗斯特的跨文化敏感五大因素的影响及其影响的强弱。研究结果中所体现的两类本科生的异同为我们改进或制订更加符合学生实际情况的教学大纲，尤其是培养学生跨文化交流能力的教学大纲，提供了参照系数。例如，对英语本科生而言，接受文化差异和是否有互动信心直接影响到他们愿不愿意进行跨文化交流；但对于非英语专业的本科生来说，则还需要一定程度的互动专注度和互动愉悦感。同时该调查也对研究人员提出了要求：在开展跨文化敏感的实证研究时，应综合考虑影响跨文化敏感的诸方面因素。[②] 再比如，周杏英和彭学敏利用陈国明和斯塔罗斯特的“跨文化敏感度测量表”，研究了文化学习对跨文化敏感水平是否有显著的影响，结果显示：文化学习在一定程度上提高了学生的跨文化敏感水平，特别是提高了互动参与度和差异认同感。该研究结果将有助于对影响学生跨文化敏感高低的因素做进一

---

① 黄斌兰、李红：“跨文化敏感研究回顾”，《中国校外教育—下旬刊》2009 年，第 64—65 页。

② 彭世勇：“跨文化敏感：英语专业与非英语专业学生对比”，《宁夏大学学报（人文社会科学版）》2007 年第 1 期，第 171—176 页。

步研究……[①]

总体而言，跨文化敏感度的测量对我们来说还是一个比较新的领域，我们尚未形成对实践具有指导意义的知识体系，但对于跨文化交流的成功以及跨文化交流能力的培养来说，这却是极为重要的内容，有待于我们进一步探索。

这一章里我们主要介绍了有关跨文化交流能力的问题，包括跨文化交流能力的界定和组成要素，以及跨文化敏感的界定和组成要素。纵观我们生活的这个时代，世界瞬息万变，但就文化关系而言却并不总是朝着积极的方向改变的，立足于其中的你我要如何应对这些挑战呢？那就是：保持对复杂生活的观察力，树立跨文化交流的信心，但同时要意识到我们要学习的还有很多。

思考题

1. 如何理解“文化普遍”观和“文化特定”观？
2. 如何界定跨文化交流的能力？
3. 跨文化交流的能力包括那些要素？试举例说明。
4. 请解释“移情”与“同情”的异同。
5. 如何理解豪厄尔提出的四种跨文化交流的能力？
6. 如何理解跨文化敏感？
7. 跨文化敏感由哪些要素组成？

---

① 周杏英、彭学敏：“文化学习对跨文化敏感的影响”，《四川教育学院学报》2007 年第 7 期，第 88—90、94 页。

KUA WEN HUA JIAO LIU LUN

第十三章

跨文化交流中的谈判

前面的章节介绍了跨文化交流涉及的各种理论知识，比如文化对交流的影响，不同的文化模式在跨文化交流中可能遇到的问题，包括心理的、语言的和非语言的等。从这一章开始，我们将针对两个实战领域——跨文化的谈判和团队合作，具体探讨一下如何将前文的理论知识应用于现实的环境之中。

一、谈判及其类型

（一）谈判及其特点

1. 什么是谈判

谈判是人们为了改善或改变相互之间的关系，谋求一致而进行的交换观点、磋商协议的过程。谈判往往是为了维护某种基本利益、基本人权或基本人格，即维护个人、社会组织，以至国家的利益、权力、尊严等。因此，谈判是人们社会生活中相互协调的基本手段。

2. 谈判的特点

就其特点而言，谈判都具有一定的目的性，即为了达到某一目的或者实现某一利益；谈判还具有一定的对抗性，尽管谈判双方在目标或利益上相关，但多少都存在一定冲突，通常一方得利增加，一方得利就会减少；而为了使双方利益都能最大化，双方就需要通过协商进行合作。

（二）谈判的类型

谈判的种类繁多，按照不同的标准可以分为不同的类型。

首先，按照谈判的内容可以分为：政治谈判、军事谈判、商务谈判、文化谈判等。其次，按照谈判的透明性可以分为：公开谈判和秘密谈判。再次，按照谈判的正式程度可以分为：正式谈判与非正式谈判。最后，按照谈判的主体可以分为：多边谈判和双边谈判。

当然，还有其他分类方法，通常是根据具体情况和具体要求进行分类的，这也需要谈判者灵活把握。

二、文化与谈判

（一）文化为何会影响谈判

在跨文化的环境中，我们要考虑的就不仅仅是双方的利益问题，还有对彼此文化的尊重、理解和沟通，有时若文化问题处理不好，利益甚至会退居次位。

中国一家大型公司在与迪拜的代表进行谈判时，迪拜的代表每隔一小时就要求将谈判中断一下，因为他们要去卫生间洗手洗脸，然后回谈判室跪下祈祷。但由于卫生间没有干手设备，他们做祷告时手和脸都是湿的，场面颇显尴尬。到了吃饭时间，公司为迪拜的代表准备了丰盛的午餐。大家入座后，服务人员用英语为大家介绍满桌的佳肴，正当大家为这周到的准备甚感满意时，服务员介绍了一道用特殊方法烹制的猪肉，所有的迪拜人员开始怒目而视，然后集体起身离座，没有跟任何人道别。就在同一天，迪拜代表团在没有做出任何知会的情况下离开了该中国公司所在的城市。[①]

原本对彼此而言都可能是很好的商机，都“有利可图”，只是因为中方代表不了解阿拉伯的文化，谈判无疾而终。

迪拜是中东地区的阿拉伯联合酋长国之一。伊斯兰教对阿拉伯人的政治、经济及日常生活都影响深远，他们一天内要祷告数次以表示对真主的尊重，在商务谈判中也毫不例外。根据教规规定，祷告前要洗脸、洗手，甚至包括肘、头、脚至两踝。可是中方不了解对方的宗教文化，所以洗手间没有干手设备，导致对方只能湿漉漉地进行祷告。更让迪拜代表不能容忍的就是餐桌上的猪肉。食猪肉是伊斯兰教的禁忌，中方却把它当成了表演项目，这只能让迪拜人员感到受辱，感到自己的文化没有受到尊重，无怪乎他们匆匆离开去寻找其他合作伙伴了。

我们在本书的第三章就已经讨论了文化影响着我们关注哪些外在信息，影响着我们对这些信息的组织和诠释；在第四、五章则接

① 窦卫霖：《跨文化商务交流案例分析》，对外经济贸易大学出版社，2007年版，第343—346页。

着讨论了世界上各种不同的文化模式，这些因文化造成的差异同样会在谈判过程中表现出来，它决定着我们在谈判过程中优先关注哪些事项、强调哪些问题，决定着我们在谈判过程中所采用的策略等等。

（二）文化如何影响谈判

美国学者萨拉科斯（J. Salacuse）在他的著作《全球谈判者》（*The Global Negotiator*：*Making*，*managing*，*and mending deals around the world*）中，总结了在跨文化谈判中，最能体现文化影响谈判的十个方面。[①]

1. 谈判的目标：合同还是关系？

许多学者也将之称为任务取向还是关系取向。以任务为取向的文化以一次谈判的成功或者合同的签订作为自己的最终目标，他们不关心与自己谈判的人如何，因为一切都由强有力的合同来约束双方的行为，有问题诉诸于法律即可。任务取向的文化有时会在谈判中表现得过于“急功近利”，甚至会采用警告、威胁等手段。而以关系为取向的文化则很注重人和人之间的关系，认为谈判的最终目标是能够建立长期合作关系，他们愿意为建立双方的和谐关系投入大量时间和金钱，甚至愿意在一次谈判中承担些损失，目的就是希望与对方发展可靠、互信、融洽的关系，而一旦确立起这种关系，你就很容易从陌生人成为他们的圈内人。在关系取向的文化中，他

① Salacuse，J. W.，*The global negotiator*：*making*，*managing*，*and mending deals around the world in the twenty-first century*. N. Y.：Palgrave Macmillan，2003，pp. 96－109.（注：萨拉科斯在文中展示了他对许多国家谈判者的调查结果，但因为样本量较小，而且萨拉科斯自己也承认每种文化的人对他所设计问题的理解可能都带有文化差异，所以就某些调查结果而言还有待进一步研究的修订。故本书在引用中基本未采用萨拉科斯的统计数据。）

们更乐意向“圈内人”负责，而不必过多顾虑对“圈外人”的责任。对 12 个国家 400 多位被试者的调查结果显示，74%的西班牙人认为他们谈判的目标就是订立合同，而只有 33%的印度人持相同观点。

所以任务取向的文化在面对关系取向的文化时，应该多点耐心，与对方培养良好的人际关系；而关系取向的文化在面对任务取向的文化时，也要考虑到他们旨在谈判成功的心情，多涉及与合同相关的议题，并表现出自己签约的诚心。

2. 谈判的态度：要零和结局还是要双赢结局?

有的文化把谈判视为一场零和博弈，非输即赢，所以谈判的实质是为自己争得尽量多的利益，也因此认为双方的立场是绝对对立的。而有的文化则是用双赢的态度看待谈判的，关注的重点是如何把蛋糕做大，关注达成怎样的结果可以符合双方的利益，所以乐意采用合作的思路。在萨拉科斯的调查中，100%的日本被试者赞同双赢，而只有 33%的西班牙被试者赞同这一观点。

零和或双赢的态度，与谈判中要分配式谈判（Distributive. Negotiation）还是要整合式谈判（Integrative Negotiation）的态度类似。分配式谈判就是分割大饼的谈判，或者在有限资源的情况下追求利益最大化的谈判，通常在这类谈判中双方都在争一个目标，所以必然会出现你赢我输的结局。整合式谈判指的是做大馅饼的谈判，关注的是如何照顾彼此的利益，通常在这类谈判中双方可以有其他替代目标，所以可以采用互补的视角实现双赢。就像两个人争一个桔子，给了 A，B 就没有，而给了 B，A 就没有，似乎一分两半最合理，但这是否符合两个人利益最大化的目标呢？如果 A 要桔子只是为了拿桔皮做桔灯，B 要桔子只是为了吃里面的果肉，一分两半就是个愚蠢的策略。正如 1978 年埃及和以色列就西奈半岛的控制权问题进行的谈判，双方的态度都很坚决，要的就是零和结局，都坚持要得到西奈半岛的全部控制权，都不接受一分为二。这似乎是一场难有结果的谈判。但看看两国争取西奈半岛的出发点却并不冲突。埃及的目的是为了维护国家领土和主权的完整（以色列在1967年的战争后占领西奈半岛并一直拒绝归还）。而以色列却是从国家安全出发，借西奈半岛抵御地面和空中袭击。如此一来一切都有了转机，这不过是个桔皮和桔肉的问题。最后双方达成协议，以色列归还西奈半岛，而埃及保证不在岛上设军事基地，并允许以色列设置一个新的空军基地。① 其实，如果你能有一个整合的视角，争取一个双赢的结果并非难事。

3. 谈判的个人风格：是正式的还是非正式的?

有的文化倾向于正式的谈判风格，谈判人员与会时会穿正装，称呼对方姓或姓加头衔，气氛比较严肃，会谈时不涉及个人问题，不会问及对方家庭方面的情况。而有的文化倾向于非正式的谈判风格，见面相互用名字称呼对方，着装也比较随意，气氛比较缓和，大家可能会说一些轻松的话题先建立相互信任的关系。比如美国人和西班牙人通常认为直接称呼对方的名字是友好亲切的表示，而日本人和埃及人则倾向于认为初次见面直呼人名是不尊重对方的表现。萨拉科斯的调查发现，高达87%的美国谈判者认为自己的风格是非正式的，其他比如80%的法国人、78%的巴西人、58%的墨西哥人以及54%的中国人持这一观点。

在萨拉科斯看来，与其他文化的人谈判尊重对方的风格很重要。但如果我们不了解对方的个人风格，可以遵循一条原则，那就是以正式的风格准备谈判，因为从正式到非正式比较容易转换，反

---

① 陈晓萍：《跨文化管理》，清华大学出版社，2005年版，第155—156页。

过来就比较困难了。以着装为例，一开始可以穿着西装打领带出席谈判，若发现对方一袭休闲装扮，我们可以脱下上装，解下领带，松开袖口和领口，气氛一下子就会变得轻松。但如果我们以休闲的行头出场，见所有人都正襟危坐，便显得有怠慢之意，再临时置办行头已为时晚矣。

比如一行人曾赴新加坡考察，一直都是轻装便服，直到某日临行前被告知当日大家会面需要正装出席，大家慌作一团，因为无人为此准备正装。最后幸得一位当地人相助，为每人借得一条领带，大家才勉强过关。为了避免遭遇这类尴尬，大家宜谨记萨拉科斯的这条原则。

另外，窦卫霖还提到，欧美国家在谈判的时候很强调法律和制度的力量，他们认为这样可以减少不必要的纷争，以节约时间；而东方国家并不看重这些书面上正式的规定，他们更看重人的灵活性，依赖于不同人对规定的解释，因此规定里也留有任人发挥的空间。[1]

4. 沟通风格：直接还是间接？

有的文化倾向于直接的沟通风格，通过简洁、明了的语言让对方了解自己的想法和决定，喜欢直接辩论；有的文化倾向于间接的沟通风格，通过客套话、表情、语气、模棱两可的话，来表达自己的想法和决定。我们在前面章节已经详细论述过有关表达方式的问题：直接与委婉、插话与沉默，此处不再赘述。就像美国人和日本人谈判时，看到日本人频频点头说“嗨”，以为自己的要求对方都接受，结果却是对方根本没考虑。又比如见中国人说“我们再研究研究”或者“我们尽力而为吧”，美国人可千万别会错意，这样说

① 窦卫霖：《跨文化商务交流案例分析》，对外经济贸易大学出版社，2007 年版，第 601 页。

通常只是一种委婉的否定。

5. 对时间的敏感度：高还是低？

这与我们在文化模式一章讲到的单项计时制和多项计时制类似。单项计时制的文化对时间的敏感度较高，他们惜时如金，谈判要求速战速决，越快达成协议越好，唯恐浪费时间。而多项计时制的文化对时间的敏感度较低，人们把谈判当成建立良好人际关系的过程，所以不惜投入大量时间和精力，以求可靠和稳妥。比如20世纪90年代中期，美国大博电力公司（Dabhol Power Company）和印度马哈拉施特拉邦（Maharashtra）洽谈一个电力长期供应合同。由于进程较快，印度媒体曾批评政府草率行事，没有保护好公众的利益。美国公司的总裁却表示分分钟都是金钱，所以越快越好。看来他实在不了解印度人对时间的观念，速度推进过快只会让印度人没有安全感。根据萨拉科斯的调查，印度人、法国人、墨西哥人等对时间的敏感度较低。

6. 谈判中的情绪：高还是低？

正如我们在“体态语”的章节所指出的，每种文化都有对于情绪和情感表露的规则，尽管存在个体差异，但这些规则通常适用于一种文化中的大多数。在萨拉科斯的调查中，拉美人和西班牙人是最愿意流露情绪的，而德国人和英国人是欧洲人当中最不愿意流露情绪的，在亚洲日本人则是最不愿意流露情绪的。借此我们就可以了解在谈判中借助察言观色适用于哪些文化，不适用于哪些文化了。

7. 谈判协议的格式：是具体化的还是一般性的？

有一些文化，比如美国和一些西欧国家喜欢内容详尽的合同，事无巨细，因为有了这些具体化的文字的东西，以后的合作事宜就有章可循；而有一些文化则倾向于总体层面的合同，将来发生什么事情可以依照双方的关系来确定解决方案。我们在本书第三章介绍“文化影响感知与思维方式”时，曾引用西班牙人与德国人洽谈收购业务的案例，其中德国一方就喜欢事无巨细的合同，而西班牙一方则倾向于先设定一般化的原则。根据萨拉科斯的调查，有78%的被试者倾向于具体化的协议，而只有22%的被试者倾向于一般性的协议。

8. 谈判协议的达成：先总后分还是先分后总？

有一些文化偏好的合同形式是先写总原则，再写具体的条款和细节，或者添加一些附件，比如法国文化、中国文化都属于这种类型。另有一些文化偏好的合同形式是先写各个部分的细节，再写总体原则，美国文化就倾向于这种类型。这体现在谈判的过程中就是，先谈各个细节，再达成一个总体框架；还是先谈总体框架，再谈局部细节。所以有人说，中国人看美国人的信，会因为一开头就把所有条件都摆出来而感到不舒服，以为美国人以势压人。而美国人看中国人的信，则越看越迷糊，只觉得雅语连篇，就是不得要领。因此，美国人看中国朋友的信，最好倒着看；而中国人看美国朋友的信，为了使自己的心情愉快，最好也从最后一段读起。

9. 谈判团队的组织：是一人领导还是团队共识？

文化会影响谈判团队的构成和组建。有些文化的谈判团队人数较少，往往团队领导就有现场决定权。而另一些文化的谈判团队人数可能较多，常常需要集体讨论，而且通常不具有现场决定权。根据萨拉科斯的调查，有59%的被试者倾向于一人领导的组织形式，有41%的被试者倾向于团队共识的组织形式。通常认为现场决策与权力距离以及个人主义和集体主义有关。一般在高权力距离的文化中，比如中国，即使谈判者获得了授权，但对于要拍板的结果仍需要请示汇报，因为通常有决策权的人不一定参与谈判。而对于低权力距离的文化，比如美国，上下级的关系和权力比较平等，重要的是看个人的能力。另外，集体主义的文化会认为决策应该集体商议；个人主义的文化会比较看重个人的决策能力。

10. 对谈判风险的承受：高还是低？

每种文化对风险的承受程度不同，这也决定了谈判的进程、内容和对谈判的约定。在萨拉科斯的调查中，日本是最不愿意承担风险的，而最愿意承担风险的是法国和英国。面对不愿意承受风险的谈判对手时，尽可能多地了解对方的信息，花时间与对方建立彼此信任的关系是非常重要的，不要奢望谈判进程过快。

我们可以通过分析下面的案例来更有效地理解上述内容。这个案例包括了上文提到的大部分文化差异点。

［案例］①

中国的一个软件公司有意与美国的一个软件公司合作，因此邀请美国公司派人到中国商讨合作事宜。众所周知，中国将成为世界上最大的市场，美方公司欣然应允，随后派以格林为首的三人小组来到中国，而中国方面的谈判组有15人，由王先生领导。

王先生在机场接机时笑着对格林先生说："您旅途劳累了。"格林先生听了有点不解，但是他也没有太在意。当美方代表到达宾馆后，王先生为格林一行准备了丰盛的宴席。格林先生对

① 案例取自窦卫霖：《跨文化商务交流案例分析》，对外经济贸易大学出版社，2007年版，第360—363页。

一顿饭有那么多菜感到迷惑，于是说道："这么多菜我们一次吃不完。"但是，王先生回答道："招待不周，请多见谅。"格林先生懵了："谁说中国穷了？如果穷人都过得如此舒适，就不需要有上帝了。"他认为王先生是个虚伪的人，因为他竟然为如此丰盛的宴席道歉说"招待不周"。

第二天，格林就急不可待地要开始谈判。王先生笑道："不着急，你看，你们第一次来中国，一定要先在我们市转转。玩得开心，然后我们可以静下心来谈，你说是不是？"这时，格林先生有点不高兴了："如果不谈判，我们不远万里来到中国干嘛？""我知道你们是来谈判的，但是我们同样也要让你们玩得开心，不是吗？晚几天也无妨啊。""生意是生意，我们很感激您的好意，但是我们来中国不是为了我们自己玩，而是为了公司的事务。"

听罢，王先生有些尴尬，但是还是同意开始谈判。当双方都入座时，格林先生又怔住了，他实在无法明白为什么中方公司要派如此多的人参与谈判，好像是要对峙似的。待王先生把所有谈判组成员介绍给格林先生后，格林先生才发现谈判组包括销售经理、技术人员以及其他的员工，他心想："这么多人来干嘛？"轮到格林介绍其同事："这是我的秘书，这位是我们公司的律师。"当所有中国人听到"律师"时，都感到失望而愤怒。王先生的笑容消失了，茫然无语，心想："要律师干嘛？好像两个人刚坠入爱河便忙着计算离婚时该如何分配共同财产了。"

在谈判过程中，格林先生提出了一些条款，但是每次王先生都回答说："嗯，这很好，但是我得先向上司汇报。"格林很不高兴，既然你没有决策权为什么要派你过来谈判。更糟糕的是，王先生的答案有时候令他不知所云，如："我能理解，但是还有不少问题，这很复杂。"格林先生追问道："那问题在哪儿？"王先生感到很尴尬，开始沉默不语。

最后，格林先生再也无法压制怒火："我想你们公司根本没有诚意与我们合作。"王先生也很生气，但只是说道："别生气，我们确实想与贵公司合作，但是你看很多事很复杂嘛。"听了如此含糊的话，格林先生更生气了，不小心一下子摔倒在座椅上。所有在场的中方代表都面带笑容地问道："你没事吧?"格林感觉受到了羞辱，一言不发地离开了会议室。

第二天，格林一行离开了中国。

［案例分析］

正如我们最初所言，在跨文化的环境中，因为文化问题，利益都会退居次位。尽管中国将成为世界上最大的市场，这表明该美国公司与中国合作将是一件非常"有利可图"的事情，但最终美方代表格林还是因为无法忍受中美一系列的文化差异，放弃了这次机遇。案例中体现的文化差异可以归纳为下述六个方面：

第一，中美"谦虚准则"的差异。我们在第七章"跨文化语言交流之语用分析"中已经论述过，中国人习惯说的"招待不周"、"照顾不周"、"准备不周"等等说辞不过是"卑己尊人"的谦虚表达，旨在维护对方的积极面子。但在美国文化中，"谦虚准则"在尊人的同时不会贬低自己，所以类似的情况他们会说"希望能合您口味"，或者说"这些饭菜合您口味我很荣幸"。故此，这种差异造成了格林认为王先生虚伪的印象。这为谈判不顺埋下了第一粒种子。

第二，即有关谈判目标的差异。美方是以签订合同、谈判成功为目标的；而中方则是以建立良好的人际关系，以图长期合作为目标的。所以中方想在谈判前安排一些游览活动，以便双方相互了解和信任。但任务取向的格林以一句"生意是生意，我们很感激您的好意，但是我们来中国不是为了我们自己玩，而是为了公司的事务”，从而扼杀了中方的美好意愿。其实这一点同时与对时间的敏感度和对谈判风险的承受度相关。对谈判风险承受度低的文化往往强调先与对方建立可信的关系，所以不那么在意谈判时间的长短、进程的快慢。而对风险承受度较高的文化，往往可以接受短时间内签订合约。

第三，谈判团队组织的差异。中国是集体主义文化，所以谈判团队由15人构成，包括各个部门的代表，但谈判代表没有决策权。而格林一方只有三个代表。因此，首先格林看到中方派那么多人感觉像是要进行对峙，疑惑“为什么来那么多人”；其后又因为王先生没有决策权，总是要向上司汇报，格林很不快，他不明白为什么中方要派一个没有决策权的人来谈判，他认为这是对他的不尊重，而且是在浪费他的时间。而这不过是中国的文化传统，在中国文化中，谈判就应该属于一项集体“事业”。

第四，谈判个人风格的差异。美方很强调正式的谈判，而且他们对正式的理解在很大程度上就是要讲法律，因此对他们而言，谈判一定要带着律师，即使律师不在场，也会让律师了解谈判的全程。但在中国人看来，律师代表着要打官司了，这就像“婚前公证”一样，中国人在感情上还是比较难接受的，所以王先生对格林带着律师到场的第一反应便是：“要律师干嘛？好像两个人刚坠入爱河，便忙着计算离婚时该如何分配共同财产了。”所以王先生也显示出了不悦。

第五，沟通风格的差异。美国人在表达自己的时候会非常直接，有什么说什么。但中国人表达自己的观点，特别是在表达否定观点时，会非常含蓄，而且在很多情况下还会采用沉默不语的策略，但这些往往让美国人很难容忍。所以格林在王先生说“我能理解，但是还有不少问题，这很复杂”时，就追问“问题出在哪儿？”格林认为有什么问题，你说出来，我们一起直接讨论，这样才能出结果啊。可王先生会觉得格林太强势，不能理解这是中方需要时间讨论的托辞，还很“不知趣”地一再追问，所以他采用了沉默不语的做法，结果激怒了格林。在美国文化中，沉默是一种非常消极的态度，这让格林感到中方没有诚意解决问题。

第六，情绪表露的差异。这不仅涉及在谈判中表露情绪的差异，还包括双方对情感表达解读的差异。我们在非语言的章节已经讨论过，笑在不同的文化中代表着不同的意思。中国人在别人摔倒后表现出笑容，目的是让对方对摔倒释怀，让对方别当回事；而在美国人看来，这就是在嘲讽他们。所以格林摔倒后，看到中方代表面带笑容，便感到受到了羞辱。

就这样，一系列文化上的误解断送了这次富有商机的谈判。所以说，无论是格林还是王先生都需要好好修读一下对方的文化，并且在遇到问题时，一定要展现出希望与对方沟通的姿态。

除了萨拉科斯的十项总结以外，我们在前面章节所论及的文化模式、跨文化语言交流和非语言交流等相关原则，同样适用于跨文化谈判的场合，毕竟跨文化谈判也是跨文化交流的一种形式。

三、如何在跨文化谈判中取得成功

要在跨文化谈判中取得成功，我们除了要具备一般谈判应该具备的能力之外，还应该针对跨文化谈判的特性，即它的文化性做一些相应的准备或者训练。

首先，要补充有针对性的“文化”知识。任何一项谈判都需要做好充分的事前准备，俗话说“知己知彼，百战不殆”。但在跨文化谈判中，我们的准备工作要增加很多，要了解双方的文化差异到底有多大，如对方文化中的禁忌有哪些，对方有没有特殊的宗教信仰，有什么样的谈判风格，以及对时间、对是否安排娱乐活动的态度又是什么等等。这样的信息越细越好，因为在谈判活动中，你如果注意了这些文化上的细节，会让对方感到受到了尊重，这是顺利开展谈判的第一步。当然，很多时候我们掌握的资料不一定可靠，照本宣科有可能造成错误的刻板印象，这只会给谈判帮倒忙。所以，如果能有该文化之内的人相助，将会达到事半功倍的效果。

以中国的情况为例，中国人在商务谈判中很重视人情、关系、面子，有一些外商就很会抓中国人的“软肋”，特别是日本人。如果你去日本谈判，日本人会在谈判前送一些你既喜爱又毫无“思想顾虑”的礼品，赢得你的好感；而且你将受到隆重的接待，他们会先花好几个晚上在豪华饭店和夜总会款待你，带你去观赏日本民间舞蹈，然后领你打高尔夫球，直到你兴奋得忘了自己时，他才会坐下来与你正式谈生意。有数据表明：日本企业每年花在商务娱乐活动上的钱达 130 亿美元，占国民生产总值的 1.2%。[①] 不过这些付出，通常都可以获得高额的回报。

其次，如果在谈判前获得的有关文化差异的信息有限，就需要在谈判过程中关注对方的需要。我们在前文已经提到不同的文化会有不同的优先事项和不同的谈判策略，而这些内容往往可以反映出其文化中的一些核心信息，我们需要善于观察，或者说应该具备一定的文化敏感度。举例来说，面对一个非常强调时间效率的文化，我们如果漠视对方提出的准时交付或者准时完成事项的规定，不但会面临棘手的法律问题，也将失去长久的合作机会。总之，取得成功的关键在于：了解能够满足谈判对手需求的那些好处。[②]

再次，要具备对文化差异的容纳力。在跨文化的环境中，我们

---

① 张宝明等：《中西商人比较地图》，郑州大学出版社，2007 年版。

② 桑纳·雷诺兹、黛博拉·瓦伦丁，张微译：《跨文化沟通指南》，清华大学出版社，2004 年版。

可能会面对任何一种文化中的谈判对手：他们可能咄咄逼人；可能有特殊的宗教信仰；可能坚持要与你保持很远的距离，也可能要与你很亲密；他们可能喜欢直来直去，也可能喜欢与你绕圈子等等。简言之，你要有充分的思想准备，在面对不同文化中人们的各色特质时不能惊讶不已、不知所措，或者出现较大的情绪波动，抑或随意地以对错、好坏来评价对方。本章案例中的格林就是一个缺乏文化差异容纳力的典型代表。总之，在面对异文化的现象时，我们需要迅速调整自己，以适应不同的情境，要有极大的耐性与对方进行沟通，让彼此都能意识到这是文化差异的问题。

最后，了解对方国家的法律。法律体系是由强制性规则组成的，这些规则在社会范围内指导着个人之间的关系，但是法律也不容置疑地受到了文化的影响。用斯洛伐克的格言来说，就是："风俗与法律如同姐妹。"不过，不幸的是，许多人在对法律体系的理解往往有些文化中心主义色彩，认为知道了自己国家的法律就可以走遍全世界了，这种判断特别是在当今这个时代，还是有一些荒唐和无知的。

我们在跨文化谈判中，特别是在与西方国家的人进行谈判时，一定要掌握相关的法律知识，否则很容易造成不必要的损失，比如下述案例：

> 中国某省的17家公司曾集资购买了美国洛杉矶的一层旅馆做办公楼，而许多房客控告我方侵犯居住权，结果耗资1400万元却无法进驻办公。究其原因是我们不了解在美国实行的与"建筑物区分所有权"相关的法律规定。

该案例涉及的是住宅商用的法律条例。我国只是在2007年10月1日颁布实施《物权法》之后开始对住宅商用进行明确限制的，之前，特别是改革开放以后一直存在住宅商用现象。但在美国，根据建筑物区分所有权的相关规定，住宅商用一直受到多方限制。除了美国，其他许多国家，如法国、日本等都有相关规定。[①] 本案例警示我们在与另一国家进行商贸或者其他类型的谈判时，事前了解对方国家的法律法规是多么的必要。

另外，与他们签订合同之前，一定要严谨、慎重，如有异议一定要明确表明态度，重新商谈，切忌含糊其词；否则，签好了想再更改，西方人是不会买这个账的，要么就法庭上见了。

还有一点很重要，即与伊斯兰国家的人谈判时，需要特别注意伊斯兰国家的伊斯兰教法。当你身处某个穆斯林国家的时候，你就受到了伊斯兰教法的约束，这种法律掌管着生活的方方面面，无论是公共的还是私人的。比如，在伊斯兰国家不许饮酒，在某些区域女性权利受到各种限制等等。了解了这些内容，我们才可能更为顺利地完成我们的谈判工作。

除上述条件之外，还需补充的一点是与翻译人员有关的内容。以上要求都是针对谈判者个人来说的，选择翻译员则是针对谈判团队这个集体而言的。

作为一个跨文化谈判的团队，拥有自己的翻译员是非常有价值的，这会令我们付出的成本物有所值。在选择翻译员方面，不仅要求他/她能说流利的谈判对手国家的语言，而且要求其对我们谈判的领域具有丰富的经验，特别是在一些特定行业的特殊词汇方面应有较为广博的知识。寻找一位能够说当地方言，而且具有“正确”口音的翻译员，以便获取最大限度的信任，也是一件很重要的事情。无论是在翻译方面，还是在倾听对方团队的意见方面，翻译员都是很有价值的。优秀的翻译员应当拥有人际交流的技巧、聪明的

① 熊丙万：“论住宅商用法律制度”，《政治与法律》2009年第8期，第11—19页。

才智以及关于谈判特定领域的知识。

本章我们所介绍的内容只可作为一种指导或参考，因为任何最好、最有效的知识一定是在实践中自己总结出来的，所以希望读者能从本章获得一些启迪，但同时更希望你们通过亲身实践获得最真实的经验。

思考题

1. 什么是谈判？通常具有哪些特点？
2. 谈判一般可以区分为哪些类型？
3. 文化在哪些方面会影响谈判？
4. 举例说明跟哪些国家的谈判要注意哪些文化差异？
5. 你认为在跨文化谈判中取得成功应该具备哪些能力？

KUA WEN
HUA JIAO
LIU LUN

第十四章 跨文化交流中的团队合作

一、如何界定团队

团队时下可以算作一个“时髦”的词汇，不过很少有人可以明确地界定团队，对其只是有一种模糊的概念。美国团队研究学者马克格拉斯（J. McGrath）把团队界定为：由两个或两个以上的人组成的集体，其成员在某种程度上有动态的相互关系。许多人在介绍团队的时候援用这一概念。[①] 中国式团队的倡导者曾仕强先生通过与“团体”的比较界定的“团队”更显得形象和具体。他指出“团”和“队”是两个不同的概念，“团”是指团体，不是所有团体都能叫团队。要形成团体很容易，三人成众，即把三五个人凑在一起就是一个团体；而要形成团队就绝非易事，除了有“团（体）”，还要有“队”，它涉及了两个概念——组织和组织力。一个团队能否发挥巨大作用，关键在于它有没有组织力。有组织力的称为“队”——即具有协同一致的力量的团体。真正的团队既要有组织形式，又要有巨大而有效的组织力。否则的话，就是一盘散沙，组织里的人貌合神离，严重的还会天天内斗，造成无谓的内耗。[②]

---

① McGrath，J. E.，*Groups：Interaction and Performance*. Upper Saddle River，NJ：Prentice Hall，1984.

② 曾仕强：《中国式团队》，北京大学出版社，2007年版。

团队作为人类达成合作的基本机制，一般包括如下特点：规模不大但持续时间较长，成员之间彼此熟悉、互相依存，个体行为比较容易及于所有人。

越来越多的企业和组织开始采用团队的方式进行运作，它有着不可替代的优势。比如：团队工作的时候，他人在场可形成对同伴的激励作用；团队成员因知识结构不同，可以达到集思广益的效果；团队的决策会比个体的决定更客观、更少偏差等等。团队的理想状态就是实现1+1（团队人数）≥2（团队产出）。但有些时候，如果缺乏有效的管理，就会出现：领导者以势压人；成员之间互不信任、互相推诿；整个团队责权不明、奖惩不公、一片混乱的局面。结果我们便看到“一个和尚有水吃，两个和尚抬水吃，三个和尚没水吃”的老故事反复上演。所以如何科学、有效地管理一个团队是一门很重要的学问。当然，国内外很多学者都已经较为透彻地论述过这个问题，大家可以从他们那里汲取经验。而我们这本书的目的是要向大家呈现一个更加复杂的问题：跨文化的团队。跨文化团队除了具有一般团队的优势和劣势之外，还会有哪些不一样的特质？

二、跨文化团队及其类型

当团队中的人员来自于不同文化的时候，就构成了跨文化团队。李宗红把跨文化团队界定为：由一群文化背景各异、但却拥有共同目标，并以相同的行为达到目标且成员相互依赖的群体。[①] 陈晓萍将跨文化团队区分为三种基本类型：象征性文化团队（Token

① 李宗红、朱洙：《团队精神：打造斯巴达方阵》，中国纺织出版社，2003年版，第358页。

Group)、双文化团队（Bi-cultural Group)、多元文化团队（Multi-cultural Group)。[①]

（一）象征性文化团队

象征性文化团队指的是在一个团队中，只有一个或两个队员来自于其他文化，而其他队员全部来自于同一种文化。比如企业中某一部门有10个人，8个是中国人，2个是法国人。

称这类团队为象征性文化团队揭示了这类团队的跨文化特性只是像“花瓶”一样的摆设，不具有实质的跨文化性。因为对于团队中的多数人而言，来自异文化的一两个人不足以对多数人造成文化上的影响，更可能是异文化的少数尽量隐藏自身的特性。

在象征性文化团队中，少数文化的人总会吸引人们的眼球，总是会成为人们说长道短的对象。遗憾的是这种关注却不会带来权力或晋升，因为人们关注的不是他们的能力和实力，而往往是他们的特性、他们与多数者的差异。

在这种情况下，少数文化的成员通常会被边缘化。在这个团队中，作为少数者，你可能听不懂多数者开的玩笑，看不懂他们的非语言交流，他们在重大决策时也很少征询你的意见。他们或许会偶尔跑来问你一两个你母语里的单词，或者询问你所在文化的习俗与禁忌。除此之外，你好像永远是他们那个圈子的圈外人，而且你也只是这个跨文化团队的一个“象征”。

（二）双文化团队

双文化团队是指成员来自两种文化且数量相当的团队。成员之

① 陈晓萍：《跨文化管理》，清华大学出版社，2005年版，第209—213页。

间彼此对等，不存在一方对另一方的压倒性优势。在这种情况下，没有人再看上去让人觉得不同寻常，反而是两种文化中个体的特性都得以展现，大家都不再单单是代表自己文化的符号。

在双文化团队中，由于彼此数量相当，任何一方都不会觉得自己是小众群体或者会被边缘化，双方也就不再忌惮发表自己的观点，亦可以尽情展现自己的文化特点。同时，双方还能够正视彼此的差别，坦率地讨论问题，因此也更可能激发有创意的解决方案。

（三）多元文化团队

当团队中的成员来自三种或三种以上的文化，并且每种文化中的成员数量大体相当的时候，这就被称为多元文化团队。这种团队常见于微软、星巴克、IBM 等大型跨国企业，成员的多文化特征，符合其在全球主要市场扩张商业版图的战略利益。

有研究表明，与单文化团队相比，跨文化团队喜欢走两极，要么绩效非常高，要么绩效非常低。由此可见，跨文化团队存在超越单文化团队的极大潜力，但如果处理不好，就会功败垂成。那么跨文化团会面对哪些挑战，又有哪些机遇呢？

三、跨文化团队的冲突与管理

李宗红认为跨文化团队最典型的特征是其成员的“异质性”或其文化的多样性。与同质性团队相比，异质性团队要面对如下棘手的问题：① （1）由于文化的多元性要求各方都须做出让步，所以团

---

① 李宗红、朱洙：《团队精神：打造斯巴达方阵》，中国纺织出版社，2003 年版，第 358—359 页。

队的融合过程步履维艰。(2)由于潜在的误解较多，包括语言的、非语言的等等，所以工作紧张程度较高。而现实的误解又会导致效率下降。(3)由于大家是按照不同的解码原则和存储系统处理信息的，因此信息整理过程容易遇到阻碍。(4)由于缺少共同点，基础较弱，缺乏共属感，所以团队凝聚力较低等等。

可以理解，每一种文化中的人组成的团队都会带上浓重的文化色彩，如曾仕强先生就曾总结日本式的团队是绝对服从型的，美国式的团队是法制约束型的，中国式的团队是以人为本型的。① 那么在跨文化的团队中，每个成员都将带上自己文化的特色，大家该如何调整，又将如何适应彼此呢？我们怎样做才能尽量减少跨文化团队异质性的弊端呢？

应该说，跨文化团队的增加是这个越来越相互依存的世界的必然趋势。尽管只有跨文化的团队可以有效解决那些牵涉了多种文化的复杂问题，但委派给跨文化团队的工作未必都能顺利完成。比如欧盟发展道路上的重重樊篱。“根据新闻评论，由于各国对未来的期待各不相同，欧盟的发展在2000年6月已经停滞不前；德国主张将权力从各国立法机关转移到一个两院制的欧洲议会，从而实现主权的集中；而法国则认为，主权的集中本身就是主权的丧失。结果，在2000年6月的欧盟峰会上，根本没有进行任何关于欧盟前途命运的讨论，其大部分的注意力都放在一些无关紧要的争论上。”②

根据布雷特（J. Brett）的观点，造成跨文化团队交流障碍的主要原因包括语言差异、文化差异、结构限制和人际冲突，具体如下：③

---

① 曾仕强：《中国式团队》，北京大学出版社，2007年版。

② Drozdiak，E.，“Facing Big Tasks，EU Dithers”，*International Herald Tribune*，2000 (June 22)，pp. 1，4.

③ 珍妮·布雷特，范徽、王风华、杨豪树、朱丹虹等译：《全球谈判——跨文化交易谈判、争端解决与决策制定》，中国人民大学出版社，2005年版，第89—109页。

(一) 语言差异

语言差异很容易被滥用，成为界定、削弱或排斥相应成员的工具，或者一种文化凌驾于另一种文化的手段。语言是民族身份的基本表征，利用语言差异强化对不同民族的分化隔离曾是殖民统治者惯用的手法。

语言差异还可能会被用来强化弱文化人群的自卑心态，如果你参加过非母语的研讨会，你就能理解这一点。你会觉得如果使用你的母语，你一定是个专家，但现在你却不能充分表达自己的所思所想，迟钝得像一个彻底的外行，你必然感到受挫和不满。

所以，语言问题是一个跨文化团队必须解决的首要问题，如果成员们无法流利地使用团队的通用语言进行交流，大家就很难共享信息，这将危及团队计划的可行性。在团队进行交流的时候，通过减少专业术语的使用，增加可视的辅助手段（比如幻灯片），在会议中多安排中途休息以便与会者可以用自己的母语充分讨论，建立良好的讨论机制以保证成员们追问发言者言之不详的内容等等，将有效地管理跨文化团队的语言差异问题。我们可以从下例中汲取一些经验和教训。

有一次我与同事们讨论问题，有人说法语，有人说英语。一位美国同事言谈甚健，语速也越来越快。后来，她开始频繁使用“LOE”这个词，我们都不甚明了。我终于忍不住问她“LOE”到底是什么意思。她说是“缺乏效率（lack of efficiency)”。没多久我又开始糊涂了，举手说：“LOU。”她不解地问：“LOU?”我说：“是的，我不大明白（lack of understanding)。”大家都笑起来。

“LOE”这个词可能是这位美国同事所在领域或者文化的一个专业术语，或者说是他们的习惯缩写，但在跨文化的环境中，要考虑到其他文化的人缺少理解这个术语的文化背景，使用这样的词自然会给其他人的理解带来障碍，这就是我们上文所说的减少专业术语的意图。这通常需要发言者具备文化敏感性，不要把周围环境都想当然地想象成“同质”的。而案例中的“我”则很好地意识到了自己在跨文化团队中充当的角色，这是一种积极参与的姿态。追问你所不清楚的信息，这是跨文化团队中的成员在交流过程中应该承担的责任，否则将会让迷惑和误解干扰大家的思路，所以设立相应的机制来确保这种开放式的讨论形式非常重要。

（二）文化差异

正如文化对谈判的影响一样，文化差异同样会造成跨文化团队交流的障碍。不同文化模式的人对待持异议者的态度各不相同，比如个人主义的文化会鼓励不同意见者，而集体主义的文化则希望大家能保持和谐一致。不同文化模式的人对领导者的期望也不同：高权力距离的文化就期望领导下达指令，自己按令行事；而低权力距离的人就期望领导和成员应该共同参与决策。不同文化中的人表达方式也不同，有的文化说话简洁、直接，有的文化说话含蓄、婉转。不同文化还各有自己的非语言交流方式等等，这一系列的文化因素都会阻碍团队中的顺畅交流。我们可以看一下国际信息技术咨询组织“波尔（Bull）”的法国员工与美国员工是如何因文化差异而相互发难的。

一位美国管理者对他的法国同事们评论道：“他们在解决问题时用笛卡尔派哲学思考，对他们来说，正确分析问题，对问

> 题有准确的概念是最重要的。”这是一种“分析瘫痪”，过多的分析只会延缓团队的进程。而一位法国管理者就评论说：“美国人太不关心问题是否已经有了适当的解决方案，是否已经建立了清晰的逻辑构架。他们觉得最优先的就是尽快付诸行动，甚至到了不惜犯错的程度”，所以他们“开始动手，三个月后发现没用，于是停止，更换方法，重新开始”。

文化差异带来的最棘手的问题是人际之间的误会和不悦，这将影响一个团队的凝聚力。针对于此，最关键的一点便是要有一些机制可以帮助成员明白：大家之间的不愉快纯属文化问题，因为团队是多元的，我们有权利展示自己的特性，也应该尊重他人的特点。这些机制包括对团队成员最初进行的文化培训，或者在团队中设立一位监控人员。他/她可以及时发现这些因文化差异引发的问题，并适时地与相关成员进行沟通；成员们亦可以与监控人员交流自己对其他文化成员的看法，从而尽量减少误会的产生。有些时候，借助电子邮件可以缓解交流方式差异造成的问题，因为它可以提供给大家较为平等的参与机会。

（三）结构限制

对于虚拟型的团队而言，结构限制最影响团队的交流。虚拟型的团队指的是团队的成员分散在不同的地点，他们很可能从未谋面，但通过计算机网络联系在一起共同完成某一项任务。现在一些跨国企业的团队采用的就是这种虚拟的形式，成员分布在世界各地，大家通过电子邮件或者各种聊天设备进行联络。成员们可以随时把自己的信息和想法通过发电子邮件与其他人分享，也可以定期在网络上通过公共聊天设备召开例会。这种虚拟型的团队其实非常有效，因为成员们都可以在自己熟悉的文化中，通过自己熟悉的方式掌握第一手资料，但因距离和时间差的关系又会造成不少麻烦。

因为我们无法面对面，只能通过电子设备“千里传鸿”，这会增加社会疏离感，与面对面的团队相比，虚拟团队总是让人觉得凝聚力差一些。当我们不能与关系疏远的成员进行实时沟通时，便倾向于猜测对方没有认真做工作；当我们的电子邮件没有准时收到回信时，便倾向于认为对方不够关注计划，我们会把工作停滞归因于对方成员的个人因素，而不会考虑可能是环境使然，比如时差问题或者网络问题等。

针对这些问题，要消除电子通讯产生的障碍，我们可以建立使用电子邮件的规范，比如规定收件人收到邮件必须告知发件人、确定信件是否要在领导者那里留备份等。对于开会，为公平起见，团队成员应该轮流召开例会，以避免一些成员总在半夜参与会议。

（四）人际冲突

即使是小规模的团队，其内部的各种机会也不总是平等的，当某些成员认为自己的权益被削弱或者剥夺，无法容忍从而激烈反击时，团队内部就会产生人际冲突。团体中的人们总是希望被肯定、被尊重。通常团队中那些与我们相似、赞同我们观点的成员，会加强我们对自身所持积极观点的认可；而那些与我们差异很大，又不赞同我们观点的成员让我们很没面子。当我们感觉受到冒犯时，就可能回击对方，或者找个适当的时候报复对方，这就出现了只有“团”没有“队”的情况，成员之间貌合神离，整天斗来斗去，时间和精力都被内耗掉了。

而且在跨文化的团队中，当我们觉得自己的面子受到威胁时还可能采用集团中心主义来保护自己。当团队成员们用充满集团优越感的方式进行思维时，他们就特别在意集团内，即团队中那些与他们有共同特点、共同利益的人的优势，以及集团外，即团队中那些与他们特点不同、利益不同的人的劣势。在多元团队中，一味强调自己集团的优势，一味强调自己集团的思维才是正确的、有效的就等于在与其他集团之间垒起了一座墙，从此阻隔了与其他文化观点之间的交流。

布雷特认为，尊重和包容个人之间的文化差异是很重要的，但我们需要在包容差异和对抗差异之间寻找一个平衡点，并非一味地对抗，也并非一味地包容。布雷特以自己的经验为例。她说，自己给印度人上课，学生们一边听一边摇头，她一度很烦恼，但当她知悉这是印度学生在表示对内容感兴趣时，她很自然地接受了这种差异。可是，当她给法国人上课时，法国学生却一边听一边不停地讲话，这令她很难集中注意力，尽管法国学生解释说他们当时是在讨论上课的内容，但布雷特很难接受这种差异。布雷特的经历告诉我们，在跨文化团队中，面对个人差异，我们首先要尊重这种差异，但要在一个自己可以承受的范围内包容这种差异，如果它已经严重干扰了我们对团队的参与，我们就需要直接与对方进行沟通，或者寻找团队中的监控人员，这是对待文化差异的一个引申问题。

对待人际问题，成员之间的相互信任是必不可少的，信任可以增加宽容，增加友善对待其他成员的预期，从而有效减少冲突。

就像每一个社会都有约束成员的基本规约一样，在跨文化的团队中，建立维护人际和谐的互动规范也是必须的。它应该包括：承认所有相关利益者都拥有合法的利益；必须意识到，在进行深入研究之前，任何主张都不具有特别的优先性；以尊重的态度对待其他相关利益者。这样的规范可以提供一个较为公平的平台，最大限度地减少集团中心主义的影响。

尽管跨文化团队中的冲突会带来内耗，但同时也会带来契机。

不同的文化背景自然会带来不尽相同的思维模式、看问题的视角、对细节的关注程度等等。这些不同就带来了不同的信息，当它们被全部摆上桌面的时候，激烈的碰撞就会带来耀眼的火花，这是很有效的头脑风暴过程。所以，跨文化团队才会比较有创造性，这应该也是跨文化团队最吸引人的地方。另外，适量的冲突是一个家庭、组织、社会的“安全阀”，对跨文化团队而言也不例外，释放不满可以在一定程度上缓解心理上的紧张和压力。当然，冲突的发生时应该注意到上文我们所涉及的问题，而且也应该已经有了相应的管理措施。

四、如何打造优秀的跨文化团队

在对待跨文化团队时，常常有两类误区。一类观点认为可以忽视所谓的文化差异，直接进入工作状态，找出解决问题的方案。他们认为你看不到文化差异，就更容易一起合作，因为人们总是具有很多共同点的，在一个团队中，大家更是具有共同的目标、共同的需求。你完全可以不考虑文化异同问题。这种观点被阿德勒（N. J. Adler）称为“文化盲（Cultural Blindness）”。[①] 文化盲者容易混淆文化背景不同带来的差异本身，以及对这些差异的判断。换句话说，文化盲者更容易把因文化差异带来的不同归因于对方的个性、人格等因素，这是极易引发人际冲突的。

在北美的许多公司，文化盲者会为那些关注文化差异的管理人贴上标签，认为他们是“种族主义者”、“文化霸权主义者”，这就

① Adler, N. J., *International Dimensions of Organizational Behavior* (4th ed.), South-Western College Publishing, 2002. 转引自陈晓萍，《跨文化管理》，清华大学出版社，2005 年版，第 225 页。

属于美国人对种族歧视的矫枉过正。很多时候，关注文化差异并不是为了歧视哪个民族或者种族，而完全是一种文化敏感力的体现。承认文化之间有差异不等于认可一种文化优于另一种文化，我们要达到的是“different，but equal（不同，但平等）”，只有这样才能很好地利用文化差异，为团队带来更具创造力的成果。

另一种误区与文化盲相反，他们认为多元文化团队各种文化差异太大、问题太多，没法整合，只能失败。一些人就直言，这么多年来就没亲眼见证过跨文化团队成功的案例。[①] 这样就把跨文化团队又推向了另外一个极端。其实微软、海尔、星巴克等的成功已经说明了跨文化团队的重要价值。

要打造优秀的跨文化团队，就要走出这两类误区，所以我们一是要看到并承认跨文化团队之中存在的各种文化差异，二是要以积极的态度看待这些差异。陈晓萍为成功打造跨文化团队总结了三项关键任务。[②]

首先要了解彼此的文化背景，包括成员们的民族构成、文化禁忌、宗教信仰等，甚至要了解其他成员的兴趣爱好、个性特征、家庭情况。因为团队不像谈判，团队具有时间上的连续性，成员们需要有长期的互动，只有详细地了解了对方，我们才可以与对方发展出较为融洽的人际关系，这关系着团队的存亡。除此之外，我们还要了解不同文化成员对团队目标的预期。

其次，结合文化特征确定任务结构并建立团队成员交往的行为规范。比如团队中是否设立领导制。在高权力距离的文化中，中国人非常强调领导者在一个成功的团队中所扮演的角色；而在低权力距离的文化中，美国人就不喜欢等级制的束缚。可以根据来自哪类文化背景的成员的多寡，决定团队的结构类型。不过，建立规范的

---

① 陈晓萍：《跨文化管理》，清华大学出版社，2005年版，第226页。

② 陈晓萍：《跨文化管理》，清华大学出版社，2005年版，第228页。

宗旨主要还是为大家提供公平、有效互动的平台。

最后，要建设跨文化团队的情商，对成员的情绪有所意识并能及时化解。这主要需要通过文化敏感力的培训来实现，旨在让成员正确理解对方的非语言行为，正确解读对方的情绪表达。同时，成员还应该培养自己的移情能力，这样我们就不会单纯地从知识层面上知道，还会在情感层面上共通。

其他的一些学者，比如李宗红等也强调，在管理跨文化团队时应该注意到：识别差异、确立规范和培养文化敏感力等问题。[①] 这三项都属于指导性原则，至于具体细节，我们还需要参考前文论述的对跨文化团队交流障碍的管理，以便从宏观和微观两个层面上进行把握。

同跨文化谈判一样，跨文化的团队行为也是一项实践性很强的活动，也只有在真实体验之后总结出来的经验才最具价值。

思考题

1. 什么是团队？它有哪些特点，以及哪些优势和劣势？
2. 什么是跨文化团队？它有哪些类型？
3. 异质性的团队与同质性的团队相比面临哪些问题？
4. 跨文化团队冲突的主要原因有哪些？如何进行管理？
5. 对待跨文化团队的两种误区分别是什么？
6. 成功打造跨文化团队需要实现哪几项关键任务？

---

① 李宗红、朱洙：《团队精神：打造斯巴达方阵》，中国纺织出版社，2003 年版，第 367—368 页。

附　录

《刮痧》的跨文化解读

掌握跨文化知识最行之有效的方法就是带着这些知识身处跨文化的情境，与不同文化的人进行直接的交流。这能确保你在现实的文化冲撞中进行体验和探索。许多人对此都深有体会。有位留学生（男性）曾表示："与阿拉伯人（男性）聊天的时候，他们的确与你站得非常近，而且一直注视着你的眼睛。这一度让我非常不舒服，曾经怀疑对方是否对我有意。而了解到阿拉伯文化是一种近体性文化之后，我有种茅塞顿开的感觉。"不过，这种方法虽然有效，但并不具有一般性，毕竟跨文化的情境不是随时随地都有的，而通过观看一些表现文化差异的影视作品可以在一定程度上弥补这一缺憾，如表现中国文化的《饮食男女》、表现日本文化的《让我们跳舞吧》、表现法国文化的《天使爱美丽》、表现德国文化的《铁皮鼓》、表现非洲文化的《上帝也疯狂》、表现墨西哥文化的《浓情朱古力》等等。还有一些专门表现文化冲突的经典影片：《喜宴》、《刮痧》、《土婆婆 pk. 洋媳妇》表现了中国文化与欧美文化的冲突；《我的盛大希腊婚礼》表现了美国文化与希腊文化的冲撞；《最后的武士》和《迷失东京》则展现了美国文化与日本文化的差异。下文我们可以《刮痧》为例介绍一下如何用跨文化的理论解读影视作品中的文化特色。

由中国导演郑小龙指导的影片《刮痧》在 2001 年上映的时候曾

被誉为在电影市场和媒体刮起了一场“沙尘暴”。《刮痧》的故事发生在美国中部密西西比河畔的城市圣路易斯。故事的主人公中国夫妻简宁、许大同和他们几岁大的儿子丹尼斯在美国过着中产阶级的生活，大同的父亲刚从北京来到美国探望儿孙。一次在给丹尼斯治疗肚子痛的时候，爷爷对他进行了刮痧治疗。结果丹尼斯因意外跌伤被送往医院后，医生发现了他背部刮痧留下的痕迹，并依此断定丹尼斯受到虐待，于是提请儿童福利局接手该案。大同为父亲承担了“罪名”，夫妇俩人也被带上法庭。尽管他们据理力争，但终因大同找不到医学权威证明丹尼斯背部的划痕是一种治疗，最后不得不选择与妻子分居，并且不准接近孩子的方式解决此案，以确保丹尼斯身边还能有一位亲人陪伴。庆幸的是大同的上司昆兰身体力行为他寻找到有力的证据，最终大同沉冤得雪，一家人终于团聚。

前面在文化模式的章节我们已经介绍过，中国文化属于集体主义文化，美国文化属于个人主义文化。大同把父亲从万里之遥的北京接来美国以期一家人共享天伦，这凸显了他重视大家庭关系的集体主义文化特征，大同会为父亲承担刮痧的“罪名”也说明了这一点。但影片一开头，大同因设计一款电脑游戏而获得“设计奖”时的获奖感言则又体现了他要融入美国个人主义文化的努力。大同表示在美国只要你努力就有机会，自己通过努力换来了这个奖杯就是一个活生生的例子。而在中国文化中，人们的获奖感言中总是甚少提及自己，往往要感谢各级领导，感谢自己的同事，感谢自己所在的集体，感谢自己的祖国。这就像我们在第四章提到“苏奇木柘消极对待上司表扬”的例子一样，集体主义文化中的成员倾向于淡化成就中的小我（自己），凸显其中的大我（集体）。这正与个人主义文化相反。

大同在获奖感言中还提到自己已经“成为你们中的一员，一个真正的、成功的美国人”，但事实是否真正如此？其实，大同只是在形式上过着美国人的生活，但骨子里依旧是个典型的中国人。

颁奖会上，因发生口角，大同的儿子丹尼斯打了上司昆兰的儿子保罗。大同要求丹尼斯当着大家的面向保罗道歉，丹尼斯执拗地拒绝了，大同就用手打了丹尼斯的头，这也埋下了大同要丧失丹尼斯抚养权的伏笔。当时昆兰非常惊讶、不知所措，但无人知道大同回家后向丹尼斯道歉的情节。后来当大同深陷“刮痧门”而上庭受审时，昆兰虽力证大同很优秀，但又不得不承认大同在颁奖会上打了丹尼斯，这也成了大同“性格暴虐”的有力罪证。大同由此迁怒昆兰，并拒绝再与昆兰共事。昆兰表示自己不能在法庭上撒谎，而大同当时的确不应该打丹尼斯。大同怒不可遏，质问昆兰：那是自己的儿子，自己为什么要狠心打他？只是因为要表示对昆兰的尊重，要给昆兰面子。昆兰却难以接受这种“打自己的儿子，给别人尊重”的中国逻辑。

前面的章节已经论及“面子”不仅中国人讲，西方人也讲，只是双方讲的“面子”略有差异。欧美文化强调对个人“消极面子”的维护，即不希望别人强加于自己、干涉自己的行为；中国人强调的“积极面子”旨在谋求“群体包容”，即需要得到对方的承认和喜爱，与对方达成共识。所以讲求“消极面子”的昆兰难以理解大同给予自己的“积极面子”。

除此之外，大同在美国生活了8年，仍然坚持采用人际间“关系扩散”型的交往模式，即互动双方对彼此关系的投入范围涉及到生活的诸多方面，这有别于西方人强调的互动双方的关系只涉及生活中有限方面的“关系特定”模式。所以，当大同知道自己因虐待儿子被起诉时，他首先想到的不是找一个家庭法方面的律师，而是找到了他的上司昆兰。因为昆兰不仅是他工作中的同事，还是他生活中的朋友。虽然昆兰也是一位律师，但他是一位知识产权法的律师。昆兰也劝告大同，美国的法律区分得很细（用法官的话说两个领域风马牛不相及），所以他应该找一位专司家庭法的律师，但大同这样回答昆兰："你知道我多么爱我儿子，你是最好的律师，又是我的好朋友，你不帮我谁帮我?"而后来事实证明大同是错的，他不得不专门请一位家庭法方面的律师来为自己辩护。昆兰最后以证人的身份出庭，却因为自己无奈的证词，导致大同丧失了儿子的抚养权。大同随即决定立刻辞职，因为他与昆兰不再是朋友。在昆兰看来：你跟我个人的矛盾属于私人矛盾，何必牵涉到工作。昆兰采用的是勒温所谓的U类交往模式，即在公共空间中连接各个区隔（这些区隔代表者朋友、同事、邻居或同学等等）的边界是刚性的，一般不发生融合。当然昆兰已经受到大同的感染，与大同成了挚友，可昆兰认为做不成朋友不影响做同事。可大同采用的是G类交往模式，在公共空间中连接各个区隔的边界是弹性的，往往相互融合，所以大同坚持做不成朋友怎么可能做同事。

庆幸的是，昆兰是一个乐意采用文化相对主义的人，所以他来到唐人街，在一位中医那里亲自尝试了一次刮痧。他以自己的亲身经历向法官证明了大同的清白。昆兰的经验告诉我们，很多时候，当我们没有亲身经历一种文化带给我们的影响时，就没有资格评价它的好坏优劣。

所以说大同还没有彻底成为一个美国人，尽管他和简宁一直在努力，而且他们采用了"同化"的跨文化适应策略，即单纯强调与东道主文化的联系，甚至放弃维护母文化身份的价值。为了丹尼斯考上美国的私立学校，简宁坚持在家里用英文交谈，这导致丹尼斯几乎不会说中文。但语言只是文化的一部分，因此尽管大同和简宁操一口流利的英文，也难逃被文化"愚弄"的厄运。

当然单就语言来说，无论对第二语言掌握得多么熟练，你也终会遇到无计可施的时候，比如遭遇一种语言相对于另一种语言的全空缺词汇，即一种语言中有的词汇在另一种语言中既无与之字面意义相对应的词，也无与之引申意义相对应的词。大同在开庭之前的听证会上试图向大家解释刮痧是一种医疗方式，他利用形象思维向大家描述“丹田”和“七经八脉”的关系如同支流入海，如同电脑与网络，我们会觉得这是多么贴切的比喻。但很遗憾，偏好抽象思维的美国法官与律师只需要一个精确的定义，否则他们无法理解什么是“*dan tian*”，什么是“*seven jing eight mai*”。

不管如何，故事的最后是个团圆的结局，大同“沉冤得雪”，在圣诞夜与家人相拥，喜极而泣。但总有一点点遗憾，那就是大同的父亲已经离开美国回了北京。即便没有“刮痧”的枝节，我们也可以预见大同父亲的离开。当大家用英文交谈时，在大同父亲自我解嘲或随声附和式的笑声中，我们体会到的是尴尬、无奈和茫然若失，就算在家里，他也是个永远的局外人。李安导演的《推手》中朱老先生最终选择独自生活在唐人街也道出了同样的无奈。

面对一种新的文化，有些人可以适应，有些人永远无法适应，而有的时候，在适应的过程中我们获得了新的生活，但总要失去些什么。

参考文献

1. 阿里·萨默瓦：《跨文化传播》，中国人民大学出版社，2004年版。

2. 爱德华·霍尔，刘健荣译：《无声的语言》，上海人民出版社，1991年版。

3. 爱德华·霍尔，韩海深译：《超越文化》，重庆出版社，1990年版。

4. 毕继万：《跨文化非语言交际》，外语教学与研究出版社，1998年版。

5. 陈晓萍：《跨文化管理》，清华大学出版社，2005年版。

6. 窦卫霖：《跨文化商务交流案例分析》，对外经济贸易大学出版社，2007年版。

7. 费孝通：《乡土中国》，三联书店出版社，1985年版。

8. 弗朗克·戈泰、多米尼克·克萨代尔，陈淑仁、周晓幸译：《跨文化管理》，商务印书馆，2005年版。

9. 关世杰：《跨文化交流学》，北京大学出版社，1995年版。

10. 黄光国：《面子——中国人的权力游戏》，中国人民大学出版社，2004年版。

11. 贾玉新：《跨文化交际学》，上海外语教育出版社，1997年版。

12. 金惠康：《跨文化交际翻译》，中国对外翻译出版公司，2003 年版。

13. 拉里 A. 萨默瓦、理查德 E. 波特：《文化模式与传播方式》，北京广播学院出版社，2003 年版。

14. 理查德·格里格、菲利普·津巴多，王垒、王甦等译：《心理学与生活》，人民邮电出版社，2003 年版。

15. 理查德·刘易斯，关世杰主译：《文化的冲突与共融》，新华出版社，2002 年版。

16. 李天纲：《跨文化的诠释：经学与神学的相遇》，新星出版社，2007 年版。

17. 李宗红、朱洙：《团队精神：打造斯巴达方阵》，中国纺织出版社，2003 年版。

18. 李学爱，《跨文化交流：中西方交往的习俗和语言》，天津大学出版社，2007 年版。

19. 连淑能：《英汉对比研究》，高等教育出版社，1993 年版。

20. 林宝卿：《汉语与中国文化》，科学出版社，2000 年版。

21. 刘艳春：《语言交际概论》，北京大学出版社，2007 年版。

22. 欧文·戈夫曼，黄爱华、冯钢译：《日常生活中的自我呈现》，浙江人民出版社，1989 年版。

23. 桑纳·雷诺兹、黛博拉·瓦伦丁，张微译：《跨文化沟通指南》，清华大学出版社，2004 年版。

24. 严文华：《跨文化沟通心理学》，上海社会科学院出版社，2008 年版。

25. 闫文培：《全球化语境下的中西文化及语言对比》，科学出版社，2007 年版。

26. 云贵彬：《非语言交际与文化》，中国传媒大学出版社，2006 年版。

27. 曾仕强：《中国式团队》，北京大学出版社，2007 年版。

28. 翟学伟：《中国人的脸面观：社会心理学的一项本土研究》，桂冠图书股份有限公司，1995 年版。

29. 赵启正：《在同一世界——面对外国人 101 题》，辽宁教育出版社，2007 年版。

30. 张宝明等：《中西商人比较地图》，郑州大学出版社，2007 年版。

31. 章太炎著，汤志钧编：《章太炎年谱长编》下册，中华书局，1979 年版。

32. 珍妮·布雷特，范徽、王风华、杨豪树、朱丹虹等译：《全球谈判——跨文化交易谈判、争端解决与决策制定》，中国人民大学出版社，2005 年版。

33. 郑杭生：《社会学概论新修》，中国人民大学出版社，1994 年版。

34. 朱晓姝：《跨文化成功交际研究》，对外经济贸易大学出版社，2007 年版。

35. Brown，P.，& Levinson，S.，*Politeness：Some Universals in Language Usage*，Cambridge：Cambridge University Press，1987.

36. Chaika，E. O.，*Language，the Social Mirror*，Newbury House Publishers，1982.

37. Darwin，C.，Ekman，P.，& Prodger，P.，*The Expression of the Emotions in Man and Animals*（3rd edition），USA：Oxford University Press，2002.

38. Hall，E. T.，*The Hidden Dimension*，New York：*Doubleday*，1966.

39. Hofstede，G.，*Culture's Consequense*，Beverly Hills，CA：

Sage, 1980.

40. Jandt, F. E., *An Introduction to Intercultural Communication*, Sage Publications, 2007.

41. Kim, Y. Y., & Gudykunst, W., *Theories in Intercultural Communication*, Newbury Park, CA: Sage, 1988.

42. King, A., & Myers, J. T., *Shame as An Incomplete Conception of Chinese Culture: A Study of Face*, Social Research Centre: The Chinese University of Hong Kong, 1977.

43. Leathers, D., *Successful Nonverbal Communication*. New York: Macmillan, 1986.

44. Martin, J., & Nakayama, T., *Intercultural Communication in Contexts*, The McGraw-Hill Companies, Inc., 2004.

45. Milton J. Bennett (Ed.), *Basic concepts in intercultural communication: Selected readings*, 1998.

46. Pease, A., *Body Language*, Australia: Camel Publishing Company, 1981

47. Philipsen, G., *Speaking Culturally: Explorations in Social Communication*, Albany: State University of New York Press, 1992.

48. Pribram, K., *Confliting Patterns of Thought*, Washington: Public Affairs Press, 1949.

49. Wiseman, Richard L., *Intercultural Communication Theory*, SAGE Publications, Inc., 1995.

50. Rogers, E., & Steinfatt, T., *Intercultural Communication*, Waveland Press, 1999.

51. Rosenthal, R., Hall, J., DiMatteo, M. R., Rogers, P. L., & Archer, D., *Sensitivity to Nonverbal Communication*:

The PONE Test. Baltimore: Johns Hopkins University Press, 1979.

52. Salacuse, J. W., *The global negotiator: making, managing, and mending deals around the world in the twenty-first century*. N. Y.: Palgrave Macmillan, 2003.

53. Singer, M. R., *Intercultural Communication: A Perceptual Approach*, Englewood Cliffs, NJ: Prentice-Hall, 1987.

54. Smith, Alfred G., *Communication and Culture: Readings in the Codes of Human Interaction.* New York: Holt, Rinehart & Winston, 1966.

55. Smith, H., *Sensitivity to people*, New York: McGraw Hill, 1966.

56. Spitzberg, B. H., & Cupach, W. R., *Interpersonal communication competence*, Beverly Hills, CA: Sage, 1984.

57. Triandis, H. C., *Culture and Social Behavior*. New York: McGraw-Hill, 1994.

58. Trompenaars, F., & Hampden-Turner, C., *Riding the Waves of Culture* (2nd edition), Nicholas Brealey Publishing Limited, 1997.

图书在版编目（CIP）数据

跨文化交流论/陈雪飞著. —北京：时事出版社，2010.11
ISBN 978-7-80232-372-8

Ⅰ.①跨… Ⅱ.①陈… Ⅲ.①文化交流—研究 Ⅳ.①G115

中国版本图书馆 CIP 数据核字（2010）第 197677 号

出版发行：时事出版社
地　　址：北京市海淀区万寿寺甲 2 号
邮　　编：100081
发行热线：（010）88547590　88547591
读者服务部：（010）88547595
传　　真：（010）68418647
电子邮箱：shishichubanshe@sina.com
网　　址：www.shishishe.com
印　　刷：北京百善印刷厂

开本：787×1092　1/16　印张：22.75　字数：293 千字
2010 年 10 月第 1 版　2010 年 10 月第 1 次印刷
定价：49.80 元
（如有印装质量问题，请与本社发行部联系调换）